HANS-LOTHAR MERTEN

VERTREIBUNG
AUS DEM
PARADIES

100 Jahre Steueroasen zwischen
Nummernkonten, Briefkastenfirmen
und Karibikinseln

**Bibliografische Information der Deutschen Nationalbibliothek**
Die Deutsche Nationalbibliothek verzeichnet diese Publikation in der Deutschen Nationalbibliografie.
Detaillierte bibliografische Daten sind im Internet über http://dnb.d-nb.de abrufbar.

**Für Fragen und Anregungen:**
info@finanzbuchverlag.de

1. Auflage 2017

© 2017 by FinanzBuch Verlag,
ein Imprint der Münchner Verlagsgruppe GmbH
Nymphenburger Straße 86
D-80636 München
Tel.: 089 651285-0
Fax: 089 652096

Redaktion: Ulrike Kroneck
Korrektorat: Hella Neukötter
Umschlaggestaltung und -abbildung: Maria Wittek, München
Satz: ZeroSoft, Timisoara
Druck: GGP Media GmbH, Pößneck
Printed in Germany

ISBN Print 978-3-95972-027-4
ISBN E-Book (PDF) 978-3-96092-034-2
ISBN E-Book (EPUB, Mobi) 978-3-96092-035-9

*Weitere Informationen zum Verlag finden Sie unter*

# www.finanzbuchverlag.de

*Beachten Sie auch unsere weiteren Verlage unter www.m-vg.de*

# INHALT

*Solange man in wohlhabenden Ländern Steuerwüsten schafft, solange wird es zwangsläufig auch Steueroasen geben.*

# PROLOG:
# WILLKOMMEN IN EINER
# WELT OHNE REGELN

Der Begriff Steueroase hat sich in den letzten beiden Jahrzehnten zu einem umstrittenen Ausdruck entwickelt. Der Einfachheit halber werden im Folgenden steuerlich attraktive Standorte als »Steueroasen« bezeichnet. Die Verwendung des Begriffs ist wertfrei und soll keinerlei Beurteilung jedweder Art der Integrität oder irgendeines bestimmten Steuerregimes implizieren.

Besteuerung wird von Bürgern und Unternehmen gemeinhin als lästig empfunden. Dabei werden die Steuerpflichtigen durch zahlreiche Steuerarten in unterschiedlicher Form belastet. Wie auch bei den zugrunde liegenden wirtschaftlichen Entscheidungen richten sich Bürger und Unternehmen auch bei steuerlichen Entscheidungen danach aus, dass diese Belastungen für sie optimal sind. Dazu gehört, die eigene Steuerlast gering zu halten. Das ist legitim. Es gibt keinen, schon gar keinen gesetzlichen Grund, der Bürger und Unternehmen zu einer maximalen Steuerlast zwingt. Je komplexer die Steuergesetze also ausgestaltet sind, desto eher versuchen Steuerpflichtige, Steuern zu vermeiden. Berater helfen ihnen dabei.

Die grenzüberschreitende Mobilität von Personen und Unternehmen hat in den letzten Jahrzehnten einen internationalen Wettbewerb hervorgerufen, der sich seit Langem auch auf die Steuern erstreckt. Der deutsche Steuerstaat reagiert auf diesen Steuerwett-

bewerb äußerst schwerfällig. Anstatt ein international wettbewerbs-
fähiges Steuersystem zu installieren, werden Steuerschlupflöcher
anhand der gelebten Praxis verortet und durch einzelne – teils sys-
temfremde – Steuervorschriften »gestopft«. Hieran beteiligt sich
auch die deutsche Steuerverwaltung.

Das Erfordernis von Steuern für einen funktionierenden Sozi-
alstaat kann nicht abgestritten werden. Es stellt sich aber die Frage, wie viel Belastung einem Bürger oder Unternehmen abverlangt
werden kann. Eines steht jedenfalls fest:

Aufgrund seines unersättlichen Finanzbedarfs hält der Staat seine Hände und Taschen weit auf. Das war schon immer so und das
wird auch immer so bleiben.

Doch geht es um Steuervermeidung, schrecken die Befürwor-
ter des staatlichen Umverteilungssystems auf und plädieren für die
Steuermoral. Dabei sollte nicht vergessen werden, dass die Ordnung des Steuersystems in der Macht des Staates liegt. Nicht Bürger oder Unternehmen schaffen verfassungswidrige Gesetze oder
erfinden Gesetzeslücken. Es ist der Staat selbst.

Wenn sich Bürger oder Unternehmen im Bereich Steuern innerhalb des rechtlich Zulässigen bewegen, kann ihnen daraus
kaum ein Vorwurf gemacht werden. Im Gegenteil, Bürger und Unternehmen handeln gesetzeskonform. Eine steuerminimierende
Gesetzesbefolgung ist daher keine Steuerhinterziehung oder Steu-
erverkürzung – auch wenn diese über den Umweg Ausland und
über den Einsatz von Offshore-Instrumenten erfolgt. Es gibt viele,
auch viele legale Möglichkeiten, die Vorteile von Ländern mit einer niedrigen Steuerlast zu nutzen – Steueroasen gehören dazu.
Wer die Möglichkeit, Steuern zu sparen, anprangert, sollte den ver-
meintlichen Fehler also nicht beim Steuersparer, sondern beim Gesetzgeber suchen.

Mit Ende des Ersten Weltkriegs verzeichneten die Tresore und
Nummernkonten Schweizer Banken einen regen Zufluss aus Ländern, die von politischen und sozialen Unruhen gebeutelt wurden.
Politische Neutralität und Währungsstabilität für den Werterhalt
von Vermögen wurden für die Schweizer Finanzinstitute zum Ge-

schäftsmodell. Die Schweiz entwickelte sich damit zur traditions-reichsten der modernen Steueroasen.

Nach dem Zweiten Weltkrieg tauchten neue Steueroasen auf, vor allem als Zufluchtsorte vor hoher Besteuerung und für Geld-wäsche. Für einige, wie das marokkanische Tanger, erwies sich der Status als Steueroase nur als eine kurzlebige, aber abwechslungs-reiche Episode der Geschichte. Für andere, wie Liechtenstein oder Panama, wurde der Status als Steueroase zur Basis eines lukrati-ven Geschäfts. Steuerhinterziehung, Steuerbetrug und Geldwäsche wurden hier zum Geschäftsmodell.

Für eine dritte Gruppe entwickelte sich der Status Steueroa-se zur »Raison d'être« – zur Daseinsberechtigung –, etwa für die Turks & Caicos Islands in der Karibik. Nullsteuern für die Steuer-gebeutelten aller Länder – egal, aus welchen Quellen die dort ge-bunkerten Vermögen stammten.

Waren Steueroasen für die westlichen Industrieländer in den letzten beiden Jahrzehnten schon ein Dorn im Auge, so wird seit der Finanzkrise 2007 endgültig Hatz auf sie gemacht. Hohe Staats-verschuldung und leere Staatskassen zwangen die Industriestaaten, neue Finanzquellen aufzutun. Da kamen die Billionen unversteu-erter Vermögenswerte ihrer Steuerpflichtigen in den Steueroasen gerade recht. Mit massiven Kontrollmaßnahmen und einem inter-nationalen Informationsaustausch soll es Steuerflüchtigen, Steuer-sparkonstrukten und Steueroasen jetzt an den Kragen gehen. Nicht nur die illegalen Steuerpraktiken von Privatpersonen, auch die un-versteuerten Milliardengewinne von international operierenden Unternehmen und die dabei zum Einsatz kommenden Briefkas-tenfirmen sind im Visier von Fahndern und Politikern.

Doch so wechselhaft die Geschichte der Steueroasen auch ist – ihre Macher hinter den glitzernden Bank- und Kanzleifassaden waren ihren Jägern immer einen Schritt voraus. Nullsteuerstaa-ten halfen ihnen dabei. Die Akteure in der Welt der Steueroasen verdienen ihr Geld damit, dass sie es anderen ermöglichen, Ver-mögenswerte vor den Finanzbehörden ihrer Heimatländer in Steu-eroasen rund um den Globus verschwinden zu lassen, Gewinne zu verschieben oder illegale Gelder zu waschen. Das war vor 50 Jahren so und das ist auch heute noch so.

Steueroasen sind ein Geschäftsmodell und eine Waffe in den Händen der Finanzindustrie, bei dem Regulierung, Standards und demokratische Verfahren laufend verwässert werden. Sie werden benutzt, um Geschäfte, die anderswo stattfinden, neu zu verpacken, ohne dabei die Substanz zu verändern. Auch gibt es in der Welt der Steueroasen keine Regeln, wie etwa die Geschäftsbücher von Briefkastenfirmen geführt werden müssen. Es gibt in der Regel keine Geschäftsbücher. Und wenn doch, sind Steueroasen wie eine Werkstatt, in der statt Motoren Bilanzen frisiert werden. Dabei sind Steueroasen nie die einzige Story. Sie existieren immer nur in Verbindung zu etwas, das anderswo passiert.

Die Steuerflucht wird, wie die Staats- und Regierungschefs auf dem G20-Gipfel 2016 im chinesischen Hangzhou festgehalten haben, trotz aller internationalen Kontrollen weiter zunehmen. Die in den Steueroasen geparkten unversteuerten Vermögen und Gewinne auch. Je größer sie sind, desto leichter lassen sie sich auch vor dem Fiskus in den Heimatländern verstecken. Den Steueroasen geht es trotz des zunehmenden internationalen Drucks heute somit teils besser denn je. Auch sind ihre gemachten Zusagen in Sachen internationaler Zusammenarbeit zu vage und die Kontrollmöglichkeiten zu schwach, um in den kommenden Jahren auf deutliche Besserung, weniger Steuerhinterziehung und mehr Steuergerechtigkeit in der Welt zu hoffen.

Und dann passiert Ende 2016 etwas, womit auch in den Steueroasen kaum jemand gerechnet hatte: Donald Trump gewinnt in den USA die Wahl und kündigt für seine Regierungszeit massive Steuersenkungen vor allem für Unternehmen an.

Und um die möglichen wirtschaftlichen Folgen des Brexits abzufedern und Unternehmen von einer drohenden Abwanderung aus Großbritannien abzuhalten, stellt auch die britische Regierung für 2017 massive Steuererleichterungen in Aussicht.

Sogar Ungarn bringt sich in Stellung. Mit einer Körperschaftsteuer von nur 9 Prozent geht die Regierung international auf Unternehmensfang.

Der internationale Wettbewerb um Niedrigststeuern scheint eröffnet zu sein.

Was für eine Wende! Statt internationalem Kampf um mehr Steuergerechtigkeit in den letzten Jahren, Neupositionierung im internationalen Wettbewerb um Niedrigststeuern. Während sich Hochsteuerländer darauf erst noch einstellen müssen, kennen sich Steueroasen damit bestens aus. Sollte den Steueroasen und ihren Akteuren etwa die Zukunft gehören?

**Kommen Sie mit auf eine Reise ins schwarze Loch der Weltwirtschaft.**

München, Februar 2017

# I.
# VERFLIXTE STEUERWELT

## STEUERN JA – ABER IN MAßEN

»Nur die kleinen Leute zahlen Steuern«, sagte die New Yorker Millionärin Leona Helmsley einmal. Nur war sie selbst nicht groß genug oder nur zu schlecht beraten, um wegen Steuerbetrugs und Steuerhinterziehung dem Gefängnis zu entkommen. Vier Jahre Haft und 7,1 Millionen Dollar Strafe lautete damals das New Yorker Gerichtsurteil. Schlecht beraten war vor einigen Jahren auch der damalige und heutige Bayern-Präsident Uli Hoeneß. Der hatte über ein geheimes Konto in der Schweiz im großen Stil an der Börse spekuliert und seine Gewinne nicht bei seinem Heimatfinanzamt in Deutschland angegeben. 2014 spricht ihn das Landgericht München wegen Hinterziehung von mindestens 28,5 Millionen Euro schuldig. Hoeneß wurde zu dreieinhalb Jahren Haft verurteilt.

Um nicht wegen Steuerbetrug und Steuerhinterziehung im Gefängnis zu landen, haben sich in Deutschland in den letzten drei Jahren über 50 000 Steuersünder bei den Finanzbehörden selbst angezeigt. Das Hoeneß-Urteil, weitere CD-Daten-Ankäufe der Finanzbehörden, Offshore-Leaks, Lux Leaks und Panama Papers haben sie aufgeschreckt und die Flucht nach vorne antreten lassen. Denn mit Gefängnisstrafe wird hierzulande bestraft, wer 1 Million Euro und mehr Steuern hinterzieht. Das Hoeneß-Urteil hatte gezeigt, dass es bei Steuervergehen jetzt auch Prominenten an den Kragen geht.

Während den »kleinen Leuten« die Steuer vom Arbeitgeber direkt vom Gehalt in Abzug gebracht und an den Fiskus abgeführt wird, müssen Freiberufler und Besserverdiener ihren Steuerpflichten erst nach Eingang des Steuerbescheids nachkommen – häufig ein Jahr später. Und als ob das nicht schon Vorteil genug wäre, setzen sie auch noch alles daran, ihre Steuerverpflichtungen so weit als möglich herunterzudrücken. Berater und Banken im In- und Ausland helfen ihnen dabei. »Offshore« heißt in vielen Fällen das Zauberwort. Profaner: Steueroasen. Die bieten alles, von dem Steuermüde träumen. Von Briefkastenfirmen, anonymen Stiftungen und Trusts zum Verstecken von Vermögenswerten bis hin zu Nullsteuern.

In allen anderen Ländern werden dagegen Steuern durch den Staat für beinahe sämtliche wirtschaftlichen Aktivitäten erhoben. Ein Angestellter mit Durchschnittsgehalt, unverheiratet und ohne Kind musste 2015 im Schnitt 49,4 Prozent seiner Arbeitskosten, also Bruttoverdienst plus Sozialbeiträge der Arbeitgeber, abliefern. Unter den 34 OECD-Ländern rangiert Deutschland damit auf dem dritthöchsten Platz, nur in Belgien und Österreich ist die Last höher. Damit ist die Hälfte vom Brutto netto weg. Hinzu kommen zum Beispiel noch Kapitalertrag- oder Erbschaftsteuern und natürlich noch die indirekten Steuern (Mehrwertsteuer). Die OECD kritisiert seit Langem die hohe Steuer- und Abgabenlast in Deutschland.

Das Steuerrecht ist das am stärksten in die Grundrechte des Bürgers eingreifende Recht – abgesehen vom Strafrecht. Eine prominente Rolle im Steuerrecht nimmt der Gleichheitssatz mit den Prinzipien der Leistungsfähigkeit und der Folgerichtigkeit ein. Art. 3 Abs. 1 Grundgesetz (GG) besagt: »*Alle Menschen sind vor dem Gesetz gleich.*« Das Leistungsfähigkeitsprinzip, wonach jeder nach Maßstab seiner individuellen ökonomischen Leistungsfähigkeit besteuert werden soll, hat Verfassungsrang und bildet den Hauptmaßstab für die Gleichheitsprüfung im Steuerrecht. Vergleichbare

Fallgruppen müssen somit vom Staat auch vergleichbar besteuert werden.

Steuern sind Zwangsabgaben ohne direkte Gegenleistung, um damit die soziale Umverteilung zu organisieren und Leistungen der öffentlichen Hand zu finanzieren. Dabei werden Steuern zum Teil progressiv erhoben. Mit anderen Worten: Staatliche Leistungen werden zum Großteil von vermögenden Privatpersonen und Unternehmen finanziert. Seit es Steuern gibt, beschäftigen die sich jedoch damit, der Steuerlast auszuweichen beziehungsweise sich ihr ganz zu entziehen. Zwangsabgaben, deren Zahlung sie sich zwar nicht verweigern, deren Höhe sie jedoch durch entsprechende Handlungen und Maßnahmen stark verändern können.

Die Höhe der Steuerschuld ist abhängig von der Steuerbemessungsgrundlage und dem Steuersatz. Während Steuerpflichtige auf den Steuersatz keinen direkten Einfluss haben, kann die Bemessungsgrundlage durch legale und illegale Aktivitäten der Steuerpflichtigen mehr oder weniger verringert werden. Auch kann durch Falsch- oder Nichtangabe steuerlich relevanter Tatbestände erst gar keine Bemessungsgrundlage entstehen. Alles Aktivitäten, die dem Ziel der Reduzierung der Steuerschuld dienen – also Steuervermeidung, Steuerhinterziehung oder Steuerbetrug. Diese werden nachfolgend unter dem Begriff Steuerentzug subsummiert.

## STEUERENTZUG – STEUERHINTERZIEHUNG UND STEUERVERMEIDUNG

Im Zuge der Globalisierung und der steigenden Mobilität des Kapitals haben sich für multinationale Unternehmen wie auch für Privatpersonen neue Wege und Alternativen eröffnet, die den Steuerentzug vereinfachen und damit die Steuereinnahmen von Industrie-, Schwellen- und Entwicklungsländern erheblich mindern. Eine dieser Möglichkeiten ist die Verlagerung von Vermögen und Gewinnen in eine Steueroase, wo Kapital steuerfrei vermehrt wird. Das führt sowohl in den Industrie- als auch in den Schwellen- und Entwicklungsländern zu Steuerausfällen in Milliardenhöhe. Allein den EU-Staaten sind dadurch nach Berechnungen der EU-Kommission im letzten Jahr rund 140 Milliarden Euro entgangen.

Die zunehmende Globalisierung, die hohe Mobilität von Kapital, die Informationsbereitstellung durch das Internet und nicht zuletzt der zunehmende Wettbewerb zwischen den heute rund 40 ernstzunehmenden Steueroasen haben in den letzten zwei, drei Jahrzehnten dazu geführt, dass die Nutzung der Steueroasen für Privatpersonen und Unternehmen immer einfacher wird. Vor allem Unternehmen werden bei der Suche nach neuen Schlupflöchern in den komplexen Steuersystemen immer kreativer. Große Wirtschaftsprüfungsgesellschaften helfen ihnen dabei.

Dabei ist Steuerentzug keine Straftat, in vielen Ländern aber verboten. Wer sich durch eine ungewöhnliche und unangemessene rechtliche Gestaltung Steuervorteile verschafft, kann von den Steuerbehörden belangt und zur Nachzahlung verdonnert werden. In Deutschland ist der »*Missbrauch von rechtlichen Gestaltungsmöglichkeiten zur Steuerumgehung*« seit 1919 in § 42 der Abgabenordnung (AO) geregelt. Auch in anderen Ländern mit einer gemeinsamen Rechtstradition wie Australien, Irland, den USA, Kanada oder Großbritannien finden sogenannte »general anti-avoidance rules« (GAAR) immer mehr Verbreitung.

Grundsätzlich aber wird in der internationalen Gesetzgebung unterschiedlich definiert, wann ein Steuerentzug vorliegt:

- Manche Staaten sprechen von Steuerentzug, wenn ein Steuerpflichtiger absichtlich einen anderen Weg als den üblichen gewählt hat, um weniger Steuern zu zahlen – wenn also »Bewusstsein über das Unrecht« vorliegt.
- Andere hinterfragen, ob die jeweilige steuerliche Gestaltung künstlich und kompliziert ist und keinem anderen wirtschaftlichen Zweck dient, als Steuern zu sparen.
- Eine dritte Option, die aber bisher nur im englischsprachigen Ausland Eingang gefunden hat, ist, Steuerentzug als Handlung

zu definieren, dessen Resultat im Widerspruch zu den Zielen des Gesetzgebers steht.
* Die meisten Länder fahnden nach einer Kombination aus Absicht und Künstlichkeit der steuerlichen Gestaltung.

Einig sind sich die meisten Gesetzgeber in puncto Steuerentzug aber in einer Sache:

* Zunächst muss die Finanzbehörde die unangemessene rechtliche Gestaltung nachweisen. Dann obliegt es dem Steuerpflichtigen, außersteuerliche Gründe für die von ihm gewählte Gestaltung aufzuzeigen.

Im Einzelfall kann das auch für die Finanzbehörde ganz schön verzwickt werden.

Die komplexen Steuergesetze sind ein Grund dafür, warum auch »normale« Steuerpflichtige das Steuerrecht nicht nur als überkomplex und unsystematisch, sondern als ungerecht empfinden und den Steuerentzug sogar legitimieren. Sie gehen häufig davon aus, dass sie im Gegensatz zu den Reichen und den Unternehmen nicht alle legalen Steuerminderungen nutzen können. Weil sie über entsprechende Gesetze nicht informiert sind, sich teure Berater nicht leisten können und sie deshalb zu viel Steuern zahlen. Dazu kommt die steuerliche Sonderbehandlung großer Konzerne. Die Bürger spüren, dass hier die Steuergerechtigkeit verletzt wird – also dass alle ihren fairen Anteil an Steuern zahlen sollen. Genauso war das zuvor schon bei den vergleichsweise glimpflichen Urteilen für die Steuersünder Zumwinkel und Hoeneß. Das senkt die Steuermoral der »einfachen« Steuerpflichtigen.

Letztlich kann jeder Steuerpflichtige durch Steuerentzug einen höheren Nutzen bzw. ein höheres Nettoeinkommen erzielen. Nämlich dann, wenn der Steuerentzug nicht durch die zuständige Finanzbehörde aufgedeckt wird. Das ist nach Michael G. Allington und Agnar Sandmo der Grundgedanke eines rationalen Steuerhinterziehers.

# WO EIN WILLE IST, DA IST AUCH EIN WEG – STEUERFLUCHT IST KEIN DEUTSCHES PHÄNOMEN

Unter Steuerflucht versteht man die Verlagerung von Einkunfts-
quellen, Unternehmenssitz, Wohnsitz oder Aufenthaltsort aus
steuerlichen Gründen in andere Länder oder Wirtschaftsgebiete,
häufig in Niedrigsteuerländer oder Steueroasen. Der Begriff wird
sowohl für Fälle illegaler Steuerhinterziehung als auch bei legaler
Steuervermeidung verwendet. Da sich vor allem Kapitaleinkünfte
leicht verlagern lassen, sind diese häufig Gegenstand von Steuerflucht. Kapitalflucht kann aber auch andere Gründe haben, etwa die
Aspekte Vermögensschutz und Vermögenssicherung. Multinationale Unternehmen verlagern Produktionsstätten aus steuerlichen
Gründen ins Ausland, wenn beispielsweise die Wettbewerbsfähig-
keit beeinträchtigt wird. Und Gewinne werden von ihnen in Tochtergesellschaften in Steueroasen verlagert, um grundsätzlich Steuern zu sparen.

Nicht nur in Deutschland haben die Reichen ihr unversteuer-
tes Geld in den letzten Jahrzehnten ins Ausland geschafft. Briten,
Franzosen, Griechen, Italiener, Österreicher, Russen, Spanier oder
Schweizer haben es ebenfalls getan. Während die Europäer ihr
Schwarzgeld in der Regel zu den Banken in den Nachbarländern
schafften, bevorzugten Amerikaner aus Nord und Süd die Offshore-Zentren der Karibik. Kam das Schwarzgeld früher vorrangig aus
den westlichen Industrieländern, kommt es heute vor allem aus
den Schwellen- und Entwicklungsländern Asiens. Sie stehen nach
Berechnungen der Organisation Global Financial Integrity (GFI)
für 61 Prozent des gesamten globalen Schwarzgeldaufkommens.
Den asiatischen Ländern wurden in den letzten Jahren Billionen
Dollar Schwarzgeld entzogen. Weltweit werden von Privatpersonen
aktuell rund 9 Billionen Dollar Schwarzvermögen im Ausland versteckt. Nimmt man die unversteuerten Gewinn- und Kapitaltransfers der Unternehmen hinzu, sind es sogar 25 bis 30 Billionen Dollar.

| Kontinent | Gesamtvermögen | Anlagen in Steueroasen |
|---|---|---|
| Nordamerika | 16,2 | 1,6 |
| Europa | 10,3 | 2,6 |
| Naher Osten u. Asien | 10,2 | 4,1 |
| Lateinamerika | 1,3 | 0,7 |
| Insgesamt | 38,0 | 9,0 |

**Weltweites Privatvermögen ohne Immobilien, nichtfinanzielle Vermögenswerte und Unternehmen in Privatbesitz – in Billionen Dollar
Quellen: BIZ, Merrill Lynch/CapGemini, Boston Consulting Group**

China, Mexiko, Malaysia, Saudi-Arabien, Russland, die Philippinen, Nigeria, Indien, Indonesien und die Vereinigten Arabischen Emirate stehen heute für 80 Prozent des gesamten illegalen Geldtransfers. Im Vergleich dazu hat das Problem abfließenden Schwarzgelds in den westlichen Industrieländern mit 15,6 Prozent eine deutlich geringere Dimension. Und dennoch: Ende des letzten Jahrzehnts hatten Bundesbürger rund 400 Milliarden Dollar unversteuert im Ausland angelegt. Davon lagen nach Schätzungen der Deutschen Steuer-Gewerkschaft rund 180 bis 200 Milliarden auf Konten Liechtensteiner und Schweizer Banken. Nach Berechnungen der EU-Kommission gehen den EU-Staaten durch Steuerentzug im Jahr durchschnittlich 200 bis 250 Milliarden Euro Steuereinnahmen verloren – mithin 2,5 Prozent ihres BIP. Das Schwarzgeld gelangt in erster Linie über Steuerentzug und illegale Preismanipulationen bei Handelswaren, Korruption, Geldwäsche oder Drogenhandel in die Steueroasen.

Gefälschte Handelsbilanzen sind vor allem in China weit verbreitet:

- Bei Ausfuhren werden Preise niedriger angesetzt, die Preisdifferenz dann auf Konten im Ausland überwiesen.

19

- Bei Importen zahlen chinesische Unternehmen überhöhte Preise, die Preisdifferenz wird dann vom Lieferanten ebenfalls auf ein Konto im Ausland überwiesen.

China ist nach Berechnungen des Ökonomen Christopher Balding von der Peking-Universität das Land mit der größten Kapitalflucht weltweit. Seit 2012 rund 1,6 Billionen Dollar. Und das nur durch manipulierte Importe und Exporte. Laut Gesetz dürfen jährlich nur umgerechnet 50 000 Dollar pro Person China verlassen. Wer mehr Geld transferieren möchte, muss eine Genehmigung einholen. Doch seit 2012 gibt es ein Schlupfloch:

Um den Bürokratieaufwand zu reduzieren, verzichten die Behörden seit vier Jahren darauf, jede einzelne Importrechnung freizugeben. Folge: Etliche Chinesen haben in den vergangenen Jahren rund um den Globus Unternehmen gegründet und betreiben »Handel«.

Dass es ein massives Kapitalleck gibt, haben inzwischen auch die chinesischen Behörden begriffen. Inzwischen prüfen sie, ob Exporteur und Importeur verwandt sind. Doch selbst wenn China dieses Phänomen eindämmen sollte, gibt es andere Tricks:

- Nehmen wir einen reichen Chinesen, der gerne ein Haus in Australien kaufen möchte. Einfach 1 Million nach Australien überweisen? Keine Chance. Wie dann? Der Chinese könnte beispielsweise eine Beratungsgesellschaft in Hongkong beauftragen, ihm eine Studie zum australischen Wohnungsmarkt zu erstellen. Kostenpunkt 1 050 000 Dollar. Diese Rechnung kann er bei den chinesischen Behörden einreichen, das Geld fließt. 50 000 behält die Beratungsfirma, für die verbleibende Million Dollar wird dann wie geplant die Immobilie gekauft.

Und das Geld ist raus aus China – wohl für immer.

Chinesische Gelder fließen vor allem in die Finanzzentren London, New York, die British Virgin Islands und die Schweiz. Ähnlich werden Schwarzgeldgeschäfte von Indern und Pakistanis über die Steueroase Dubai abgewickelt. Die Schweiz ist trotz ihrer Weißgeldstrategie auch 2016 immer noch ein Hort für Schwarzgeld aus Asien, Lateinamerika, den Nahen Osten und Afrika. Rund 1 Billion Schweizer Franken dürften es nach Berechnungen der Schweizerischen Nationalbank schon sein. Das Land hat seit Ende des Ersten Weltkriegs maßgeblich zur internationalen Steuerflucht beigetragen.

## Beweggründe für Steuerflucht

Soweit einige Fakten zum Phänomen Steuerflucht in die Steueroasen. Aber was führt zu diesem immensen kriminellen Potenzial? Beweggrund ist zunächst die individuelle Verbesserung der Rendite durch Umgehung der nationalen Besteuerung, in Deutschland insbesondere der Zinsabschlags- und Vermögensbesteuerung. Viele Untersuchungen weisen darauf hin, dass die Steuermoral ein wesentlicher Gradmesser für das Ausmaß von Steuerentzug ist. Nach Untersuchungen des Tübinger Instituts für angewandte Wirtschaftsforschung (IAW) wird Steuermoral deshalb als Einstellung der Steuerzahler zum Steuerentzug definiert:

- Wird Steuerentzug sehr negativ bewertet, ist die Steuermoral hoch.
- Wird Steuerentzug als unproblematisch angesehen, ist die Steuermoral niedrig.

Zwar sind nach einer weltweiten Befragung zum Wertewandel 57 Prozent der Deutschen der Meinung, dass Steuerentzug in keinem Fall in Ordnung ist. Nach Umfragen tricksen jedoch 50 Prozent der Bundesbürger bei ihrer Steuererklärung. Allein das verursacht nach Berechnungen des Bundesfinanzministeriums jährlich zwischen 30 bis 50 Milliarden Euro.

Nach der IAW-Studie sind folgende Einflussfaktoren für die Steuermoral der Steuerpflichtigen entscheidend:

- **Direkt-demokratische Elemente:** Die Steuermoral steigt umso mehr, je mehr der Steuerpflichtige selbst am Entscheidungsprozess über Steuernormen partizipieren kann.
- **Dezentralismus:** Die Steuermoral ist umso höher, je dezentraler ein Staat und sein Steuersystem aufgebaut sind. Mit seiner Stadt, seiner Gemeinde, seinem Bezirk kann sich der Steuerpflichtige identifizieren.
- **Wirtschaftliche Belastung:** Steigen die Abgaben und Steuern für den Einzelnen, ohne dass dem zugleich eine Zunahme staatlicher Leistungen gegenüberstehen, wird dies als unfair empfunden und mit unfairem Verhalten erwidert.
- **Darstellung der Steuerverwendung:** Wird der verschwenderische Umgang der öffentlichen Haushalte mit Steuergeldern beklagt und fehlen die positiven Botschaften, wie sinnvoll Steuern eingesetzt werden, werden Steuern allein als Opfer ohne Gegenleistung empfunden und kaum noch als das, was sie eigentlich sind: Die Grundlage des Staates zur Erfüllung seiner öffentlichen Aufgaben.
- **Intransparenz und Komplexität des Steuerrechts:** Ein vereinfachtes System ist eines der wesentlichen Faktoren, welche die Steuermoral bestimmen.
- **Verhalten der anderen:** Wer davon ausgeht, dass andere Steuerzahler ihren Pflichten nicht nachkommen, kommt eher in die Versuchung, ebenfalls nicht alles wahrheitsgemäß beim Fiskus anzugeben. Nach der IAW-Studie sind fast zwei Drittel der Bundesbürger der Meinung, dass so gut wie alle anderen oder zumindest viele andere Bürger Steuern hinterziehen, soweit sie dazu die Möglichkeit sehen.

## Steuerflucht aus deutscher Sicht

Das nationale Recht in Deutschland versucht dem Phänomen der Steuerflucht auf verschiedene Weise entgegenzuwirken. Zum einen, indem Steuerflüchtige durch das Strafrecht mit einer Geldstrafe oder – bei Steuerentzug von 1 Million Euro und mehr – mit

Freiheitsstrafe bis zu zehn Jahre bestraft werden. Zum anderen, indem Kompetenzen geschaffen wurden, um den Geldfluss über die Grenzen besser zu kontrollieren. Das geschieht vorrangig über die Abgabenordnung (AO). Darin wird dem Steuerhinterzieher auch die Möglichkeit eingeräumt, in die Steuerehrlichkeit zurückzukehren. Und zwar, indem er Selbstanzeige stellt (§ 371 AO). Dazu kommen Regelungen im Zollverwaltungsgesetz (ZollVG) bei Kontrollen des grenzüberschreitenden Bargeldverkehrs. Auf internationaler Seite kommen länderübergreifende Kontrollmitteilungen und ein steuerrelevanter Informationsaustausch hinzu. Dieser greift ab 2017 in der gesamten EU und ab 2018 in mittlerweile rund 100 Ländern weltweit, darunter auch etliche Steueroasen.

Neben den nationalen Sanktions- und Kontrollmechanismen gibt es auf internationaler wie europäischer Ebene zwar Bemühungen und Vereinbarungen, um das Phänomen der Steuerflucht in die Steueroasen einzudämmen. Unverzichtbare Voraussetzung für ein erfolgreiches Vorgehen gegen Steuerentzug und Steuerflucht ist jedoch eine bessere Steuermoral der Steuerpflichtigen. Die erfordert vor allem ein stärkeres Vertrauen der Steuerpflichtigen in das Steuerrechtssystem sowie eine bessere Identifikation mit diesem. Um das zu erreichen, ist eine Vereinfachung und damit eine bessere Transparenz des Steuerrechts zwingend erforderlich. Auch sollte der Gemeinsinn von Steuern und dessen positive Verwendung verstärkt herausgestellt werden.

## JEDER STAAT BESTEUERT ANDERS – WOHNSITZLAND- UND WELTEINKOMMENSPRINZIP

Steuern sind schon in Deutschland eine schwierige Materie. Noch schwieriger wird es jedoch, wenn es steuerlich auch um andere Länder geht. Denn die haben unterschiedliche Vorstellungen davon, was wo und wie von ihren Bürgern zu versteuern ist. Dabei hat die Steuerpflicht nichts mit der Staatsbürgerschaft einer Person zu tun. So müssen in Deutschland ansässige Franzosen, Italiener, Türken oder Russen auch hierzulande Steuern zahlen. Denn in Deutschland gilt das Wohnsitzlandprinzip. Danach bestimmt der gewöhnliche Aufenthaltsort, der Lebensmittelpunkt, wo jemand steuerpflichtig ist.

Nach § 9 AO ist der gewöhnliche Aufenthaltsort dort, »*wo eine Person sich unter Umständen aufhält, die erkennen lassen, dass sie sich an diesem Ort oder in diesem Gebiet nicht nur vorübergehend aufhält. Dabei kommt es nicht auf den Willen des Steuerpflichtigen, sondern auf den tatsächlichen Aufenthalt an.*« Ein gewöhnlicher Aufenthalt in Deutschland ist nach § 9 Satz 2 AO immer dann gegeben, wenn dieser jährlich insgesamt sechs Monate erreicht. Wer als Steuerpflichtiger also dem Fiskus in der Heimat entkommen will, sollte Nachfolgendes beachten:

- Die Zelte in Deutschland müssen – für alle ersichtlich – abgebrochen werden. Dazu gehören eine Abmeldung beim Einwohnermeldeamt und eine »Nullstellung« beim Wohnsitzfinanzamt ebenso wie eine Verzichterklärung auf das Wahlrecht in Deutschland.
- Die bisherige Wohnung/das Haus muss aufgegeben werden. Indiz: Miet-/Kaufvertrag mit Fremden, Abmeldung von Strom, Wasser und Telefon.
- Das Auto muss hierzulande ab- und im neuen Wohnsitzland angemeldet werden.
- Der Pass sollte nur im Ausland bei einem deutschen Konsulat verlängert werden.
- Künftig sollte alles vermieden werden, was Rückschlüsse auf einen Aufenthalt in Deutschland zulässt: Hotel- und Restaurantrechnungen, Mietverträge, Postanschrift, Strafmandate, Einkäufe mit Kreditkarte.

Wer hier fahrlässig handelt, den holt – wie das Beispiel Boris Becker zeigt – die deutsche Besteuerung ein. Becker hatte auf dem Höhepunkt seiner Tenniskarriere seinen offiziellen Wohnsitz zwar in Monaco. Er hatte gleichzeitig aber auch noch bei seiner Schwes-

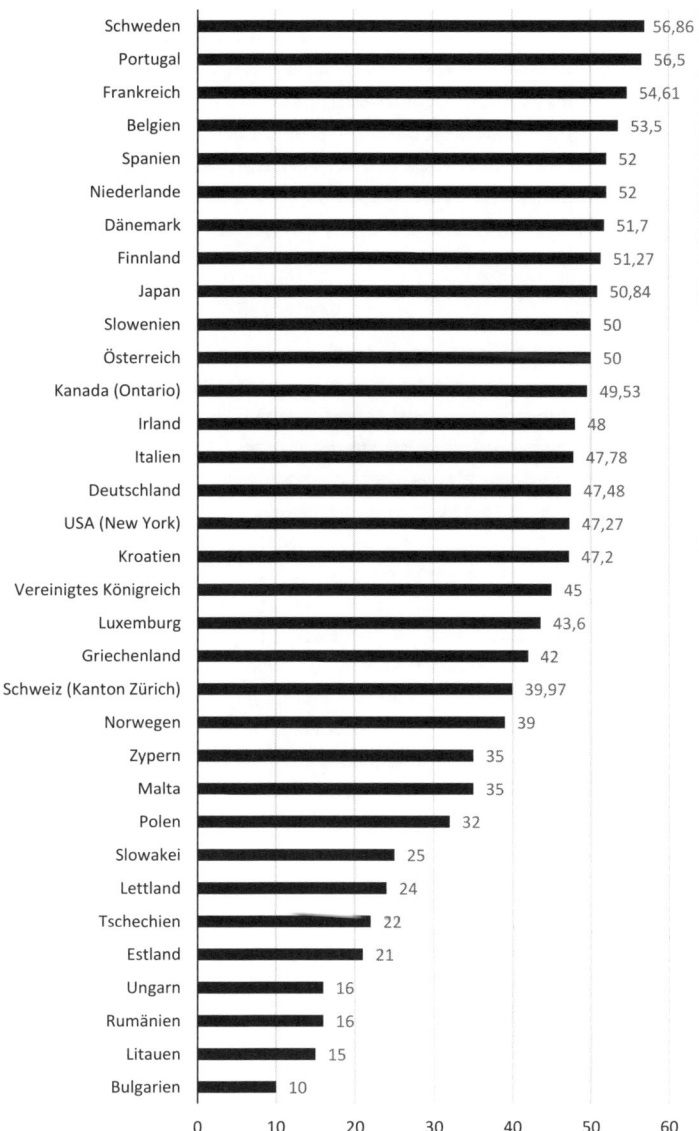

Abb. 1: Einkommensteuerspitzensätze der Zentralstaaten und der Gebietskörperschaften sowie sonstige Zuschläge (2014, alle Angaben in Prozent)

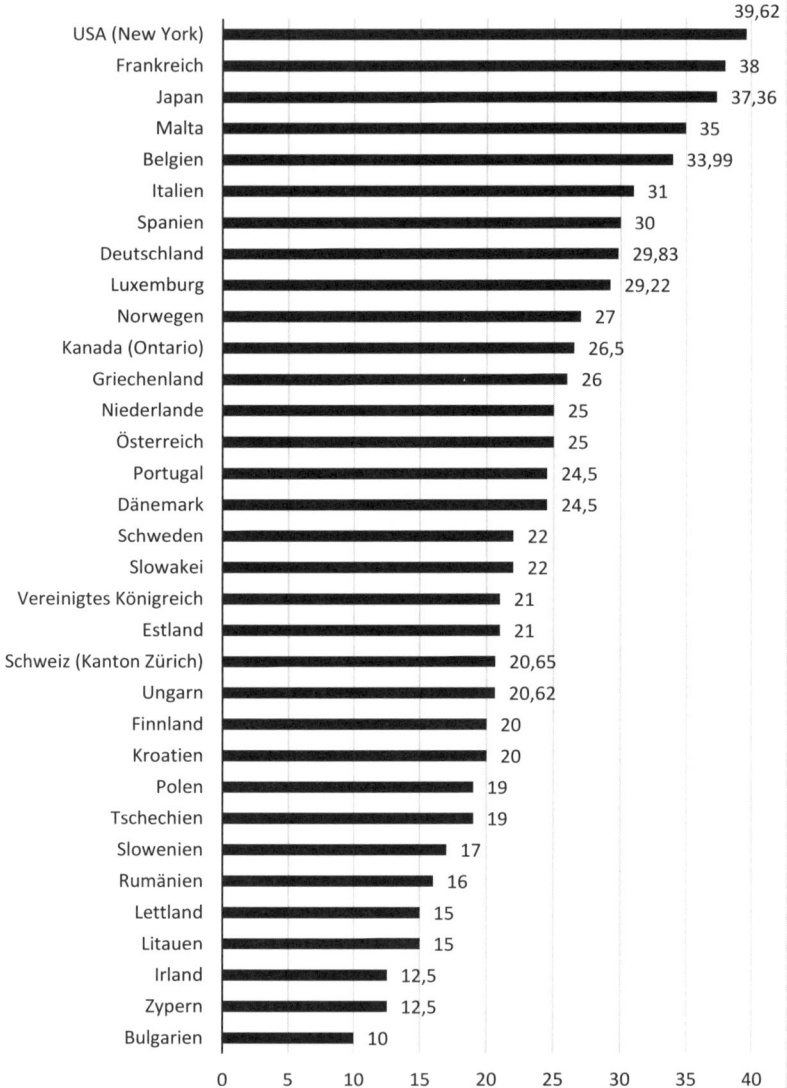

Abb. 2: Unternehmensbesteuerung 2014 im internationalen Vergleich
Tarifliche Belastung des Gewinns von Kapitalgesellschaften 2014 (nominal) in
Prozent (Körperschaftsteuern, Gewerbeertragsteuern und vergleichbare ande-
re Steuern des Zentralstaats und der Gebietskörperschaften)

ter in München ein Gästezimmer, das er zwischen seinen Turnieren rund um die Welt häufig nutzte – zu häufig, wie der Fiskus seinerzeit feststellte. Steuernachzahlungen in Millionenhöhe waren die Folge.

Anders verhält es sich nach dem Welteinkommensprinzip, das beispielsweise für US-Bürger gilt. Für sie sind sämtliche im Ausland erzielten Einkommen auch in den USA steuerpflichtig. Demgegenüber wird bei deutschen Staatsbürgern das Welteinkommen als Bemessungsgrundlage für die Besteuerung in Deutschland herangezogen. Dabei werden bereits im Ausland gezahlte Steuern bei der deutschen Steuer angerechnet (Freistellungsmethode). Das ist jedoch auf die Fälle beschränkt, in denen Kapitalflucht von Privatpersonen oder Standortverlagerung von Unternehmen aus rein steuerlichen Gründen nicht anzunehmen ist. Die Finanzbehörden behalten sich jedoch vor, den steuerpflichtigen Rest des Welteinkommens mit dem Steuersatz zu belegen, der für das gesamte Welteinkommen des Steuerpflichtigen im jeweiligen Steuerjahr der angemessene Steuersatz wäre.

Damit jedoch die im Ausland gezahlte Steuer als bezahlt angesehen gelten kann, braucht es zwischen den Staaten Abkommen – sogenannte Doppelbesteuerungsabkommen (DBA), die das regeln. Sie sollen eine doppelte Besteuerung ein und desselben Einkommens verhindern bzw. abschwächen.


## WELCHER STAAT DARF BESTEUERN? – DOPPELBESTEUERUNGSABKOMMEN VERNETZEN DIE STEUERWELT

Wirtschaftsbeziehungen werden zunehmend international und damit auch die Herstellung oder Dienstleistung immer öfter über Grenzen hinweg erbracht. Grundsätzlich ist die Besteuerungsgewalt Teil staatlicher Souveränität. Das heißt, jeder Staat darf frei darüber entscheiden, was und wie er besteuert. Im Allgemeinen erkennen Staaten gegenseitig sowohl die Ansässigkeit des Steuerpflichtigen als auch das Staatsgebiet, aus dem Einkünfte stammen, als legitime Anknüpfungspunkte an, die eine Einkommensbesteuerung rechtfertigen. Im Falle grenzüberschreitender Leistungen bedeutet dies, dass sowohl der Ansässigkeitsstaat des Leistungserbringers, der die Einkünfte erzielt, als auch der sogenannte Quellenstaat, aus dem die Einkünfte stammen, dieselben für die Einkommensteuer erfassen dürfen. Da sich Leistungserbringer und Leistungsnehmer immer häufiger in verschiedenen Ländern befinden, wenden viele Staaten den Ort des Ergebnisses bzw. der Verwertung der Leistung sowie den Zahlungsort als Anknüpfungspunkt für eine Quellenbesteuerung an. Einkünfte werden so häufig doppelt besteuert.

Um eine Doppelbesteuerung zu vermeiden, schließen Staaten zweiseitige Doppelbesteuerungsabkommen. Sie definieren darin die erfassten Einkunftsarten, bestimmen, welcher Staat unter welchen Voraussetzungen welche Einkünfte in welcher Höhe bestimmen darf, und wie die Doppelbesteuerung durch den Ansässigkeitsstaat zu vermeiden ist. Für solche Doppelbesteuerungsabkommen steht weltweit ein Model Pate, das von der OECD 1963 entwickelt wurde und seitdem regelmäßig aktualisiert wird. Da es sich bei der Mehrheit der OECD-Staaten um entwickelte Länder handelt, spiegelt das Musterabkommen überwiegend deren Interessen wider. Als Reaktion darauf wurden Alternativmusterabkommen geschaffen, die die Interessen von Entwicklungs- und Schwellenländern stärker berücksichtigen. Das ist umso wichtiger, da Einkünfte aus diesen Leistungen vor allem aus diesen Ländern verstärkt in Steueroasen verschoben werden und sich somit oft jeglicher Besteuerung entziehen.

Heute ist ein dichtes Netz von Doppelbesteuerungsabkommen Teil des gesetzlichen Rahmens für internationalen Handel, Einkommen und Gewinne sowie internationale Kapitalanlagen. Weltweit gibt es über 3 000 bilaterale Abkommen, die die grenzüberschreitenden Aktivitäten von Privatpersonen und Unternehmen beeinflussen. Auf internationalen Druck hin haben zwischenzeitlich auch einige Steueroasen derartige Abkommen vorrangig mit Industrieländern geschlossen.

Während Entwicklungs- und Schwellenländer am Abschluss von DBAs interessiert sind, um damit vor allem bei ausländischen Investoren Vertrauen zu gewinnen, liegt das Interesse von Hochsteuerländern heute vorrangig am Abschluss derartiger Abkommen, um gegen den Steuerentzug ihrer Steuerpflichtigen vorgehen zu können. Denn Artikel 26 des OECD-Musterabkommens regelt den Austausch steuerbezogener Informationen zwischen DBA-Vertragsländern. Damit haben etwa steuerbegünstigte Unternehmensformen – vor allem in Steueroasen – in der Regel keinen Zugang zu den Vorteilen der Doppelbesteuerungsabkommen.

## Mit Doppelbesteuerungsabkommen die Steuerlast senken

Richtig genutzt verhindern diese Abkommen nicht nur eine Doppelbesteuerung. Sie bieten Unternehmen auch ganz legale Möglichkeiten, ihre Steuerbelastung im internationalen Geschäftsverkehr zu minimieren. In den internationalen Konzernen sitzen Steuerexperten, die die weltweiten DBAs auf solche Möglichkeiten durchforsten. Das gilt vor allem bei geplanten Auslandsinvestitionen. Erreicht wird das durch das sogenannte Treaty Shopping, mit dem sich die steuerliche Belastung bei Auslandsinvestitionen optimieren lässt. Dazu wird eine internationale Unternehmensstruktur in einem oder mehreren Ländern implementiert. So können bei Investitionen die Vorteile von DBAs genutzt werden, die bei einer Direktinvestition im jeweiligen Zielland sonst nicht möglich wären.

Ist beispielsweise von einem deutschen Unternehmen eine Investition in Indien geplant, bietet sich Mauritius als steuerliches Sprungbrett für ein Treaty Shopping an. Die Insel vor Afrika hat als eines von weltweit nur fünf Ländern ein vorteilhaftes DBA mit Deutschland im Hinblick auf Veräußerungsgewinne und Ausschüttungen bei Kapitalgesellschaften abgeschlossen. Die Kombination der günstigen innerstaatlichen Besteuerung in Mauritius mit dem DBA mit Deutschland ermöglicht Unternehmen eine optimierte Firmenstruktur. Wie das im Einzelfall funktioniert, soll am Beispielfall der Veräußerung eines Anteils an einer nicht bör-sennotierten indischen Kapitalgesellschaft verdeutlicht werden, bei der die Investition in der ersten Variante direkt über eine deutsche Kapitalgesellschaft und in der zweiten über eine mauritische Zwischengesellschaft erfolgt. Dabei wird unterstellt, dass die indische Gesellschaft nicht den Regelungen des deutschen Außensteuergesetzes unterliegt:

**Variante 1: Beteiligung über eine deutsche Kapitalgesellschaft – Direktinvestition**

Wird die Beteiligung später veräußert, unterliegt der Gewinn der indischen Ertragssteuer, da somit Indien aufgrund der Regelungen des Art. 13 Abs. 4 DBA-Deutschland das Besteuerungsrecht hat. Die Steuer beträgt für den Fall, dass die Beteiligung

1. weniger als ein Jahr gehalten wurde: 41,82 Prozent,
2. länger als ein Jahr gehalten wurde: 20,91 Prozent.

Der Veräußerungsgewinn wird in Deutschland zu 100 Prozent freigestellt. In Deutschland kann wegen fehlender deutscher Steuerbelastung folglich die abgeführte indische Steuer nicht auf die Steuerschuld in Deutschland angerechnet werden. Die fälligen Steuern in Indien für das Unternehmen bleiben in voller Höhe bestehen.

**Variante 2: Beteiligung über eine mauritische Kapitalgesellschaft – Treaty Shopping**

Wird die Beteiligung durch die mauritische Gesellschaft veräußert, fällt keine Steuer auf den Veräußerungsgewinn an, da Art. 13 DBA zwischen Indien und Mauritius Indien kein Besteuerungsrecht einräumt und Mauritius den Veräußerungsgewinn trotz Besteuerungsrecht nicht besteuert. Um die steuerfreien Gewinne aus der mauritischen Gesellschaft nach Deutschland weiterzuleiten, müssen sie ausgeschüttet werden. Auf diese Ausschüttung fallen nach Art. 10 DBA Deutschland/Mauritius in Mauritius 5 Prozent

Quellensteuer an, wobei das Besteuerungsrecht für die Ausschüttung grundsätzlich Deutschland hat. Deutschland wiederum stellt diese Ausschüttungen von der deutschen Körperschaftsteuer frei und rechnet die mauritische Quellensteuer nicht an. Letztendlich beträgt die steuerliche Vorbelastung der Gewinne auf Ebene des deutschen Unternehmens damit 5 statt wie bei Variante 1 zwischen 20,91 und 41,82 Prozent.

| Investition über | Steuerbelastung Indien in % | Steuerbelastung Mauritius in % | Steuerbelastung gesamt in % |
|---|---|---|---|
| Deutschland direkt | 20,91–41,82 | – | 20,91–41,82 |
| via Mauritius | – | 5 | 5 |

**Gegenüberstellung der Steuerbelastung bei Investition über Deutschland und Mauritius**

Unter den derzeitigen steuerlichen Rahmenbedingungen ist bei Investitionen in Indien der Umweg über Mauritius für deutsche Unternehmen legal nahezu konkurrenzlos. Das DBA ist reines Treaty Shopping. Es bleibt aber abzuwarten, was passiert, wenn sich Deutschland das Besteuerungsrecht für solche Veräußerungsgewinne künftig sichert.

Bei solchen und ähnlichen bilateralen Strukturen machen sich Unternehmen dabei ein grundsätzliches Problem zunutze:

**Multinationale Konzerne sind integrierte globale Unternehmen, Steuern werden hingegen national erhoben.**

Multis bestehen aus zahlreichen Tochtergesellschaften und verbundenen Unternehmen in verschiedenen Ländern. Zu entwirren, welches Land dabei welchen Teil ihres Gewinns besteuert, ist kompliziert. Denn die verschiedenen Steuersysteme kommen sich häufig in die Quere. Unternehmen haben das in den letzten Jahrzehnten für sich genutzt. Sie verlagerten Produktionen und ließen Gewinne dort anfallen, wo die Steuern am niedrigsten sind. Dazu passen sie häufig nur die Preise der Produkte an, die eine Tochtergesellschaft der anderen verrechnet. Und das günstigste Land ist natürlich dasjenige, das die niedrigsten Steuern erhebt – nach Möglichkeit sogar gar keine.

Indem sie diese Gewinne nicht zurück in die Muttergesellschaft leiten, sondern sie in eine Holdinggesellschaft in einer Steueroase abzweigen – häufig über eine Reihe von anderen Tochtergesellschaften als Zwischenstationen –, müssen sie nirgendwo Steuern zahlen. Gleichzeitig wandern die Kosten in jene Länder, wo die Steuern am höchsten sind. Die Multis haben ein System, das Doppelbesteuerung vermeiden sollte, in ein System der doppelten Nichtbesteuerung verdreht. So steht ihnen massenweise billiges Kapital für Reinvestitionen zur Verfügung. So können sie schneller expandieren als ihre kleinere, weniger international ausgerichtete Konkurrenz. Gleichzeitig wird Schwellen- und Entwicklungsländern ein Großteil der ihnen eigentlich zustehenden Steuern entzogen. Das fließt stattdessen in Form von Kapital in die Kassen reicher Staaten – häufig Steueroasen.

## Statt Fortfall der Doppelbesteuerung doppelte Nichtbesteuerung

Obwohl also eine Doppelbesteuerung durch DBAs über Steuergutschriften legal vermieden und im Einzelfall sogar die Gesamtsteuerlast erheblich reduziert werden kann, helfen Steueroasen Unternehmen vor allem dabei, eine Doppelbesteuerung grundsätzlich zu vermeiden. Sie eliminieren die Doppelbesteuerung, indem sie eine doppelte Nichtbesteuerung möglich machen. Unternehmen vermeiden dadurch nicht nur die zweifache Besteuerung desselben Gewinns. Wie das Beispiel des US-Konzerns Apple zeigt, zahlen sie über den Einsatz grenzüberschreitender Strukturen, wenn überhaupt, nur geringe, in der Regel jedoch gar keine Steuern. Bei Apple geht das so:

Ein Verbraucher in München geht in den Apple Store und kauft dort ein iPhone ohne Netzsperre. Der Kaufpreis geht an die

Apple Retail Germany GmbH. Die hat im vergangenen Jahr einen hohen dreistelligen Millionen-Euro-Umsatz erzielt. Apple Retail Germany behält das Geld allerdings nicht. Das Unternehmen hat im gleichen Zeitraum für einen hohen dreistelligen Millionen-Euro-Betrag Güter gekauft und nach Kosten für Mitarbeiter, Miete und andere Ausgaben unter dem Strich 1 Million Euro Verlust gemacht. Apple braucht also in Deutschland keinen Gewinn zu versteuern.

Der Großteil des deutschen Umsatzes – wenn nicht die kompletten Erlöse – fließen an Apple Sales International (ASI). Diese kaufen Apple-Produkte wie das neue iPhone von Vertragszulieferern in China und verkaufen sie dann weiter an die Verkaufsstellen. Apple Sales International ist ein in Irland registriertes Unternehmen, das im gleichen Jahr einen hohen Milliardengewinn ausweist. Für jede Milliarde Gewinn zahlt es aber nur 50 000 Euro an Steuern – ganze 0,005 Prozent. Der Grund:

Apple Sales International ist kein Steuerbürger Irlands. Es zahlt lediglich Steuern entsprechend einem Satz und einer Berechnungsbasis, die das Unternehmen mit den irischen Steuerbehörden ausgehandelt hat. Im Zeitraum 2003 bis 2014 hat Apple dadurch nach Berechnungen der EU-Kommission eigentlich fällige Steuerzahlungen in Höhe von rund 13 Milliarden Euro Steuern eingespart.

Zentrale Aufgabe von ASI ist es, chinesischen Produzenten die fertigen Apple-Produkte abzukaufen. ASI verkauft diese Produkte dann mit einem deutlichen Preisaufschlag an allerlei andere Apple-Tochterfirmen weiter, die sie dann ihrerseits in Europa, Afrika, Asien und Nahost an Endkunden verkaufen. Scheinbar ist ASI also das Drehkreuz von Apples Auslandsvertriebsnetz. Tatsächlich aber spielt die Tochter nur auf dem Papier diese wichtige Rolle. Die Apple-Waren werden ja nicht erst umständlich aus den chinesischen Fabriken nach Irland geschickt – und von dort weiter in die verschiedenen Verkaufsregionen. Die Ware landet in den allermeisten Fällen direkt beim jeweiligen Ländervertrieb.

Eine zentrale Rolle bei der Verlagerung der Profite spielt dabei die Tochterfirma Apple Sales International (ASI):

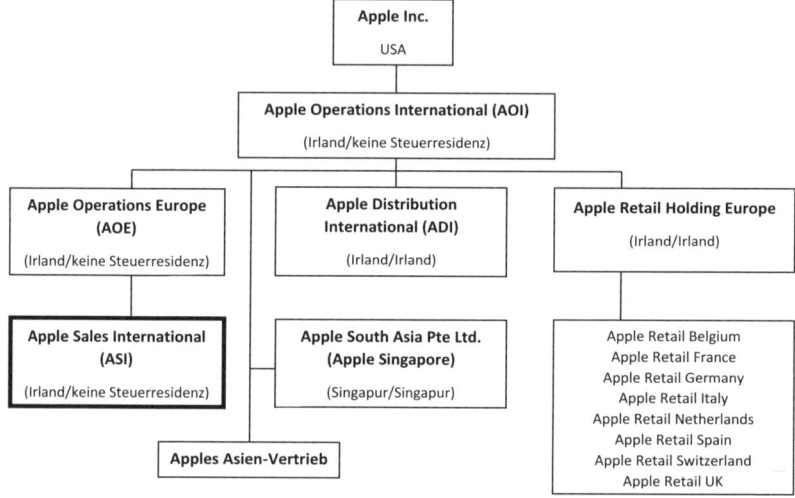

**Abb. 3: Apple-Organigramm I**

Der virtuelle Umweg über Irland dient allein dazu, Steuern zu sparen – und das im großen Stil. Auf Milliardengewinne fallen kaum Steuern an. Und das erreicht Apple mit einem zweiten Steuertrick: Apple ist ein internationaler Konzern, der in verschiedenen Ländern rund um den Globus Niederlassungen errichtet hat. Diese Niederlassungen unterliegen dem jeweiligen nationalen Steuerrecht des Staates, in dem sie sich befinden. Die Steuergesetze der verschiedenen Länder widersprechen sich zum Teil – und das lässt sich nutzen:

Apple macht sich einen Widerspruch zwischen dem irischen und dem US-amerikanischen Steuerrecht zunutze:

• Laut US-Steuerrecht muss sich ein Unternehmen in jenem Land beim Fiskus melden, in dem es gegründet wurde.

- Laut irischem Steuerrecht muss sich ein Unternehmen in jenem Land beim Fiskus melden, in dem es gemanagt wird.

Die ASI – und andere Tochterfirmen von Apple – sind dadurch fein raus. So wurde die ASI zwar in Irland gegründet, sie wird aber in den USA gemanagt. Die ASI in Irland hat daher kaum Angestellte, sondern vorrangig leitende Manager, die alle in Kalifornien residieren. In Irland gegründet, in den USA gemanagt – so lässt sich sowohl irisches als auch US-amerikanisches Steuerrecht umgehen. In der Folge hat sich ASI auch nirgendwo beim Fiskus angemeldet – und zahlt entsprechend auch keine Steuern. Apple hat also eine Lücke im internationalen Steuerrecht gefunden und diese konsequent ausgenutzt.

Und was Apple mit Gewinnverschiebungen über Irland macht, machen McDonald's über Luxemburg oder die Kaffeekette Starbucks über die Niederlande.

So weit, so dreist. Aber ist der US-Fiskus wirklich unfähig, sich gegen solche Tricks abzusichern? Natürlich nicht. Natürlich gibt es im US-Steuerrecht Vorkehrungen, mit denen sich der Staat gegen die Steuerjongleure internationaler Konzerne wehren kann. In den USA sind solche Vorkehrungen in Section 954c, Subpart F des Steuerrechts festgehalten. Diesen zufolge müssen internationale Konzerne Gewinne aus Tochterfirmen eigentlich jedes Jahr in ihrem Heimatland versteuern. Eigentlich. Nur wurde diese Regelung auf Druck von Lobbyisten schon Mitte des vergangenen Jahrzehnts aufgeweicht – und im US-Recht somit ein weiteres Steuerschlupfloch geschaffen. Und das nutzt Apple ebenfalls aus. Das Steuerschlupfloch hat den klangvollen Namen check-the-box – und das funktioniert so:

Wenn Tochterfirmen ihre Gewinne an übergeordnete Tochterfirmen eines Konzerns abführen, dann kann die Konzernleitung unter bestimmten Bedingungen vom US-Fiskus verlangen, dass er diese Gewinne ignoriert.

Und genau das macht Apple mit seiner Firmentochter Apple Operations International (AOI). Diese wurde 1980 gegründet und gehört zu 97 Prozent dem US-Mutterkonzern Apple Inc. Die restlichen Aktien werden von Apple UK mit Sitz in Großbritannien gehalten. AOI ist somit eine sogenannte Holding Company. Das bedeutet:

Ihre Aufgabe ist es, Aktien von Apples Tochtergesellschaften zu halten.

AOI kassiert nun die Gewinne dieser Tochterfirmen zweiten und dritten Grades in Irland. Milliarden, die Apple dank check-the-box-Schlupfloch auch in den USA nicht mehr versteuern muss.

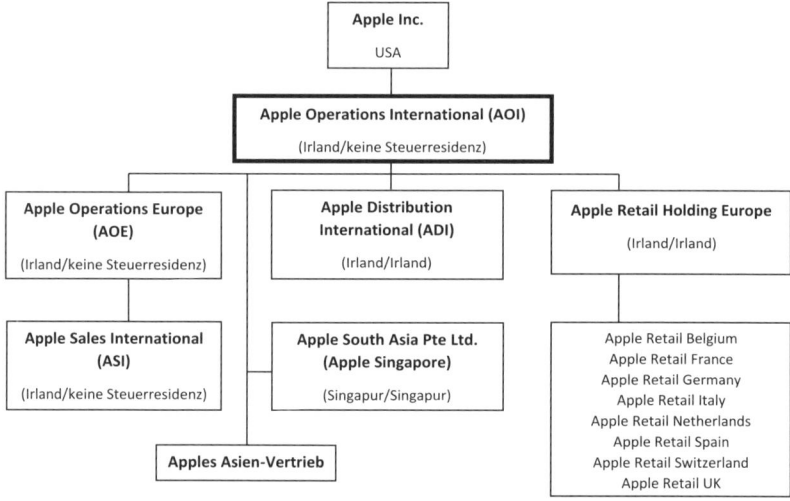

Abb. 4: Apple-Organigramm II

Perfektion bis ins letzte Detail, beim iPhone wie beim Steuerdrücken. Durch das Drei-Stufen-Sparmodell ist es Apple gelungen, die eigene Steuerlast auch in den USA erheblich herunterzufahren. Statt der dort für Unternehmen üblichen 35 Prozent zahlt der Konzern nur rund 20 Prozent.

Das Apple-Beispiel und die Lux-Leaks-Dokumente zeigen, wie dreist Konzerne Gewinne und Kapital in Steueroasen verschieben.

Dabei schützt das Steuergeheimnis der beteiligten Länder – wie Deutschland oder Frankreich – die Trickser auch noch. Die Dokumente zeigen aber auch, wie windig die Geheimverträge sind, mit denen Konzerne Profite in Steueroasen verschieben. Allein den 27 EU-Staaten gehen dadurch nach Berechnungen der EU-Kommission jährlich rund 140 Milliarden Steuereinnahmen verloren. Milliarden, die die Länder dringend für Investitionsprogramme und zum Abbau ihrer Schulden gebrauchen können. Die EU-Kommission fordert:

**Es wird höchste Zeit, dass Unternehmen dort ihre Steuern zahlen, wo auch die Gewinne anfallen.**

Dabei hat die EU-Kommission eigentlich gar keine Kompetenz in Steuerfragen. Sie kann nur deshalb gegen Apple & Co. vorgehen, weil sie die Steuernachlässe als irische oder luxemburgische Beihilfe wertet. Den Staaten kann das eigentlich egal sein. Denn selbst wenn sich herausstellt, dass es sich bei einer Steuervergünstigung um eine unzulässige Beihilfe handelt, bedeutet das nur, dass der Steuerpflichtige nachzahlen muss, wie im Fall Apple. Der Staat trägt keinerlei Risiko, aber der betroffene Steuerpflichtige ist den Forderungen der EU ausgeliefert. Auch wenn er sich an die Regelungen seines Staates gehalten hat.

Mit ihrer Entscheidung, dass Irland 13 Milliarden Euro Steuern von Apple zurückfordern muss, widersetzt sich die EU-Kommission der Lobbyarbeit des US-Finanzministeriums im Namen von Apple. Das Ministerium behauptet, dass die US-Steuerzahler die Last tragen würden, wenn das Unternehmen die geforderten Steuern an Irland zahlt. Demnach könnte sich Apple die Nachzahlungen in Europa auf Steuern in der Heimat anrechnen lassen. Doch das Argument des US-Finanzministeriums verkehrt die Tatsachen. Tatsache ist, dass die Lage zwischen der EU und den USA in der Steuerfrage erst gar nicht eskaliert wäre, wenn die USA und Irland ihre Steuern ordnungsgemäß eintreiben würden.

## Gravierende Lücken im US-Steuergesetz haben Folgen

Aber genauso, wie lasche Regulierung die Finanzkrise von 2008 ermöglicht hat, so erlauben es massive Lücken im US-Steuergesetz
den 50 größten US-Unternehmen aktuell schätzungsweise 1,3 Billionen Dollar ins Ausland zu schaffen und unversteuert zu lassen.
Auch Apple gehört zu diesen Unternehmen. Diese Unternehmen
haben die Möglichkeit, konzerninterne Leistungen so zu verrech-
nen, dass die Kosten in Ländern mit hohen Steuern anfallen und die
Gewinne in Ländern mit niedrigen oder gar keinen Steuern (s.o.).
Dieses System erlaubt es Unternehmen, ihre Geschäfte künstlich
in unendlich viele Tochtergesellschaften aufzusplitten, die dann als
getrennte Unternehmen besteuert werden. Das bietet ihnen einen
großen Spielraum, ihre Gewinne in Niedrigsteuerländer wie Irland,
die Bahamas, die Bermudas oder die Cayman Islands zu verlagern,
indem sie frei erfundene interne Preise verwenden.

Im Fall Apple ging Irland sogar noch einen Schritt weiter und
erlaubte es dem Unternehmen, Gewinne auf Tochtergesellschaften zu verlagern, die im Cyberspace existieren und überhaupt keine
Mitarbeiter beschäftigen. Dank dieser Zusammenarbeit von Apple
und Irland hat das Land ein paar Steuern und ein paar Arbeitsplätze ergattert. Und Apple hat die »Kooperation« massive Steuerein-
sparungen beschert – alles auf Kosten anderer Länder.

Als Irland 1973 der EU beitrat, wusste das Land, dass es eine
Menge Vorteile genießen würde, wenn es sich an bestimmte Re-
geln hält. Aber jetzt läuft Irland Sturm gegen den Beschluss der
EU-Kommission. Es will die Vorzüge der EU behalten, ihre Steu-
erregeln jedoch ignorieren. Wenn jedem Unternehmen ähnliche
Vorzüge gewährt würden wie Apple, wären die Steuerkassen von
Irland – und jedem anderen Land – schnell leer. Lux Leaks und die
Panama Papers zeigen, dass solche Manöver alltäglich sind. Un-
ternehmen können mit einem einfachen Tastendruck Geld von einer Tasche in eine andere verschieben und so Steuern ausweichen.
Und Banken Gelder von Privatpersonen von einem Konto zum anderen umbuchen, um so beispielsweise der EU-Zinssteuer zu ent-

gehen. Etwa durch einen Geldtransfer von der Schweiz nach Singapur. Über Jahre war das ein gängiges Geschäftsmodell Schweizer Finanzhäuser.

Steuervermeidung schadet allen. Sie senkt die öffentlichen Einnahmen, die für das Gesundheitswesen, Bildung, Infrastrukturinvestitionen oder Strafverfolgung vorgesehen sind – öffentliche Güter, die wir alle brauchen. Der Apple-Steuerstreit zeigt, dass das derzeitige System nicht mehr haltbar ist. Ende 2015 haben die G20-Staaten die sogenannte BEPS-Initiative beschlossen, die eine Erosion der Steuerbasis und Gewinnverlagerungen verhindern soll. Ein Schritt in die richtige Richtung, aber längst nicht genug. Zwar wurden von BEPS einige Lücken geschlossen, die Apple und andere Konzerne im vergangenen Jahrzehnt genutzt haben, aber der größte Mangel – das System der Verrechnungspreise – ist nach wie vor intakt. Das heißt, dass globale Unternehmen auch Ende 2016 ihre Gewinne weiter verschieben können, ohne dass sie Steuern zahlen.

Bei Apple, Google, Starbucks, Amazon, Fiat, McDonald's und vielen anderen Unternehmen drängt sich die Frage auf, ob sie bei ihren internationalen Gewinn- und Kapitaltransfers wirklich legal gehandelt oder die Steuergesetze nicht nur gebogen, sondern mithilfe von »Geisterfirmen« in Steueroasen auch gebrochen haben. Und in welchem Umfang ihnen dabei Länder wie Irland, Belgien, Luxemburg oder die Niederlande geholfen haben. Das Verhalten mancher Staaten hat nichts mit fairem Wettbewerb zu tun. Es gefährdet nicht nur die Stabilität und die Haushalte von Ländern. Es gefährdet auch ein Stück weit die Stabilität der Gesellschaft, wenn Bürger den berechtigten Eindruck haben, dass die Lasten höchst ungleich verteilt sind. Es sollte daher einen einfachen Grundsatz geben:

Unternehmen müssen ihre Steuern dort zahlen, wo sie ihre Gewinne machen. Um das zu erreichen, braucht es eine internationale Übereinkunft, die verbindliche Regeln festlegt. Die Staaten müssen sich dazu verpflichten, den unfairen Steuerwettbewerb zu beenden. Dazu muss geregelt sein, was bei Unternehmensteuern erlaubt ist und was nicht. Es gilt auch, Mindeststeuersätze festzulegen, die kein Land unterschreiten darf. Wer es tut, sollte mit Sanktionen bestraft werden.

Es ist nicht so, dass im Zuge der Leaks-Veröffentlichungen international gar nichts passiert wäre. Es fehlt aber nach wie vor an einer glaubwürdigen Länder-Allianz gegen Steuerflucht.

**Höchste Zeit, sich mit den Praktiken der Steueroasen und ihren Geschäftsmodellen für Unternehmen wie auch für Privatpersonen näher zu befassen. Ein kritischer Blick hinter die Kulissen einer steuerorientierten Industrie, die sich in den letzten 100 Jahren zum großen schwarzen Loch der Weltwirtschaft entwickelt hat.**

## Niedrigsteuern – was die Standortwahl bestimmt

In den vergangenen Jahrzehnten haben sich Staaten verstärkt bemüht, gute Steuerbedingungen zu schaffen, um Unternehmen und Kapital an ihren Standort zu locken. Ob und wie stark Steuern die Standortwahl von Unternehmen beeinflussen und wie sich die steuerliche Attraktivität eines Landes messen lässt, ist nach der Ankündigung Großbritanniens, sich im Zuge des Brexits steuerlich für Unternehmen attraktiver zu machen, aktuell ein politisch brisantes Thema. Doch empirische Untersuchungen zur steuerlichen Attraktivität eines Landes gibt es wenige.

Eine Untersuchung des Instituts für Betriebswirtschaftliche Steuerlehre an der LMU München befasst sich mit der Standortattraktivität von Ländern und deren Einfluss auf die Entscheidung, wo international ausgerichtete Unternehmen ihre Auslandsniederlassungen ansiedeln. Im Rahmen der Untersuchung wurde von den Wissenschaftlern der Tax Attractiveness Index entwickelt, der dazu 18 steuerliche Kriterien misst. Darunter fallen zum Beispiel die Höhe der Körperschaft- und Einkommensteuer, die Besteuerung von Dividenden und Veräußerungsgewinnen, Vorschriften gegen Steuerumgehung, die Hinzurechnungsbesteuerung, aber auch die Anzahl der Doppelbesteuerungsabkommen eines Landes. Untersucht wurden im Zeitraum 2005 bis 2009 100 Länder. Auf einer Skala von 1 bis 0 – wobei 1 den Wert für die höchste, 0 für die niedrigste steuerliche Attraktivität darstellt, befindet sich Deutschland mit einem Wert von 0,4928 Punkten im internationalen Vergleich im Mittelfeld. Die Spitzenposition im Ranking halten die karibischen Staaten, etwa die Bahamas und Bermuda mit 0,8889 Punkten. Sehr hohe Werte erreichen auch die Vereinigten Arabischen Emirate (0,8495), einzelne asiatische Staaten – beispielsweise Singapur (0,7497) sowie einige europäische Länder wie Luxemburg (0,7528), Zypern (0,7409), die Niederlande (0,7400) oder Malta (0,7012). Mit 0,3781 Punkten haben die USA einen vergleichsweise schlechten Wert. Auf dem letzten Platz im Ranking landet Argentinien (0,1758).

Analysiert wurden 29 Dax-Unternehmen mit insgesamt 13 748 Auslandstöchtern. Das Ergebnis:

In Ländern mit einem höheren TAI sind auch signifikant mehr Niederlassungen zu finden. Dabei stellen sich die Quellensteuer, die DBA-Netzwerke sowie die Holdingregimes als die innerhalb des TAI relevantesten Kriterien für die Standortwahl heraus.

## STEUEROASEN UND OFFSHORE-FINANZPLÄTZE – UND WER DAVON PROFITIERT

Die Begriffe Steueroase und Offshore-Finanzplatz werden meist als Synonyme gebraucht. Um dennoch eine Abgrenzung zu unternehmen, bleibt festzuhalten, dass Steueroasen vorzugsweise im Zusammenhang mit Steuerhinterziehung thematisiert werden:

So versteht man unter Steueroasen Staaten oder Hoheitsgebiete, die Gelder von zumeist ausländischen natürlichen oder juristischen Personen aufnehmen und dabei auf verschiedenste Kapitalanlage- und Gesellschaftsformen keine oder nur geringe Steuern erheben.

Offshore-Finanzplätze eröffnen die Möglichkeit, Geldgeschäfte unter Umgehung nationaler Reglementierungen und ohne Beteiligung nationaler Institutionen abzuwickeln. Sie zeichnen sich durch eine hohe Geheimhaltung, eine minimale Finanzaufsicht und -regulierung aus und liegen juristisch außerhalb üblicher Rechtsnormen. Die Offshore-Welt bildet ein Ökosystem, das laufend in Bewegung ist. Jedes Offshore-Zentrum hat ein oder mehrere Offshore-Spezialitäten im Angebot und lockt bestimmte Arten von Finanzkapital an.

Dort ansässige Banken und Finanzinstitutionen wickeln einen Großteil ihrer Geschäfte im Ausland ab. Die Transaktionen und Anlagesummen sind im Vergleich zum Umsatzvolumen der lokalen Realwirtschaft dieser Zentren extrem hoch. Nach Schätzungen der OECD werden hier nicht nur 6 bis 8 Prozent des weltweiten Vermögens verwaltet. Über die Offshore-Finanzzentren werden auch bis zu 5 Prozent des weltweiten Bruttosozialprodukts gewaschen.

Kritisiert werden sie vor allem wegen ihrer schlechten Finanzaufsicht, die die Stabilität des gesamten Finanzmarkts gefährdet. Den Offshore-Finanzzentren wird zudem eine wichtige Rolle bei der Entstehung verschiedener Währungskrisen in den 1990er-Jahren zugeschrieben. Bei Wirtschaftsskandalen wie etwa dem Zusammenbruch der Bank of Credit and Commerce International (BCCI) oder den Bilanzmanipulationen bei Parmalat, Tyco oder Enron spielten Offshore-Finanzplätze eine wichtige Rolle. Als beispielsweise Enron Bankrott machte, unterhielt das Unternehmen 881 Offshore-Töchter: 692 auf den Cayman Islands, 119 auf den Turks & Caicos Islands, 43 in Mauritius und 8 auf Bermuda.

Bei einem der größten Bankbetrugsfälle, dem Zusammenbruch der BCCI, war dessen Offshore-Struktur interessant. Der Gründer, der indischstämmige Banker Agha Hassan, verteilte seine Bank auf verschiedene Gebietskörperschaften und registrierte die Holdinggesellschaft in Luxemburg und auf den Cayman Islands. Damit schaffte er es, dass kein Finanzaufseher das ganze Gebilde der BCCI zu Gesicht bekam. Zudem wurden für die verschiedenen Teile der Bank unterschiedliche Buchprüfer bestellt. Doch Abedi trachtete auch nach der Glaubwürdigkeit einer Niederlassung in einem weltbekannten Finanzzentrum, deren Regulierung dennoch locker genug war, dass nicht zu viele Fragen gestellt wurden. Da kam nur die City of London infrage. Dort richtete BCCI 1972 das Hauptquartier in luxurösen Büros ein und begann die Konservative Partei Großbritanniens mit großzügigen Spenden zu umgarnen.

Im Bankensektor galt damals die Faustregel, dass ein Geldhaus nicht mehr als 10 Prozent seiner Eigenmittel an einen einzelnen Kreditnehmer ausleihen sollte. BCCI vergab einigen Kunden jedoch Darlehen, die mehr als dreimal so groß waren wie die Eigenmittel der Bank. Also dreißig Mal mehr als üblich. 1977 straffte die Bank of England die Vorschriften. Um diese zu umgehen, verlagerte die BCCI die Vergabe heikler Darlehen auf die Cayman Islands, wo es offensichtlich mehr Flexibilität bei der Buchführung gab. Weder die britische Bankenaufsicht noch jene in Luxemburg oder auf den Cayman Islands durchblickten das Spiel.

BCCI wandte zudem einen waghalsigen, aber einfachen Offshore-Kniff an, mit dem sie Eigenkapital – das Fundament und Sicherheitspolster jeder Bank – aus dem Nichts herbeizaubern konnte. Das ging so: Die Filiale in Luxemburg vergab einen Kredit an einen befreundeten BCCI-Aktionär, der das Geld in die Bankniederlassung auf den Cayman Islands investierte und so deren Kapital aufstockte. Die Niederlassung auf den Cayman Islands lieh ihrerseits Geld an einen Aktionär, der es zur Aufstockung des Kapitals in der Luxemburger Niederlassung verwendete. Mit diesem simplen Trick konnte BCCI das Eigenkapital von anfänglich 2,5 Millionen Dollar auf knapp 850 Millionen Dollar im Jahr 1990 erhöhen. Darüber hinaus schrieb die Bank auch die Schulden befreundeter Kunden ab. Doch mithilfe eines Schneeballsystems konnte die Bank weiter expandieren: Dazu melkte sie den Pensionsfonds ihrer Angestellten und nahm neue Einlagen an, nur um ihre Ausgaben zu bezahlen. Auf dem Höhepunkt lagen bei der Bank Einlagen von rund 80 000 Einlegern über 25 Milliarden Dollar. Die Anleger hatten keine Ahnung, dass diese angeblich in London ansässige Bank, die von reichen arabischen Scheichen unterstützt wurde, eine reine Fiktion war. Als die Bank in einer koordinierten Aktion der Finanzaufsicht geschlossen wurde, waren 13 Milliarden Dollar spurlos verschwunden. Auf der internationalen Finanzbühne wurde die Bank schon über viele Jahre mit Vorsicht behandelt: »*Sie hatte ein schlechtes Image, weil die Strukturen nicht durchsichtig waren*«, hieß es dazu aus Luxemburger Bankerkreisen.

**Doch das war nur die halbe Wahrheit: Die Bankenaufsicht der beteiligten Länder war durch die Globalisierung der Märkte und durch das Einschalten von Offshore-Strukturen in Steueroasen ganz einfach überfordert.**

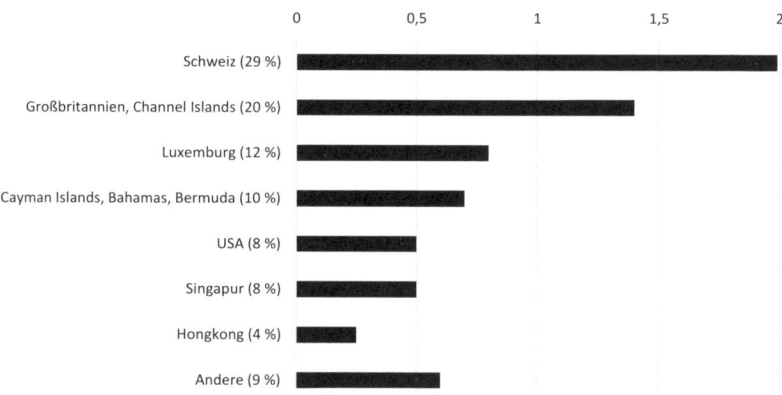

**Abb. 5: Die größten Offshore-Finanzplätze der Welt; in Billionen Dollar Vermögen (Gelder von Kunden mit mehr als 1 Mio. Dollar verfügbarem Vermögen); in Klammern Prozent der Gesamtsumme
Datengrundlage: ECONOMIST**

In jeder Steueroase ist auch ein Offshore-Finanzsystem etabliert. Deshalb ist es falsch, Steueroasen ausschließlich unter fiskalischen Gesichtspunkten zu betrachten. Stattdessen bieten sie die Logistik, die für den diskreten Transfer von Geldern jeglicher Herkunft erforderlich ist. Dafür stellen Steueroasen aus eigener Souveränität heraus ein Gesellschaftsrecht bereit. Dieses gewährleistet die Anonymität des wirtschaftlich Berechtigten, die Flexibilität bei der Anlage von Geldern sowie pauschale und niedrige Abgaben. Zugleich begünstigen diese Eigenschaften wirtschaftskriminelle Handlungen.

## Ohne Netzwerk geht es nicht

Erfolgreiche Steueroasen wie die British Virgin Islands oder die Cayman Islands sind eng mit einem größeren, einflussreichen Staat verbunden. Zugleich machen sie sich durch ihre Einbindung in das globale Finanzsystem unverzichtbar. Ohne den Schutz eines mächtigeren Staates wären sie jedoch nicht überlebens- und funktionsfähig. Die erfolgreichen Steueroasen lassen sich grundsätzlich in drei Gruppen unterteilen:

- Die europäischen Steueroasen
- Die sogenannte britische Zone mit der City of London im Zentrum
- Die Einflusszone der USA

In den frühen 1980er-Jahren hatten sich die wichtigsten Strukturen des modernen Offshore-Systems herausgebildet, sie wuchsen explosionsartig:

Eine ältere Gruppe von europäischen Steueroasen, angeführt von der Schweiz, wurde überholt von einem Netz aus flexibleren, aggressiveren Steueroasen in den ehemaligen Außenposten des Britischen Weltreichs. Diese waren eng mit der City of London verknüpft.

Daneben hatte sich eine weitere, etwas weniger komplexere, aber dennoch bedeutsame Offshore-Einflusszone gebildet, in deren Zentrum die USA standen und die von US-Geldhäusern errichtet worden war.

Die staatenlosen Euromärkte verbanden zu dieser Zeit diese Zonen miteinander und schlossen sie an die Online-Wirtschaft an. Sie halfen den Banken, sich ihrer Reservevorschriften und anderer Einschränkungen zu entledigen.

Während die alten europäischen Steueroasen hauptsächlich geheime Vermögensverwaltung und Steuerhinterziehung anboten, stand in den neuen britischen und amerikanischen Oasen zunehmend die Umgehung der Finanzregulierung im Vordergrund. Daneben gab es aber auch reichlich Steuerhinterziehung, Geldwäsche und andere kriminelle Umtriebe. Beide Zonen vernetzten sich. Damit wuchs auch die Macht des Offshore-Systems. Die Staaten lieferten sich einen Wettlauf um laxe Finanzaufsicht, tiefe Steuern und Geheimhaltung, was die Offshore-Dynamik weiter beschleunigte.

Als das Offshore-System wuchs und sich rund um den Globus neue Steueroasen bildeten, entstand auch eine immer wichtigere Armada von Anwälten, Steuerexperten und Bankern. Sie sorgten für den reibungslosen Ablauf des Systems. In Verbindung mit einer neuen Ideologie trieb dieses System den Prozess der Deregulierung und der finanziellen Globalisierung voran. Vor allem der Londoner Euromarkt gab den US-Banken eine Plattform, auf der sie den engen Einschränkungen in den USA entkommen und endgültig wachsen konnten. Dies legte den Grundstein für die politische Inbeschlagnahme der USA durch die Finanzdienstleistungsindustrie und für die Entstehung der »Too big to fail«-Bankgiganten. Begünstigt wurde diese Entwicklung durch die Garantien seitens der Steuerzahler und durch Subventionen in Form von Steuerhinterziehung in der Offshore-Welt. Die Etablierung der USA als selbstständige Steueroase lockte riesige Finanzströme ins Land (aktuell 17 Billionen), die die Macht der Banker weiter festigten. Die Allianz zwischen der Wall Street und der City of London hatte sich formiert.

## Was für Steueroasen wichtig ist

Rechtliche Grundlage und damit von zentraler Bedeutung für jede Steueroase ist das jeweilige Gesellschaftsrecht. In ihm sind die zahlreichen Möglichkeiten zur Verschleierung der Identität des wirtschaftlich Berechtigten von Geldern und/oder Gesellschaften im Sinne juristischer Personen festgeschrieben. Die durch das Gesellschaftsrecht realisierbare Anonymität von Eigentümern und Profiteuren bestimmter Geldanlageformen wirkt zudem als wichtigster Faktor für wirtschaftskriminelle Gelder.

Ein engmaschiges Netz von Treuhändern, Rechtsanwälten, Steuerkanzleien, Banken und Firmengründungskanzleien – sogenannten Providern – stellt Dienstleistungen rund um die Auftragsgründung und Verwaltung von Gesellschaften und Bankkonten ausländischer Anleger zur Verfügung. Die Auftragsgründung von Gesellschaften durch Dritte ermöglicht es dem wirtschaftlichen Eigentümer, nach außen nicht in Erscheinung treten zu müssen. In der Regel übernehmen Treuhänder oder von ihnen gegründete juristische Personen zugleich gesellschaftsrechtlich notwendige Funktionen der im Auftrag zu gründenden Gesellschaft, etwa als Direktor.

Für Strafverfolgungsbehörden stellen diese Umstände meist die erste Hürde bei der Ermittlung des wirtschaftlich Berechtigten dar. Gesellschaften, die im Zusammenhang mit der Beziehung von Wirtschaftsstraftaten gegründet werden, dienen meist keinem wirtschaftlichen Zweck. Daraus wird der eigentliche Sinn der Gesellschaftsgründung, nämlich die Eröffnung eines Bankkontos auf den Namen der Gesellschaft zur anonymen Verschiebung von Geldern, deutlich.

Neben der Anonymität des wirtschaftlichen Eigentümers bietet das Gesellschaftsrecht von Steueroasen das Privileg, äußerst spärliche Informationen in öffentlichen Registern veröffentlichen zu müssen. Zum Zwecke der Anonymisierung finden sich in solchen Registern – wenn überhaupt – lediglich Informationen zu dem jeweiligen Treuhänder oder Verwalter. Wirtschaftlich inaktive Gesellschaften sind zudem weitgehend von solchen Offenlegungspflichten befreit.

Bei Kapitalanlage- und Gesellschaftsformen, deren Zweck in der Verwaltung von Vermögen liegt, wird in Steueroasen in der Regel von einer Besteuerung abgesehen. Das Sitzprivileg kommt ausschließlich Gesellschaften zugute, die innerhalb der Steueroase keiner wirtschaftlichen Tätigkeit nachgehen. Lediglich eine geringe pauschale Besteuerung auf das angelegte Kapital wird verlangt.

**Eine exakte Abgrenzung zwischen Steueroasen und Offshore-Zentren ist kaum möglich, da steuerliche Vergünstigungen auch zu den Merkmalen von Offshore-Zentren gehören. Die Bahamas, die Cayman Islands, die British Virgin Islands, die Niederländischen Antillen oder Panama sind Beispiele dafür.**

Das Geschäftsmodell von Steueroasen basiert auf ausländischem Kapital. Grundsätzlich profitieren fünf Gruppen von diesem Geschäftsmodell:

- Zum einen profitieren Steueroasen selbst über pauschale Abgaben, Gebühren und die Besteuerung des angelegten Vermögens. Diese machen häufig mehr als die Hälfte der nationalen Haushalte aus – auf den British Virgin Islands zum Beispiel 51,4 Prozent.
- Es profitiert weiterhin die zur Verwaltung und Verschleierung von Geldern notwendige Logistik, die als Dienstleistung von Finanzverwaltern, Treuhändern, Rechtsanwälten, Steuerkanzleien, Banken und Providern angeboten wird.
- Auf der anderen Seite nützen Steueroasen denjenigen, die über die finanziellen Mittel und Möglichkeiten verfügen, solche Dienstleistungen in Anspruch zu nehmen. Bezogen auf Deutschland sind das in erster Linie natürliche und juristische Personen, die unter Vermeidung der Besteuerung Gelder in Steueroasen anlegen oder anlegen lassen.
- Zudem profitieren diejenigen, die den Ursprung krimineller Gelder verschleiern wollen, um diese später wieder im legalen Wirtschaftskreislauf zu nutzen.
- Weiterhin profitieren global ausgerichtete Banken, die unter Einbindung von Offshore-Niederlassungen und Partnerinstituten in der Lage sind, sich von nationalen Reglementierungen des Finanzverkehrs zu lösen. Im Falle von Steuerhinterziehung gewinnen Banken insbesondere dann, wenn sie es schaffen,

Kundengelder in ihrem eigenen Bankenkreislauf über Offshore-Töchter zu halten.

Es sind also nicht in erster Linie die niedrigen oder fehlenden Steuern, die Private und Unternehmen in die Steueroasen ziehen lassen. Entscheidend sind für sie vielmehr die Geheimhaltung oder Verschleierung der wirtschaftlich Berechtigten an Gesellschaften und/oder Bankkonten. Unternehmen nutzen solche Gebiete aus, um möglichst nirgends mehr Steuern zahlen zu müssen. Und für Kriminelle bieten Steueroasen ein attraktives Umfeld.

## Was das Offshore-System bewirkt

Nach weitverbreiteter Meinung förderte das Offshore-System die Effizienz der Weltwirtschaft, indem es doppelte Besteuerung eliminierte und dem Kapitalverkehr praktisch reibungsfreie Kanäle zur Verfügung stellte. Tatsächlich aber schuf das System kaum einen Mehrwert. Es bewirkte stattdessen eine Umverteilung:

Reichtum wurde nach oben verschoben, Risiken dagegen nach unten. Zudem war es eine Brutstätte für kriminelle Aktivitäten geworden. Geld wurde auf Konten von Briefkastenfirmen übertragen, deren Verwalter niemandem Rechenschaft schuldig sind und die deshalb häufig unverantwortlich handeln.

**Die Schattenfinanzzentren waren ins Bewusstsein der Öffentlichkeit gedrungen. Das Offshore-System wurde gegen Ende des 20. Jahrhunderts immer wichtiger.**

Der Status einer Steueroase kann nicht eindeutig definiert werden. Es gibt zahlreiche Listen von OECD und anderen Organisationen mit Ländern oder Hoheitsgebieten, die nicht hineingehören oder wo Länder bzw. Regionen fehlen. Waren es in den 1970er-Jahren noch über 50 ernstzunehmende Staaten und Regionen mit dem Status einer Steueroase, werden auf einer aktuellen Liste der EU Mitte 2016 nur noch 30 Steueroasen aufgelistet:

- **Europa:** Andorra – Guernsey – Liechtenstein – Monaco
- **Karibik:** Anguilla – Antigua & Barbuda – Bahamas – Barbados – Belize – Bermuda – British Virgin Islands – Cayman Islands – Grenada – Montserrat – Panama – St. Christoph & Nevis – St. Vincent – Turks & Caicos Islands – US Virgin Islands
- **Afrika:** Liberia – Mauritius – Seychellen
- **Asien:** Brunei – Hongkong – Malediven
- **Pazifik:** Cook Islands – Marshall Islands – Nauru – Niue – Vanuatu

Diese Liste hat jedoch erhebliche Lücken. So gilt etwa Panama nur in acht von 28 EU-Staaten (inkl. Großbritannien) als Steueroase. Deshalb soll es 2017 eine überarbeitete schwarze Liste der EU geben.

Auch zum Thema Geldwäsche hat die EU-Kommission eine Liste der größten Geldwäscheländer veröffentlicht. Darin fehlen bekannte Steueroasen. Hochrisikoland Nummer eins ist Nordkorea. Es ist das einzige Land, das sich beharrlich weigert, Defizite zu beheben. Als weitere Hochrisikoländer, die sich aber bereits zu Verbesserungen verpflichtet haben, nennt die Kommission: Iran – Afghanistan – Bosnien und Herzegowina – Guyana – den Irak – Laos – Syrien – Uganda – Vanuatu und den Jemen. Doch mit der ökonomischen Realität hat die Liste wenig zu tun. Welcher Geldwäscher würde sein Geld im Ernst nach Nordkorea bringen?

Und wo sind die British Virgin Islands, die Seychellen, Liechtenstein, Zypern, Luxemburg oder Panama? Also jene Steueroasen, die im Verhältnis zu ihrer Bevölkerung absurd hohe Zahlen an Offshore-Gesellschaften beherbergen, von denen ein Großteil aus nicht viel mehr als einem Briefkasten besteht? Steueroasen, über deren Gesellschaften Jahr für Jahr Hunderte von Milliarden Dollar gewaschen werden. Dass diese Staaten nicht auftauchen, liegt an den Kriterien der Liste: Sie basiert darauf, wie die Rechtslage in einem Land im Hinblick auf Geldwäsche oder Terrorfinanzierung aussieht. Und weniger darauf, wie diese Gesetze umgesetzt werden.

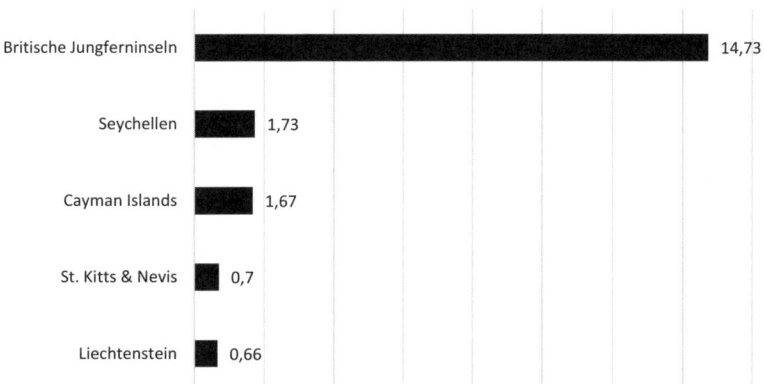

**Abb. 6: Unternehmen pro Einwohner; die fünf größten Steueroasen mit den meisten registrierten Firmen pro Kopf**
**Datengrundlage: Tax Justice Network**

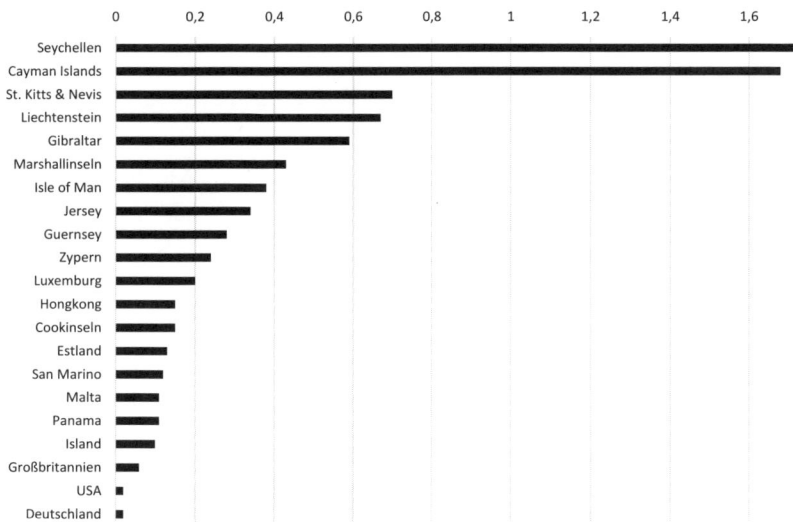

**Abb. 7: Unternehmen pro Einwohner; Länderauswahl ohne die Britischen Jungferninseln**
**Datengrundlage: Tax Justice Network**

| Was wird geboten? | Wer? |
|---|---|
| **Unternehmen** | |
| Gutes Bankgeheimnis | Bahamas, Belize, British Virgin Islands, Cayman Islands, Hongkong, Isle of Man, Panama, Seychellen, St. Kitts & Nevis |
| Nullsteuern, Exempt-Status | Belize, British Virgin Islands, Cayman Islands, Granada, Hongkong, Panama, Seychellen |
| Keine Steuern auf Fremdeinkommen | Costa Rica, Hongkong, Seychellen |
| Keine Steuern auf Veräußerungsgewinne | Bahamas, Cayman Islands, Vanuatu |
| Captive-Versicherungen | Bahamas, British Virgin Islands, Cayman Islands, Hongkong, Isle of Man |
| Schiffsregister und Verwaltung | Bahamas, British Virgin Islands, Cayman Islands, Hongkong, Panama, Vanuatu |
| Besonders geeignet für Holdinggesellschaften: Cayman Islands, Hongkong, Isle of Man, Vanuatu | |
| **Privatpersonen** | |
| Keine Einkommensteuer | Bahamas, Cayman Islands, Vanuatu |
| Niedrige Einkommensteuer | British Virgin Islands, Hongkong, Isle of Man |
| Keine Erbschaftsteuer | Bahamas, British Virgin Islands, Cayman Islands, Isle of Man, Panama, Vanuatu |
| Inhaberaktien | Bahamas, British Virgin Islands, Cayman Islands, Costa Rica, Hongkong, Panama, Seychellen, Vanuatu |

**Was Steueroasen Unternehmen und Privatpersonen bieten**

# II.
# Das Jahrhundert der Steueroasen – eine Zeitreise ins schwarze Loch der Weltwirtschaft

## Eine Zeitreise der besonderen Art – Von ersten zaghaften Steuervergünstigungen zu aggressiven Nullsteuern

Steueroasen sind sichere Häfen, um dort Zuflucht vor Steuern zu finden. Ihre Ursprünge gehen weit zurück. Es gibt sie in allen Formen. Ihre Reputation ist unterschiedlich. Sie reicht vom steuerfreien Vatikanstaat, der sich in göttlicher Zustimmung sonnt, bis zu Staaten, deren laxe Regeln Kriminelle und Terroristen anlocken. Viele Länder wie beispielsweise Liechtenstein wollen heute auch nicht mehr als Steueroase bezeichnet werden. Nutzer von Steueroasen sind zum einen vermögende Privatleute, entweder indirekt über Familienstiftungen, Trusts und Holdings oder direkt durch Emigration. Zum anderen Unternehmen. Sie sind die wichtigsten Kunden der Steueroasen in Bezug auf Kapitalverkehr und Einnahmen.

Bereits im 18. Jahrhundert diente die Kanalinsel Jersey als eine Art Steueroase, als reiche ausländische Kaufleute sich die Insel zunutze machten, um englische Zollabgaben zu umgehen und anderen anrüchigen Tätigkeiten nachzugehen. Und demoralisierte britische Offiziere zogen nach den Napoleonischen Kriegen hierher, ums sich vor der Einkommensteuer auf ihre Pension zu drücken. Auch britische Beamte, die aus den Kolonien zurückkehrten, ließen sich hier nieder. Das waren meist Kolonialisten aus Afrika und dem Nahen und Fernen Osten, die ihr Vermögen sicher, aber in der Nähe von Großbritannien aufbewahren wollten. Wenn von denen dann jemand ein Grundstück in Großbritannien kaufen wollte, wickelte er das Geschäft nicht in seinem eigenen Namen ab – nach seinem Tod hätten Erbschaftsteuern entrichtet werden müssen –, sondern er investierte über ein Unternehmen auf Jersey – die heutigen Offshore-Gesellschaften oder Trusts.

Im Kampf gegen Steuerhinterziehung kommt es 1901 in Frankreich bei der Besteuerung von Erbvermögen zu einem ersten nationalen Informationsaustausch zwischen Banken und Fiskus. Nach der neuen gesetzlichen Regelung waren Banken verpflichtet, die Behörden von allen Erbschaften zu informieren, von denen sie Kenntnis erhielten. Damit bekundete der Gesetzgeber, dass das Bankgeheimnis nicht für fiskalische Fragen galt. Folge: Wohlhabende Franzosen vertrauten die Verwaltung ihres Vermögens britischen, niederländischen oder Schweizer Privatbanken an. Bei diesen Offshore-Instituten ließ sich Vermögen noch vererben, ohne Erbschaftsteuer abzuführen. Schon bald kam es daher zu einer vertraglichen Vereinbarung mit Großbritannien, der Folgendes vorsah: Anders als in Frankreich wurde das Vermögen aller Verstorbenen in Großbritannien Treuhändern unterstellt. Die Erben konnten es erst in Besitz nehmen, wenn ihnen ein Nachlassgericht einen speziellen Erbschein (probate) ausstellte. Aufgrund des französisch-britischen Abkommens durfte das Nachlassgericht nun keine Entscheidung treffen, bevor es den französischen Behörden nicht die Höhe der Erbschaft mitgeteilt hatte, die französischen Steuerpflichtigen zufiel. 1908 kam es also zum ersten internationalen Abkommen über einen automatischen Informationsaustausch.

Als Vorläufer der Steueroasen gelten die US-Bundesstaaten New Jersey und Delaware. Bereits Ende des 19. Jahrhunderts locken sie – noch zaghaft – Unternehmen aus wohlhabenden Regionen mit Steuervergünstigungen und Nullsteuern an. So vor allem Unternehmen aus den USA. In der Folgezeit übernimmt dann Delaware innerhalb der USA die Vorreiterrolle, die der Bundesstaat bis heute nicht mehr abgegeben hat. Aktuell sind dort über 1 Million Offshore-Gesellschaften registriert.

Erste Fälle grenzüberschreitender Steuervermeidung in Europa gibt es Anfang des 20. Jahrhunderts. Vermögende Engländer nutzen die im britischen Steuergesetz vorgesehene Unterscheidung zwischen Wohnsitz und Steuerdomizil, indem sie ihre Firmen auf den Channel Islands ansiedeln. Wenig später führen die Niederlande und einige Schweizer Kantone eine Steuerbefreiung für ausländische Unternehmen ein. Doch erst mit Ende des Ersten Weltkriegs nimmt die Steueroasen-Entwicklung richtig Fahrt auf.

1919 beginnt Panama als Billigflagge mit der Registrierung ausländischer Schiffe, 1927 folgen Offshore-Finanzgesellschaften. Mit seiner Freihandelszone entwickelt sich Panama zu einem der weltweit schmutzigsten Geldwäschebecken.

Zu der Zeit leiden vor allem die europäischen Länder finanziell unter den Kriegsfolgen, die Staatsschulden explodieren. Folge: In vielen Fällen werden die Steuern massiv erhöht. Die wichtigsten Länder beginnen, große Vermögen zu besteuern. In Frankreich etwa steigt der Steuersatz von 50 auf 72 Prozent. Vermögende und Unternehmen suchen nach Möglichkeiten, der nationalen Steuerbelastung zu entkommen. Da bietet sich ihnen die Schweiz mit ihrem Bankgeheimnis und der Möglichkeit von Nummernkonten als diskreter Fluchthafen an. Auch findet ein Informationsaustausch zwischen der Schweiz und anderen Ländern nicht statt. Dem Steuerentzug in Europa sind damit alle Türen geöffnet. Die Steuerfluchtindustrie beginnt zu boomen.

Verstärkt wird dieser Boom durch einen Wandel bei den Vermögensarten: In den Industrieländern setzt sich seit Mitte des 19. Jahrhunderts bewegliches Vermögen gegenüber dem Grundbesitz durch. Das Vermögen der Reichen besteht 1920 im Wesentlichen aus Wertpapieren: Aktien und Anleihen der öffentlichen Hand oder großer Privatunternehmen. Diese wurden in Papierform ausgegeben, ähnelten großen Banknoten und waren überwiegend wie Geldscheine Inhaberpapiere, auf denen der Eigentümer nicht namentlich genannt war. Derjenige, der im Besitz eines solchen Wertpapiers war, galt auch als dessen rechtmäßiger Besitzer.

Im Unterschied zu Geldscheinen konnten Aktien und Anleihen einen extrem hohen Wert haben, der mehrere Millionen Euro erreichen konnte. So wurde es möglich, völlig anonym große Vermögen zu besitzen und diese Vermögen problemlos über die Grenze zu schaffen. Beispielsweise zu den Schweizer Banken. Die boten den Inhabern der Wertpapiere nicht nur deren Verwaltung, sondern auch die Möglichkeit zum Steuerentzug an: Sie konnten es ohne Entdeckungsgefahr unterlassen, die im Ausland erzielten Zinsen und Dividenden bei ihrer Steuererklärung anzugeben. Das war möglich, weil zwischen den Schweizer Banken und dem Ausland keinerlei Informationsaustausch bestand.

1925 erleichtert Großbritannien seine Steuergesetze für Personen, die ihre Vermögen in Trusts einbringen, um so ihre finanzielle Situation Dritten gegenüber abzuschirmen und diese auch für Folgegenerationen zu sichern. Die Trusts sind in der Regel steuerbefreit und entwickeln sich im angelsächsischen Raum zur Alternative zum Schweizer Bankgeheimnis. Wenig später – 1929 – entscheidet ein britisches Gericht, dass ein von Engländern geführtes und im Ausland angesiedeltes Unternehmen in Großbritannien steuerbefreit ist. Das Urteil wird auch für alle andere Länder im Commonwealth gültig.

1927 wird Panama erster offener Flaggenstaat für Schiffe mit Nullsteuern für Reeder und Betreiber. 2016 wird hier die größte Flotte weltweit registriert sein. Über 11 500 Handelsschiffe fahren unter Panamas Flagge auf den Weltmeeren.

1929 wird der Vatikanstaat durch den Lateranvertrag souverän. Seitdem sind die Einwohner des nur 0,44 km² großen Staats steuerbefreit.

1932 wird Al Capone in den USA wegen Steuerentzug verurteilt – es ging um 200 000 Dollar. Sein Berater Meyer Lansky entwickelt daraufhin für das Organisierte Verbrechen eine Offshorestruktur, um dadurch in den USA Steuern legal zu umgehen. Zunächst über die Schweiz, dann auch über Kuba und die Bahamas. Was heute durch die Panama Papers ans Licht kommt, hat seine Ursprünge im Geschäft der Gangster um Al Capone und seine Freunde. Es war die US-Mafia, die die Geldwäsche erfand. Ein Verfahren, das inzwischen – erfindungsreich und professionell fortentwickelt – wieder im Fokus der Öffentlichkeit steht, seitdem die Panama Papers über dubiose Offshore-Gesellschaften in Steueroasen Schlagzeilen machen.

Im Prozess 1931 nach seinem Beruf gefragt, antwortete Al Capone: »*Ich bin im Wäscherei-Business tätig.*« Das war nicht einmal gelogen, denn er hatte sich in den Jahren zuvor eine wachsende und florierende Kette von Waschsalons zusammengekauft. Deren Filialen konnten schon deshalb profitabler arbeiten als andere Geschäfte in Chicago, weil sie im Gegensatz zu diesen nicht von regelmäßig vorbeischauenden Erpressern ausgenommen wurden und deshalb solche Kosten für »Schutzgebühren« nicht an die Kunden weitergeben mussten. Stets waren sie nämlich von Capones Männern beschützt. Das *Chicago Daily Journal* titelte damals: »*Unabhängige Wäschereien prahlen: Die Gangster gewähren Schutz, wo die Polizei versagt.*« Capone ging es dabei weniger darum, die Konkurrenz durch Dumping auszustechen. Ihm war allein daran gelegen, dass die Läden liefen. Die unübersichtliche Menge an Bargeld, die dort eingenommen wurde, bot die Chance, auch die – weit größeren – Einnahmen aus illegalem Treiben in den Umsatz hineinzubringen, sie so zu »waschen«. Die unschuldige Branche der Waschsalons war einer der Geburtshelfer der kriminellen Geldwäsche.

Der damalige »Finanzminister« der US-Mafia Meyer Lansky war ebenfalls mit allen Wassern gewaschen. Er war der Erste, der die Glücksspielbranche als Waschanlage benutzte. Dazu betrieb er Casinos in Florida und New Orleans. Und auch am späteren Aufblühen der Zockermetropole Las Vegas war die Mafia ganz vorn dabei. Ab 1937 betrieb Lansky dann auch Spielcasinos auf Kuba, wo die US-Steuerbehörden keinen Zugriff hatten. Die unübersichtlichen Geldströme der Branche waren wie geschaffen zur Tarnung illegaler Geldeinnahmen. Kuba entwickelte sich zum Geldwäschezentrum der US-Mafia. Nach der Verhaftung und Verurteilung von Al Capone wurde es Lansky mit seinen illegalen Millionen in den USA zu heiß. Lansky verschob die Geldwäsche auf die internationale Ebene. Er war der erste Mafioso der USA, der die Vorteile eines anonymen Nummernkontos in der Schweiz erkannte und darauf einzahlte. Die Schweiz gab das Geld in Form eines Darlehens an Lansky zurück, womit es reingewaschen zurück in der Heimat war. Zudem konnte der Kreditnehmer die »Zinszahlungen« von seinem steuerbaren Geschäftseinkommen abziehen.

Infolge eines Enthüllungsskandals in Frankreich stellt die Schweiz 1934 eine Verletzung ihres Bankgeheimnisses unter Gefängnisstrafe. Für den Steuerfluchthafen Schweiz bedeutet das in den Folgejahren einen kräftigen Zuzug von legalem und illegalem Auslandskapital. Mit Ausbruch des Zweiten Weltkriegs nutzt die Schweiz dann einmal mehr einen globalen Konflikt, indem sie die massiven Steuererhöhungen in den beteiligten Kriegsländern dazu nutzt, sich als sicheren Hort für Vermögen in Stellung zu bringen. Und so ganz nebenbei frieren die Schweizer Banker mit Kriegsende auch die Konten von Nazis und deutschen Juden ein.

Zwischen 1920 und 1938 vervielfachen sich die von Schweizer Banken verwalteten Offshore-Vermögen inflationsbereinigt um mehr als das Zehnfache: von etwa 10 Milliarden heutigen Schweizer Franken wuchsen sie auf 125 Milliarden Schweizer Franken. Diese Dynamik steht im krassen Gegensatz zur europaweiten Stagnation der Vermögen. Lag der Anteil des gesamten Finanzvermögens, das Privatpersonen des Alten Kontinents in der Schweiz versteckten, vor dem Ersten Weltkrieg bei etwa 0,5 Prozent, stieg er in der Zwischenkriegszeit drastisch auf 2,5 Prozent an.

Um deutsches Eigentum im Ausland zu tarnen, schafft das deutsche Wirtschaftsministerium Ende 1939 eine spezielle Abteilung zur Devisenkontrolle, mit der Schweiz als Drehkreuz. Führende deutsche Industriekonzerne stellten Schweizer Treuhänder und Manager ein, um geheime Eigentumsstrukturen zu errichten. Schweizer Vertreter von Hermann Göring, Joseph Goebbels, Joachim von Ribbentrop und Hitler helfen dabei, massenweise Gold, Wert- und Kunstgegenstände einzulagern. Wertgegenstände, die aus Galerien und Privatsammlungen in ganz Europa geplündert worden waren. Fingierte Rechnungen, Scheinfirmen, verschleierte Eigentumsverhältnisse, Zahlungsaufschub auf gefälschte Verträge und Zollfreilager helfen dabei.

Im März 1945 unterzeichnet die Schweiz ein umfassendes Abkommen mit den Alliierten, in dem sie sich verpflichtet, die Geschäfte mit den Nazis einzustellen und deren Konten zu sperren. Doch nur drei Wochen später schließt die Schweiz ein geheimes Abkommen mit den Deutschen, in dem sie sich zur Annahme von drei weiteren Tonnen Gold bereit erklärt.

1948 entsteht mit Unterstützung der USA die Billigflagge Liberia. Die Versuche, Liberia auch als Offshore-Finanzzentrum zu etablieren, scheitern. Niemand will sein Geld einer schwarzafrikanischen Regierung anvertrauen.

In den 1950er-Jahren tauchten neue Steueroasen auf, vor allem als Zufluchtsorte vor hoher Besteuerung. Für einige von ihnen, wie das marokkanische Tanger, erwies sich der Status als Steueroase nur als eine kurzlebige, aber abwechslungsreiche Episode der Geschichte. Bis 1956 war die Internationale Zone Tanger ein steuerfreies Sammelbecken für Millionäre, Jetsetter und Glücksritter. Für andere Länder wie Liberia oder Liechtenstein wurde der Status als Steueroase Grundlage für ein lukratives Geschäft. Im Schifffahrtsregister Liberias wird heute die zweitgrößte Handelsflotte geführt, die Schiffseigner sind steuerbefreit. In Liechtenstein steuerte die Finanzindustrie über viele Jahre über 30 Prozent zum Wirtschaftswachstum bei. Jahrzehntelang wurde im Fürstentum Steuerbetrugskriminalität von Ausländern geduldet und bewusst gefördert.

Für eine dritte Gruppe entwickelten sich Steueroasen zur »Raison d'être« – das gilt vor allem für die Länder der Karibik. Erhöhten sich beispielsweise in den westlichen Industrieländern die Körperschaftsteuern für Unternehmen um einen Prozentpunkt, nahm der Kapitalzufluss von Unternehmen in die Offshore-Zentren der Karibik um bis zu 19 Prozent zu.

Als Großbritannien 1956 wirtschaftlich kollabiert, entscheidet die Bank of England, das Stadtgebiet von London, die City of London, zum unkontrollierten Offshore-Platz zu erklären. Damit einher entsteht der Euromarkt, der sich schnell über die ganze Welt ausbreitet.

Nachdem es 1959 auf Kuba zur Machtübernahme Fidel Castros kommt, beschließt die US-Mafia, die Bahamas wegen des Fehlens eines wirksamen Regulierungssystems zum neuen Schattenfinanzzentrum für schmutziges Geld aus Nord- und Südamerika zu machen. Gegen Zahlung eines Bestechungsgeldes von 1,8 Millionen Dollar führt der damalige Finanzminister, Stafford Sands, das Bankgeheimnis auf den Bahamas ein, dessen Verletzung unter Strafe gestellt wird. Man erhoffte sich dadurch, eine weitere Milliarde Dollar an schmutzigem Geld anziehen zu können. London gab dazu grünes Licht.

Ab den 1960er-Jahren blüht wie in der Karibik das Offshore-Bankgeschäft auch auf der Kanalinsel Jersey auf, als Handelsbanken wie Hambros and Hill Samuel (heute Teil der Lloyds TSB) in die Vermögensverwaltung einsteigen. Reisen ins Ausland wurden damals einfacher, und so eröffnen immer mehr Auslandsbriten Konten auf Jersey. Dort, wo die Banken verlässlich und britisch sind – die dort erzielten Zinsen dagegen steuerfrei und geheim. Während kleinere Beträge in den Clearingbanken aufbewahrt werden, werden höhere Einlagen in den geheimen Trusts deponiert.

Und wie auf den Cayman Islands gibt sich Großbritannien auch bei der Steueroase Jersey alle Mühe, seine Kontrollfunktion zu verschleiern. Bei den Beitrittsverhandlungen mit der EU versucht Großbritannien mit allen Kräften zu verhindern, dass die Bestimmungen des Vertrags von Rom auch für die Channel Islands mit Guernsey, Jersey und Sark gelten.

In den 1960er-Jahren flaggen die US-Reedereien fast alle Schiffe aus. So entstehen neben Panama große Register in Liberia und auf den Marshall Islands.

Seit 1963 entwickelt sich Monaco zur mondänsten Steueroase der Welt. Seine Einwohner sind seitdem steuerbefreit.

Mitte der 1960er-Jahre erlassen die USA ein verhängnisvolles Gesetz: Unternehmen können ihre Gelder und Gewinne in Steueroasen halten. Solange sie das nicht in die USA zurückführen, müssen sie dafür in den USA kaum Steuern entrichten. Die vollen Auswirkungen dieser Regelung werden erst Anfang des 21. Jahrhunderts durchschlagen – siehe Apple, Google & Co.

1966 erlaubt die zum australischen Hoheitsgebiet gehörende Norfolkinsel im Pazifischen Ozean erstmals die Gründung von Briefkastenfirmen/Basisgesellschaften. Scheinfirmen zum Zweck der Steuerflucht. Wenig später können solche Gesellschaften auch in Liechtenstein und der Schweiz gegründet werden. Sie laufen hier unter der Bezeichnung Domizilgesellschaft.

1968 verwendet der Bundesfinanzhof (BFH) in seinem Urteil vom 17. Juli erstmals den Begriff Basisgesellschaft. Das Urteil erachtet hiernach Basisgesellschaften als Scheinfirmen zum Zweck der Steuerflucht. Gleichzeitig taucht in diesem Urteil auch die Bezeichnung Briefkastenfirma auf.

1968 errichtet Singapur sein steuerfreies Finanzzentrum. Der Stadtstaat verdankt seinen raschen Erfolg vor allem seiner Funktion als Geldwäschezentrum für korrupte indonesische Geschäftsleute und Regierungsbeamte. Zur Stützung seiner Wirtschaft baut Singapur Casinos, um korruptes Geld auch aus China zu locken.

Die wohl skurrilste Steueroase in den 1960er-Jahren ist eine Ölplattform in der Nordsee, die von einem britischen Offizier besetzt und Sealand getauft wird. Angesichts der wenig einladenden Umgebung wundert es kaum, dass sich der »Ministaat« in den Folgejahren nicht zu einem Offshore-Zentrum entwickelt. Doch Jahrzehnte später taucht die auf keiner Weltkarte verzeichnete »Steueroase« Sealand in den Panama Papers wieder auf:

Die Kanzlei Mossack Fonseca lässt Anfang des 21. Jahrhunderts in Panama die Sealand Trade Development Authority Limited im Gesellschaftsregister eintragen. Direktor dieser Firma ist ein Ex-Diamantenhändler aus Aachen namens Achenbach, ausgewiesen mit dem Diplomatenpass Nr. C 000002 der Principality of Sealand. Dabei können die Bewohner Sealands schon seit der Gründung mit ihrem Pass nicht verreisen, mit dem Geld außerhalb der Plattform nichts kaufen, und ihre Verfassung ist von keinem Staat der Welt diplomatisch anerkannt. Achenbach will mit dieser Gesellschaft für die »Steueroase« Sealand Offshore-Gesellschaften anlocken, virtuelle Heimat von Schiffen werden, und Sealand als »Steuer-, Spieler- und Spekulantenoase« etablieren. Kühne Träume, die sich zerschlagen.

Kanzleien wie Mossack Fonseca scheinen sich bei der Gründung von Offshore-Gesellschaften auf fast jedes Spiel einzulassen. Ob Scheindirektoren, Tote als Direktoren oder Scheinstaaten – den Kunden wird versichert, dass das schon in Ordnung geht. Hauptsache, die Kasse stimmt.

Seit den 1970er-Jahren spielen Steueroasen bei jeder bedeutenden Finanzkrise eine maßgebliche Rolle.

1970 wird die Entwicklung der Turks & Caicos Islands zu einer Steueroase von der britischen Regierung ausdrücklich gefördert. Die Gestaltung der notwendigen rechtlichen Rahmenbedingungen dauert dann aber fast ein Jahrzehnt. Erst 1979 tritt auf den Inseln das Bankgeheimnis in Kraft.

Anfang der 1970er-Jahre führt Panama im Zuge eines neuen Finanzsystems, das darauf basiert, ausländische Banken und Investoren mit möglichst wenig Regeln und Steuern zu belästigen, auch das Bankgeheimnis ein. Im Wesentlichen gilt dies heute noch. Gab es zu diesem Zeitpunkt erst zehn Banken im ganzen Land, sind es zehn Jahre später schon 125. Auf Panamas Hauptstraße Calle 50 passiert man heute die Hochhäuser und Glaspaläste der BBA-Bank, der BCT-Bank, der Pancredit-Bank, der Capital-Bank, der Towerbank, der Balboa-Bank, der St.-Georges-Bank ... Das Bankgeheimnis war für Panama die richtige Idee zur richtigen Zeit.

1972 erstellt Deutschland als erstes Land eine gesetzliche Liste der Steueroasen. Sie ist im Außensteuergesetz veröffentlicht und beschreibt die betreffenden Länder nicht als Steueroasen, sondern als Niedrigsteuerländer. Ursprünglich umfasste diese Liste nur Oasen für Privatpersonen, nicht für Unternehmen:

- Länder ohne Einkommensteuer: Andorra, Bahrain, Campione, Monaco, die Bahamas, Bermuda, die Turks & Caicos Islands, Tonga und Vanuatu
- Länder mit niedriger Einkommensteuer: Die Channel Islands, Gibraltar, die Isle of Man, Liechtenstein, die Schweiz (außer den Kantonen Genf, Neuchâtel, Wallis, Waadt und verschiedene Gemeinden in den Kantonen Aargau, Bern, Luzern, Thurgau, Tessin und Zürich, die in der nächsten Kategorie erfasst sind), Angola, die Niederländischen Antillen, die Gilbert und Elliceinseln (das heutige Kiribati und Tuvalu), Montserrat, St. Kitts & Nevis, Anguilla, Antigua und Barbuda, die Insel Norfolk, Papua-Neuguinea, die Salomonen und St. Helena
- Länder mit erheblichen Steuervorteilen: die Schweiz und Panama.

Diese Liste wurde dann auch für Unternehmen herangezogen.

1972 tritt auf der Pazifikinsel Nauru ein Firmen- und Trustrecht in Kraft, das für strenge Geheimhaltung und Flexibilität im Offshore-Geschäft sorgen wird. Offshore-Banken und Offshore-Gesellschaften können sich via Internet registrieren lassen, ohne dass die Investoren/Hintermänner überprüft werden – eine unwiderstehliche Versuchung für Kriminelle. Das Resultat der laxen Anforderungen ist eine Reihe von Finanzskandalen. Besonders aktiv zeigt sich dabei die russische Mafia, die innerhalb kürzester Zeit rund 70 Milliarden Dollar über Nauru schleust. Russische Banken transferierten die Gelder zu Offshore-Banken auf Nauru, von dort fließen die Gelder weiter in größere Finanzzentren wie New York. Geldwäsche pur und reine Luftbuchungen, das Geld traf nie in Nauru ein.

1973 bekommen die Bahamas volle Unabhängigkeit. Das dort von Ausländern lagernde Geld fließt in Strömen auf die benachbarten Cayman Islands. Wo zu der Zeit noch Kühe durch das Stadtzentrum von George Town laufen, es nur eine Bank, eine gepflasterte Straße und noch kein Telefonsystem gibt, entsteht wenige Monate später auf der größten Insel Grand Cayman ein Flughafen für Düsenflugzeuge. Auch werden die Inseln an das internationale Telefonnetz angeschlossen.

Dass sich die Cayman Islands zur internationalen Steueroase entwickeln, wird von London aus gestützt. Dazu heißt es in einem Brief der Bank von England:

>*Wir müssen sicherstellen, dass die Verbreitung von Trusts, Banken etc. – in den meisten Fällen nicht viel mehr als Kupferplaketten, die Vermögen außerhalb der Inseln manipulieren – nicht außer Kontrolle gerät. Selbstverständlich ist nichts dagegen einzuwenden, dass sie Schlupflöcher für Nichtansässige bieten, aber wir müssen dafür sorgen, dass sich dabei keine Möglichkeiten für den Abfluss britischen Kapitals aus dem Sterlingblock ergeben, wo es sich außerhalb des Geltungsbereichs britischer Gesetze befindet.*«*

Solange Großbritannien geschützt ist, geht die Plünderung anderer Länder also völlig in Ordnung. Die größte Sorge der Bank of England war, dass die neuen karibischen Steueroasen Schwachstellen im Sterlingblock darstellten – Lecks, durch die Kapital fließen konnte.

1975 gilt der Libanon aus steuerlicher Sicht als »Schweiz des Orients«. Der Krieg mit Israel 2006 und die folgenden Unruhen in den Nachbarländern tun der Steueroase Libanon in den Folgejahren jedoch Abbruch.

1978 tragen Domizilgesellschaften und Holdings in Liechtenstein bereits 34,4 Prozent zu den Staatseinnahmen bei.

Mit der Liberalisierung der britischen Finanzmärkte entstehen Anfang der 1980er-Jahre neue Finanzzentren für die Vermögensverwaltung: Jersey, Luxemburg, Hongkong, Singapur, die Bahamas, die British Virgin Islands, die Cayman Islands und Panama. In all diesen Steueroasen übernehmen die Banken für vermögende Privatkunden die gleichen Aufgaben wie die Banken in der Schweiz und in Liechtenstein. Doch statt sich gegenseitig Konkurrenz zu machen, tendieren die neuen Steueroasen dazu, sich auf verschiedene Schwerpunkte bei und innerhalb der Vermögensverwaltung zu spezialisieren. Luxemburg, Irland und die Cayman Islands konzentrieren sich dabei auf das weltweite Fondsgeschäft. Grundsätzlich aber erfolgte die Steuerflucht ab den 1980er-Jahren in die neuen Offshore-Zentren in Europa, Asien und der Karibik.

In Asien entwickelt sich Hongkong zum Offshore-Juwel. Eine Steueroase, die als Einfallstor nach China und in die umliegende Region Reichtum anzieht. Der Prozess wird von Großbritannien gesteuert, die Banker vor Ort bekommen jedoch freie Hand. Als China 1978 mit Marktreformen beginnt und seine Wirtschaft nach außen öffnet, wächst die Steueroase Hongkong rapide. Die Briten hatten die Kolonie als Null-Regulierungs-Zone errichtet, in der nichts verboten ist. Konzerne, die in China Geschäfte machen, gründen in Hongkong Offshore-Gesellschaften mit geheimen Besitzverhältnissen. Heute – 2017 – findet der Großteil der chinesischen Korruption über solche Gesellschaften in Hongkong statt. Als Großbritannien 1997 Hongkong an die Chinesen zurückgibt, behalten sie die Steueroase als »Sonderverwaltungszone« bei.

Zu Beginn der 1980er-Jahre ist die Karibik zum wichtigsten Steueroasen-Umschlagplatz für den Drogenhandel geworden, als die Nummer eins des Medellín-Kartells. Die Bahamas entwickeln sich dabei zum Umschlagplatz für Kokain in die USA. Die erwirtschafteten Gelder fließen dann über Florida auf die Cayman Islands. Die plastikverpackten Geldscheine kommen auf Holzpaletten und werden von dort wieder an die Federal Reserve retourniert.

1981 veröffentlicht die US-Finanzbehörde den »Gordon-Report«, die erste investigative Untersuchung weltweit zum Thema Steueroasen. Eine Woche nach dessen Veröffentlichung wird Ronald Bush zum Präsidenten der USA gewählt. Auf seine Veranlassung hin wird der Report zurückgerufen. Knapp 20 Jahre später veröffentlicht die OECD 1998/99 erneut einen kritischen Report zu den Steueroasen. Doch auch der wird bereits kurz nach Erscheinen von Lobbyisten aus den USA und auf Druck betroffener Steueroasen zurückgerufen.

1981, wenige Monate nach dem Amtsantritt Ronald Reagans, heißen die USA eine neue Offshore-Einrichtung gut, die International Banking Facility (IBF) – eine Art Softversion der Euromärkte. Sie ermöglichen es US-Banken, das zu tun, was zuvor nur in London, Zürich oder Nassau erlaubt war:

Ausländern Geld zu leihen, ohne Mindestreservevorschriften und ohne lokale oder bundesstaatliche Steuern.

Die USA kommen damit dem britischen Offshore-Modell ein kleines Stück näher.

1982 verabschieden die Cook Islands den gesetzlichen Rahmen zum Aufbau eines Offshore-Zentrums im Pazifik. Dort ist auch heute noch Steuerbeamten der Zutritt zu Offshore-Unternehmen verboten. Das Offshore-Angebot wird von internationalen Investoren angenommen. Etwa zur gleichen Zeit mausert sich auch Vanuatu im südlichen Pazifik zur Steueroase – vor allem für Vermögende aus Asien. Der Inselstaat erlaubt den Einsatz von Offshore-Gesellschaften.

1982 erlauben auch Antigua & Barbuda die Gründung von Offshore-Gesellschaften. Wie in anderen Steueroasen ist auch hier das Motiv die Verbesserung der eigenen Wirtschaftsstruktur und die Generierung zusätzlicher Einnahmen.

Als in den 1980er-Jahren neue internationale Anti-Geldwäsche-Richtlinien in Kraft treten, die große Banken dazu verpflichten, sich besonders übler Kunden zu entledigen, werden deren Vermögen in Trusts und andere Offshore-Gesellschaften in Steueroasen verfrachtet. Damals schießen die Trusts auf Jersey wie Pilze aus dem Boden.

In den 1980er-Jahren erblüht der Offshore-Finanzplatz Miami. Er entwickelt sich zu einer Art Hongkong des mittel- und südamerikanischen Kontinents. Schätzungsweise 40 Prozent der Bankeinlagen dort stammen aus dem Ausland. Den Banken steht es frei, wissentlich Gewinne aus einer Reihe von Straftaten – beispielsweise Diebstahl – zu verwalten. Die USA öffnen hier schmutzigem Geld Tür und Tor. Die Hälfte aller Immobilien in Miami gehören zu der Zeit Offshore-Gesellschaften, die größten Yachten auch.

In den 1980er-Jahren entstehen entlang der deutsch-österreichischen Grenze in unmittelbarer Nachbarschaft zwei Steueroasen: die österreichischen Zollexklaven Jungholz und Kleinwalsertal.

Während sich das Bergdorf Jungholz mit seinen drei Banken zu einem Schwarzgeldhort für den Süddeutschen Raum entwickelt, profitieren die Banken im Kleinwalsertal vor allem von Urlaubern aus Nord- und Westdeutschland sowie aus Berlin. Die verbinden das Angenehme mit dem Nützlichen und füllen während des Urlaubs in Oberstdorf und Umgebung nebenbei bei den Banken im Tal ihre Schwarzgeldkonten auf. Auf dem Höhepunkt liegen in Jungholz unversteuert über 5 Milliarden Euro, im Kleinwalsertal zwischen 12–15 Milliarden Euro. Erst mit Abschaffung des österreichischen Bankgeheimnisses für Ausländer und dem Beitritt der Alpenrepublik zum steuerrelevanten internationalen Informationsaustausch verlieren die Zollexklaven an Bedeutung.

Auch ist es seit Anfang 1994 für Ausländer nicht mehr möglich, bei österreichischen Banken anonyme Konten zu führen. 1996 folgt dann das Verbot anonymer Depots.

Österreich war über viele Jahre ein beliebtes Ziel für Steuerhinterzieher. Das Bankgeheimnis war absolut, es hatte bis 2014 sogar Verfassungsrang. Namen und Zahlen verschwanden in den Tresoren, und nur wenige konnten sie öffnen. Selbst große Summen ließen sich gut verstecken, und verschwiegene Bankmitarbeiter und Treuhänder sorgten dafür, dass die Namen und die dazugehörenden Beträge nur im kleinsten Kreis bekannt waren. An kaum einem anderen Platz konnten sich Steuerbetrüger so sicher vor Entdeckung sein wie in einigen Regionen Österreichs.

Als 1984 die Regierung der British Virgin Islands Unternehmen anbietet, Offshore-Gesellschaften anzusiedeln, wird hiervon in den

Folgejahren reger Gebrauch gemacht. Im Jahr 2000 gibt es bereits 400 000 davon, 2015 bereits über 800 000.

Mitte der 1980er-Jahre entwickeln sich die USA zu einem blühenden Offshore-Anleihemarkt. Da die 30-prozentige US-Quellensteuer auf Anleihen nicht für Ausländer gilt, wird es US-Unternehmen ermöglicht, sich über einen Offshore-Mantel – also eine Offshore-Tochtergesellschaft – einen Ausländer-Status zu beschaffen. Das Geld fließt in Strömen, für Unternehmen und den Staat, der damit das Staatsdefizit abbaut.

Deutschland ist 1986 das erste Land, das Daten über die von seinen Bürgern bevorzugten Steueroasen sammelt. Das Bundesfinanzministerium gibt bekannt, dass Deutsche an 17 365 Unternehmen in niedrig besteuerten Ländern beteiligt sind. Die beliebtesten Steueroasen sind die Schweiz und Liechtenstein mit 12 200 Offshore-Unternehmen in deutscher Hand. Es folgen Luxemburg mit 4 200 Unternehmen, Panama (608), die Bahamas (220), die Niederländischen Antillen (167), die Channel Islands (101), die Cayman Islands (70), Monaco (55) und die Isle of Man (14).

In den Folgejahren erstellten andere Länder und Organisationen erweiterte Listen, die in weiße, schwarze und graue klassifiziert wurden.

Seit 1988 entwickelt sich Malta zu einem Offshore-Zentrum mit Schiffsregister im Mittelmeer.

In den 1980er-Jahren liehen die Banken den Entwicklungsländern viel mehr Geld, als diese produktiv aufnehmen konnten. Gleichzeitig brachten sie den lokalen Eliten bei, wie sie den Geldschatz plündern, verstecken, waschen und in Steueroasen wie die Schweiz schmuggeln konnten. Heute besitzt das reichste Prozent der Haushalte in diesen Ländern 70 bis 90 Prozent des gesamten privaten Finanz- und Immobilienvermögens – und das wird über Briefkastenfirmen in Steueroasen gehalten.

Ab den 1990er-Jahren war in den europäischen und US-Steueroasen annähernd so viel Fluchtkapital vorhanden, dass damit die gesamten Schulden der Entwicklungsländer hätten bezahlt werden können.

Seit 1990 sind auf der zu Malaysia gehörenden Insel Labuan Offshore-Gesellschaften und -Tätigkeiten steuerbefreit. Ende 2015 sind dort bereits über 25 000 Offshore-Gesellschaften registriert.

Anfang der 1990er-Jahre entsteht in der Karibik eine weitere Billigflagge für Schiffe auf Antigua & Barbuda. In Europa folgt Zypern. Obwohl die Flagge einen schlechten Ruf hat, wird die Mittelmeerinsel Sitz für viele deutsche Reedereien. Da die Reedereien in den Billigflaggenländern oft nur Offshore-Gesellschaften ohne Haftung sind, treibt das System gewaltige Blüten, die zu großen Unfällen führen. Erst durch die Gesetzgebung des STCW Codes (Mitte 1990) und vor allem durch die Einführung des ISM Codes (International Safety Management bis Ende 1990/Anfang 2000) werden einheitliche Standards für Schiffe unter Billigflagge eingeführt.

Versuche, 1991 in Triest ein neues Offshore-Zentrum für Norditalien zu errichten, scheitern 1999.

Die EU zögert ihre Zustimmung raus, da sie befürchtet, Triest könne zu einem Finanzzentrum für organisiertes Verbrechen auf dem Balkan werden. Strenge Auflagen und die Befristung von Steuervergünstigungen kommen hinzu.

In den 1990er-Jahren entwickelt sich das Großherzogtum Luxemburg zu einer Hochburg für ausländisches Kapital. Lag das verwaltete Vermögen 1990 gerade mal bei 150 Milliarden DM, waren es zehn Jahre später bereits über eine Billion DM. Insbesondere Deutsche nutzten nach Einführung der Kapitalertragsteuer in Deutschland die ihnen von deutschen Großbanken offerierten Möglichkeiten einer Geldanlage im Großherzogtum, um dort Zinsen und Dividenden steuerfrei kassieren zu können. Allein im Zeitraum 1992 bis Herbst 1995 schaffen sie über 300 Milliarden DM zu den Banken in Luxemburg. *»Der Steuerspartrieb der Deutschen ist noch größer als ihr Fortpflanzungstrieb«*, hat der gelernte Finanzbeamte und spätere CSU-Vorsitzende Erwin Huber damals gesagt. Und so verpflanzten in den 1990er-Jahren Zehntausende ihr Vermögen nach Luxemburg, nach Liechtenstein, in die Schweiz oder auf die britischen Channel Islands Guernsey und Jersey. Unter den Getriebenen: Handwerker und Mittelständler, Firmenerben und Privatiers.

Und wer versierte Berater hatte und sich diese leisten konnte, der wählte noch gewagtere Konstruktionen: Ein Konto in der Karibik, eine Offshore-Gesellschaft in Panama, auf den British Virgin Islands oder auf den Seychellen.

1994 sind die Philippinen eines der ersten Länder in Asien, die sogenannte steuerfreie Sonderwirtschaftszonen für ausländische Investoren errichten. Waren es damals gerade mal 16, sind es heute bereits 235.

1995 erlassen die Seychellen ein Gesetz zur Förderung der wirtschaftlichen Entwicklung. Gesucht werden Investoren, die bereit sind, mindestens 10 Millionen Dollar bereitzustellen. Dafür verspricht man ihnen Immunität bei Strafverfolgung und Schutz vor der Beschlagnahme von Vermögenswerten. Das Gesetz ruft eine internationale Protestwelle hervor und wird im Jahr 2000 wieder aufgehoben.

In den 1990er-Jahren bringen die Schweizer Banken ein neues Geschäftsmodell auf den Markt: »Service aus einer Hand« – Neben der bisher praktizierten Vermögensverwaltung auch Rechts- und Steuerberatung vor allem für ausländische Kunden.

Dabei machen sich UBS, Credit Suisse und andere Banken wie Julius Bär zunutze, dass den Banken im benachbarten Ausland die Rechts- und Steuerberatung ihrer Kunden untersagt ist. Fortan haben sie in der Schweiz von der Vermögensplanung bis hin zur Nachfolge- und Erbregelungen alles in einer »kompetenten« Hand – der der Bank. Was für die Kunden wie eine Problemlösung daherkommt, ist für die Banken ein Idealzustand: Sie erfahren von und über ihre Kunden alles – vor allem, was deren Finanzen betrifft.

Die Kunden werden denn auch in den Folgejahren bis zum Beginn der Schweizer Weißgeldstrategie im Jahr 2013 mit steuersparenden Finanzkonstrukten bis hin zu Stiftungen, Trusts und Offshore-Gesellschaften in den Steueroasen und, falls erforderlich, auch mit »Relocation«-Vorschlägen versorgt. Und egal wo diese Offshore-Konstrukte domiziliert sind, ihre Konten und die in sie eingebrachten Vermögenswerte werden auch weiterhin in Zürich geführt und von hier aus auch kontrolliert. Laut Schweizer *Handelszeitung* soll nur die UBS bis 2007 allein für deutsche Kunden über 36 000 Stiftungen in Liechtenstein gegründet haben. In Prospekten der Bank wurden solche Vehikel häufig damit angepriesen, dass sie »Diskretion sowie Erb- und Steuervorteile« bieten. Die Fälle von Klaus Zumwinkel oder dem deutschen Industriellen Robert Schuler-Voith haben jedoch ein anderes Bild gezeigt:

Solche Tarnkonstrukte können auch der Steuerhinterziehung dienen. Was für die einen also Problemlösung war, entpuppte sich für andere zum Verhängnis:

So auch für den Deutschen, der rund 40 Jahre als erfolgreicher Unternehmer in Südamerika tätig war. 2005 lässt der sich mit seiner schwer krebskranken Frau im Ferienhaus am Tegernsee nieder. Aus medizinischen Gründen ist an eine Rückkehr ins ferne Venezuela nicht mehr zu denken. Aus dem ursprünglich geplanten Urlaub wird ein unbefristeter Aufenthalt. Und damit stellen sich plötzlich Fragen nach dem Steuerdomizil. Auch erhöht sich der Druck, endlich den Nachlass zu ordnen. Anfang 2006 warnt ihn die UBS, dass er in Deutschland steuerpflichtig werde – und rät zu einem Scheinwohnsitz in der Schweiz und zu Trusts in Singapur, um darüber die Nachfolge zu regeln.

Die Empfehlungen werden 2006 umgesetzt – die Bank dafür üppig honoriert. Bis Ende 2008 läuft alles nach Plan. Dann kommt die Finanzkrise – und ups, da waren die Millionen weg. Der Unternehmer verliert innerhalb von nur sechs Wochen seine von der UBS für ihn hauptsächlich in Panama-Offshore-Gesellschaften angelegten Vermögenswerte von über 50 Millionen Euro.

Als sich der Unternehmer beschwert, droht ihm die Bank über ihre Frankfurter Anwälte mit einer Anzeige wegen Steuerhinterziehung beim deutschen Fiskus. Was dann auch passiert. Im Bank-Kunden-Verhältnis ist das der »worst case«. Die UBS hatte für ihn ein komplexes Tarnkonstrukt aufgezogen – und der Unternehmer damit in Deutschland Steuern hinterzogen. Er kommt der Bank mit einer Selbstanzeige zuvor. Denn ohne sich selbst beim

Fiskus anzuzeigen, hätte er wegen der Millionenverluste juristisch gar nicht gegen die Schweizer Großbank vorgehen können.

Ende 2016 wird noch immer in Hamburg prozessiert. Steuernachzahlungen für die ihm von der Bank verkauften Steuersparkonstrukte von über 20 Millionen Euro sind bislang das Negativ-Ergebnis.

Mit über 80 Jahren ist es nur eine Frage der Zeit, ob der Ex-Unternehmer das Urteil noch erlebt – von einem möglichen Schadensausgleich ganz zu schweigen. Es wäre nicht das erste Mal, dass eine Bank gegen sie gerichtete Forderungen in Millionenhöhe über ein langwieriges Gerichtsverfahren auszusitzen versucht.

**Der Fall zeigt exemplarisch, wie Schweizer Banken mit reichen Privatkunden gemeinsame Sache machten, um Geld vor dem deutschen Fiskus zu verstecken.**

Bis Ende der 1990er-Jahre war der Umfang der Vermögen, die bei Schweizer Banken angelegt waren, eines der bestgehüteten Geheimnisse der Finanzwelt. Die Archive waren verschlossen, und Banken hatten keinerlei Verpflichtung, die Höhe der von ihnen verwalteten Vermögen zu veröffentlichen. Hinzu kam, dass die in den Kundendepots verwalteten Wertpapiere nie in die Bankbilanzen einfließen. Und zwar aus einem einfachen Grund: Diese Wertpapiere gehören der Bank nicht.

Zu dieser Zeit gehören rund 60 Prozent der von Schweizer Banken verwalteten Vermögen Bürgern der Europäischen Union. Der überwiegende Teil der Ausländer investierte nicht in der Schweiz. Sie nutzten ihre Konten, um ihr Geld anderswo anzulegen, in den USA, Deutschland oder Frankreich. Die Schweiz, die kaum mehr als 0,1 Prozent der Weltbevölkerung beherbergt, »besaß« zu der Zeit fast ein Drittel aller US-Aktien, die Ausländern gehörten. Weit vor Großbritannien (15 Prozent), Kanada (15 Prozent), Frankreich (7 Prozent) und Deutschland (3 Prozent). Das einzige Interesse, das Ausländer – Europäer, Asiaten wie Amerikaner – bewegte, ihr Vermögen einer Schweizer Bank anzuvertrauen, war und ist die Steuerflucht.

Zur Steuerflucht nach Luxemburg werden Deutsche seit Anfang der 1990er-Jahre massiv von deutschen Banken aufgefordert. Mit ganzseitigen Anzeigenkampagnen werben sie in den großen Tageszeitungen und einschlägigen Wirtschafts- und Politmagazinen für Fondsanlagen im Großherzogtum. Mit Erfolg: Experten schätzen, dass die Bundesbürger allein zwischen 1994 und 1996 über 300 Milliarden DM ins Ausland geschafft haben. Massive Steuerfahndungsaktionen bei Banken in Deutschland sind zwischen 1994 bis 1997 die Folge. Die Kapitalabwanderung ins benachbarte Luxemburg soll mit allen Mitteln unterbunden werden.

In den späten 1990er-Jahren wollen die USA an Informationen über US-Konten bei ausländischen Geldinstituten kommen. Dazu erlassen sie ein Gesetz: das Qualified-Intermediary-Programm (QI).

Doch dabei können die USA nicht alle Informationen anfordern – also über Ausländer und US-Bürger –, um dann einfach die US-Bürger herauszupicken. Wenn sie an Einzelheiten über ausländische Kunden in den USA kommen, sind sie aufgrund ihrer Steuerabkommen verpflichtet, diese an die entsprechenden Regierungen weiterzuleiten. Folge: Ausländische Investoren würden ihre Gelder abziehen und die US-Defizite würden wachsen. Die Lösung des Problems:

Die Überprüfung der Konten wird an ausländische Banken ausgelagert, die die US-Behörden nur über US-Bürger in Kenntnis setzen – nicht aber über die Ausländer. Wenn die USA keine Informationen in den Händen halten, können sie diese auch nicht mit ausländischen Behörden austauschen, auch werden keine Verträge gebrochen.

Die Regelung sollte es der US-Regierung erschweren, die Steuersünder ausfindig zu machen.

Der QI hat zur Folge, dass die US-Steuerbehörde über keine Informationen verfügt, die sie mit anderen Regierungen austauschen kann, und auch keine Möglichkeit hat, an solche Informationen zu kommen. Eine raffinierte Form des Bankgeheimnisses. Dazu kommt, dass vor allem Schweizer Banken die US-Behörden einfach anlogen und gleichzeitig reiche Amerikaner abklapperten, um ihnen Tricks zur Steuerhinterziehung anzubieten.

Seit 1997 öffnet Hongkong, Chinas neue Sonderverwaltungszone, westlichen Unternehmen mit umfangreichen Steuervergünstigungen die Türen in asiatische Märkte. Heute werden rund 95 Prozent der chinesischen Exporte aus dem chinesischen Perlflussdelta über Hongkong abgewickelt. Auch hat sich die Stadt in den letzten Jahrzehnten als Asiens Finanzdrehscheibe etabliert. Heute ist Hongkong das drittgrößte Empfängerland ausländischer Direktinvestitionen.

| Land | Einkommensteuer | Körperschaftsteuer | Mehrwert-/Verkehrs- und Verbrauchsteuer |
|---|---|---|---|
| Hongkong | 16 % Steuerbefreiung für Kapitalgewinne, Dividenden und ausländische Einkünfte Gewährung von weiteren persönlichen Freibeträgen | 0 %–17,5 % Steuerbefreiung für Gewinne, die außerhalb Hongkongs erzielt werden, und Zinsen aus Bankguthaben | kein Doppelbesteuerungsabkommen |
| Singapur | max. 21 % (ITA) Steuerbefreiung für Veräußerungsgewinne, Dividenden und ausländische Einkünfte für besonders qualifizierte Personen mit (Steuer-)Wohnsitz in Singapur im Rahmen sog. Ruling 10 % verhandelbar | 20 % (ITA) bei Neugründung von dort ansässigen Firmen die ersten drei Jahre vollständige Steuerbefreiung (Full Tax Exemption) bei bestehenden Unternehmen bis zu einem Einkommen von 90 000 $ Steuerbefreiung für Hälfte des Einkommens | 5 % (GST) für Güter und Dienstleistungen Doppelbesteuerungsabkommen |

| Shanghai/ China | 5 %–45 % abhängig von Einkunftsart 5 %–45 % Löhne und Gehälter 5 %–35 % gewerbliches Einkommen 20 % Zinsen und Dividenden | derzeit 33 % nach Steuerreform in 2006: geplant 24 %–28 % bei gleichzeitigem Wegfall der wichtigsten Steuervergünstigungen | 3 %–17 % (Mehrwertsteuer) für Verkauf und Import von Waren 13 % (Mehrwertsteuer) für lebenswichtige Güter (Wasser etc.) zusätzlich für Luxusgüter (Auto etc.) Doppelbesteuerungsabkommen |
|---|---|---|---|
| Indien | 30 % | 7 % | 0 %–50 % (Umsatzsteuer) 12,5 % (Umsatzsteuer Standard) 10,2 % Service Tax (für Dienstleistungen) Doppelbesteuerungsabkommen mit Deutschland |

**Ausgewählte asiatische Destinationen im Steuervergleich**

1998 meldet die russische Zentralbank, dass die Mafia ihres Landes 70 Milliarden Dollar über Scheinbanken auf Nauru gewaschen hat. Insgesamt wurden von der Mafia über Banken in Nauru 160 000 Transaktionen durchgeführt. Die Steueroase im Südpazifik wird daraufhin auf die schwarze Steueroasen-Liste der FATF gesetzt.

Seit 1999 entwickelt sich Gibraltar zu einer Oase für Buchmacher im Internet. Im gleichen Jahr verabschiedet Island ein Gesetz, das Steuervorteile für internationale Unternehmen einführt – damals 5 Prozent.

1998 riss der Hedgefonds Long-Term Capital Management (LTCM) das US-Bankensystem fast in den Abgrund, nachdem er massive

Risiken eingegangen war und geheim gehalten hatte. Das war nur wegen seiner Offshore-Struktur möglich gewesen.

1999 wird Macao wie das 70 Kilometer entfernte Hongkong »eine besondere Verwaltungsregion Chinas«. Das Gesetz sichert Macao bis 2049 finanzielle Unabhängigkeit zu. Offshore-Gesellschaften und -Tätigkeiten sind steuerbefreit. Für 250 000 Dollar bietet Macao vor allem reichen Chinesen die Möglichkeit zu Pass und steuerfreiem Aufenthalt. Die Steueroase entwickelt sich seit ihrer Unabhängigkeit von Portugal auch zum größten Spielerparadies in Südostasien. Spielbanken sorgen heute für über 30 Prozent des BIP.

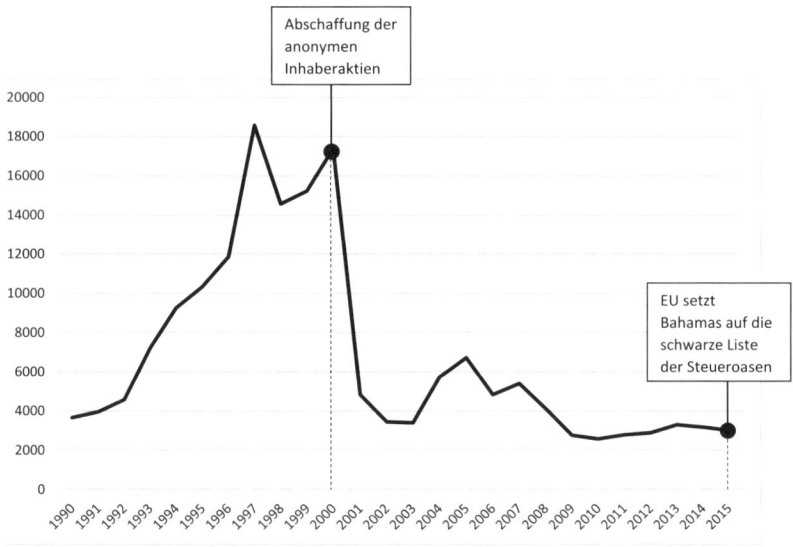

Abb. 8: Abschaffung der anonymen Inhaberaktien
Das Diagramm zeigt die Entwicklung der Firmenneugründungen auf den Bahamas und die Wirkung von Gesetzen: Als die Bahamas im Jahr 2002 die anonymen Inhaberaktien abschafften, gingen die Firmenneugründungen ausweislich der Bahamas-Leaks rapide zurück.
Datengrundlage: Bahamas-Leaks

Im Jahr 2000 landen Daten des Liechtensteiner Treuhänders Herbert Batliner bei der Staatsanwaltschaft Bochum. Zahlreiche deutsche Treuhandkunden geraten ins Visier der Steuerfahnder, auch Gold-Reiter Alwin Schockemöhle.

Als im Jahr 2000 die Bahamas die anonymen Inhaberaktien bei Offshore-Gesellschaften abschaffen, gehen die Firmengründungen rapide zurück.

2002 schafft Singapur auf internationalen Druck hin spezielle Steuervorteile für Offshore-Gesellschaften ab. Für sie bleiben aber weiterhin fiskalische Anreize: Körperschaftsteuer 10 Prozent. Reedereien sind gänzlich steuerbefreit.

Mit Beginn des 21. Jahrhunderts interessieren sich in den westlichen Industrieländern immer mehr gesellschaftliche Gruppen für das Thema Steueroasen. 2003 kommt es zur Gründung des Justice Network. Zur gleichen Zeit ködert in Deutschland Finanzminister Hans Eichel Steuersünder mit einem Amnestiegesetz: Straffreiheit und privilegierte Steuersätze für diejenigen, die ihr im Ausland verstecktes Vermögen offenlegen. Statt der erhofften 5 Milliarden Steuermehreinnahmen fließen bis Ende 2005 nur 1,4 Milliarden in die Steuerkasse.

Mit Beginn des 21. Jahrhunderts ködert die Schweiz vermögende Ausländer steuerlich und mit Wohnsitzrecht mit dem Pauschalistenstatus. Dabei ist die Höhe der Pauschalbesteuerung je nach Kanton mit den Behörden verhandelbar. Mit großen Schritten voraus marschiert der zentralschweizerische Kanton Obwalden, der 2007 einen einheitlichen Tarif von 1,8 Prozent einführt. Andere Kantone versteuern nach dem »erkennbaren Aufwand«, der sich aus der Qualität von Wohneigentum, Autos und Lebensstil vor Ort ergibt. Ende 2006 gibt es bereits rund 4 500 steuerprivilegierte Pauschalisten.

2004 kommen in Europa neben den klassischen Steueroasen Schweiz, Luxemburg, Liechtenstein, den Channel Islands und der Isle of Man durch die EU-Osterweiterung weitere Staaten mit niedrigen Steuern hinzu, die den Steuerwettbewerb auf dem Kontinent deutlich verschärfen. Es sind zwar keine Steueroasen im klassischen Sinn, aber einige haben mit der sogenannten Flat Tax moderne Niedrigsteuersysteme implementiert. Lettland und Litauen etwa fordern lediglich eine Körperschaftsteuer von 15 Prozent.

Zwischen 2004 und 2006 werden auf den British Virgin Islands Einkommen- und Körperschaftsteuer nach dem Vorbild Irlands abgeschafft – nur drastischer. Während sich Irland bei der Körperschaftsteuer mit 12,5 Prozent zufriedengibt, schaffen die BVI die Steuern für alle ab. Auch Vermögens-, Schenkungs- und Erbschaftsteuer gibt es nicht. Vorausgegangen war, dass OECD und EU Steuervorteile für bestimmte Gesellschaften nicht mehr akzeptieren wollten.

2005 verwalten die 340 Banken auf den Cayman Islands erstmals über 1 Billion Dollar, womit der Finanzsektor fortan zu den größten der Welt gehört. Zu diesem Zeitpunkt sind auch bereits 70 000 Offshore-Gesellschaften eingetragen, 2016 überschreiten sie die 100 000er-Marke.

Seit Juli 2005 werden in 23 EU-Ländern ausländische Zinserträge erfasst. Drei EU-Staaten – Belgien, Luxemburg, Österreich – und einige Drittstaaten wie die Schweiz erheben stattdessen eine anonyme Quellensteuer auf Zinserträge und überweisen drei Viertel davon an den heimischen Fiskus der EU-Bürger. Beträgt die Quellensteuer anfangs 15 Prozent, erhöht sie sich im Juli 2008 auf 20 Prozent und im Juli 2011 auf 35 Prozent. Doch die Einnahmen tröpfeln. 2007 kassiert der deutsche Fiskus gerade mal 196 Millionen Euro. Dafür gibt es zwei Gründe:

1.  Die Regelungen sind löchrig wie ein Schweizer Käse, da fast nur Zinszahlungen an natürliche Personen betroffen sind. Stiftungen, Trusts und Offshore-Gesellschaften fallen nicht darunter.
2.  Privatpersonen brauchen ihre Vermögen also nur in Offshore-Gesellschaften, Stiftungen oder Trusts umzuschichten, um auch der Pauschalbesteuerung in Belgien, Luxemburg, Österreich und der Schweiz zu entgehen. Dass das die Schweizer Banken ihren Auslandskunden dann auch aus der EU empfohlen hat, verdeutlicht die Grafik:

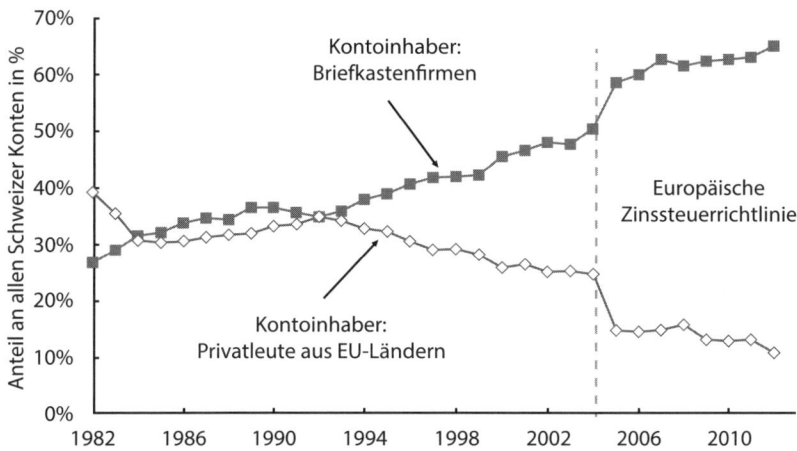

**Abb. 9: Inhaber Schweizer Konten – Auswirkungen der EU-Zinssteuerrichtlinie von 2005**
**Datengrundlage: Schweizerische Nationalbank**

Drittstaaten wie die Bahamas oder Singapur schließen sich der Vereinbarung nicht an. Diesen Umstand machen sich Schweizer Banken für ein neues Geschäftsmodell zunutze: Sie raten ihren EU-Kunden zu Kontenverlagerungen auf ihre Niederlassungen in eben diesen Drittstaaten, um damit in Europa der Zinsbesteuerung zu entgehen. Der Finanzplatz Singapur erfährt einen Hype.

Auf die Idee, sich für eine Kontoeröffnung bei einer Bank in Singapur in einen Flieger zu setzen, wären EU-Bürger selbst nie gekommen. Weiterer Vorteil bei diesem Geschäftsmodell ist für sie: Ihr Bankberater sitzt nach wie vor an der Bahnhofstraße in Zürich. Der hat mit Knopfdruck das Geld nur aus Europa geschafft.

Zweiter Fehler: Dividenden sind von der EU-Zinsbesteuerung ausgenommen. Dabei sind nach Schätzungen rund zwei Drittel der im Ausland geparkten Gelder in Aktien und Anteilen von Investmentfonds geparkt.

**Die EU-Zinsrichtlinie schließt damit von Beginn an den Großteil der im Ausland versteckten Vermögen aus ihrem Geltungsbereich aus.**

| Gebiet | Kontrollmitteilungen | Zinssteuer |
|--------|---------------------|------------|
| Anguilla (GB) | ja | nein |
| Cayman Islands (GB) | ja | nein |
| British Virgin Islands (GB) | nein | ja |
| Montserrat (GB) | ja | nein |
| Turks & Caicos Islands | nein | ja |
| Guernsey, Jersey, Isle of Man (GB) | nein | ja |
| Aruba (NL) | ja | nein |
| Niederländische Antillen (NL) | nein | ja |

**Kontrollmitteilung oder anonyme Zinssteuer**
**Quelle: www.steuerrat24.de**

2005 geht das Tax Justice Network davon aus, dass vermögende Privatpersonen rund 11,5 Billionen Dollar an Vermögen offshore halten. Das entspricht zu der Zeit etwa einem Viertel des globalen Geldvermögens.

Seit 2006 archiviert die Informationszentrale für steuerliche Auslandsbeziehungen (IZA) alle Unterlagen, die steuerlich relevant sein könnten. Sie stellt auch eigene Ermittlungen an. Besonderes Augenmerk richtet sie dabei auf Offshore-Gesellschaften, Steueroasen und Anlagen in geschlossenen Anlagefonds. Dabei interessiert sich die IZA bei Beteiligungen deutscher Anleger oder Investoren im Ausland, woher die Investitionsmittel stammen und auf welche Konten Erträge gezahlt werden.

2006 schließen Deutschland und Singapur ein Doppelbesteuerungsabkommen. Im gleichen Jahr reformiert Luxemburg seine Steuergesetze und wird dadurch vor allem für international tätige Unternehmen attraktiv. Bevorzugte Rechtsform wird die Holding.

2007 blüht die Steuervermeidungsindustrie auf Malta so richtig auf. Maltesische Holdings rücken in den Fokus vermögender Privatpersonen. Unbehelligt von der EU-Kommission können sie ihre Vermögen in die Tochtergesellschaft einer maltesischen Holding einbringen. Die Erträge der Untergesellschaft werden zwar zunächst besteuert, werden aber auf Holdingebene zurückerstattet. Damit bleiben die Erträge steuerfrei. Zur gleichen Zeit verzeichnet Deutschland eine gewaltige Steuerflucht: Insgesamt 485 Milliarden Euro haben Deutsche zu dieser Zeit im Ausland gebunkert.

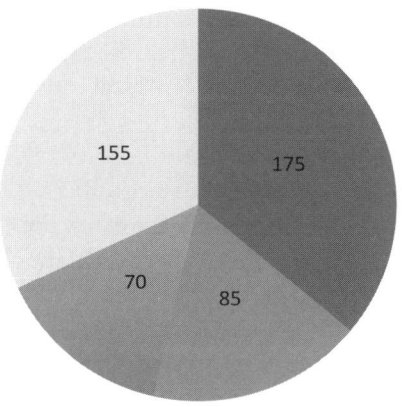

■ Schweiz ■ Luxemburg ■ Österreich ▨ Andere
z.B. Bermudas, Liechtenstein, Cayman Islands

**Abb. 10: Gewaltige Steuerflucht; verheimlichte Kapitaleinlagen der Deutschen im Jahr 2007 in Milliarden Euro**
**Datengrundlage: Bundeszentralamt für Steuern**

2007 platziert die Wirtschaftsprüfungsgesellschaft KPMG in einem Ranking der »*attraktivsten Steuerstandorte für Unternehmen*« Zypern auf Platz eins. Die Insel im östlichen Mittelmeer ist wohl der wichtigste Kanal, über den kriminelles Geld aus der ehemaligen Sowjetunion durch Europa fließt.

Anfang 2007 tritt in der EU die Richtlinie über Märkte für Finanzinstrumente, kurz MiFID, in Kraft. Mit ihr sollen Anleger befähigt werden, leichter innerhalb der EU, aber auch über ihre Grenzen hinweg, zu investieren. Damit einher geht das Verbot an Schweizer Finanzintermediäre, von der Schweiz aus direkt in den

Ländern der EU tätig zu werden. Auch wird es mit dieser Richtlinie Vermögensverwaltern untersagt, Anlegerkonten wie bisher möglich zu poolen. Was also zum Wohle von Anlegern gedacht ist, sollte für rund 1 500 Deutsche und Österreicher zum Verhängnis werden:

Sie hatten ihre Gelder bei einem bekannten Devisenhändler in Zürich angelegt, um am lukrativen Devisentrading teilzunehmen. Das hatte ihnen der Devisenhändler mit attraktiven Renditezusagen schmackhaft gemacht. Doch damit nicht genug. Zum Einsatz kam von Anlegerseite ausschließlich Schwarzgeld, das von der Vertriebstruppe des Devisengurus in zwei- oder vierwöchigen Abständen bei den Anlegern direkt bar eingesammelt und zur Anlage über die Grenze nach Zürich geschafft wurde. Die Anleger sind über die renditestarke »Problemlösung« ihres Schwarzgeldes natürlich froh. Und da in Zürich alles mit rechten Dingen zugeht, können sie schon wenige Tage nach Geldabholung ihre neuen Kontostände online abrufen. Was sie nicht wissen: die gesamten Anlegergelder von 25 bis 30 Millionen Euro werden buchhalterisch zwar auf einzelnen Anlegerkonten verbucht, banktechnisch aber gepoolt auf nur zwei Bankkonten in Zürich und London eingezahlt.

Mit Einführung der MiFID wurde der Devisenhändler durch ein Schreiben der Schweizer Finanzaufsicht aufgefordert, für seine Kunden bankseitig ab November 2007 Einzelkonten zu führen. Die Bank wurde in Liechtenstein gefunden. Und um das MiFID-Verbot zu unterlaufen, ab dem Zeitpunkt weiter von der Schweiz aus direkt in Deutschland und Österreich aktiv tätig zu werden, wird in Liechtenstein auch gleich eine steuerfreundliche Gesellschaft installiert, die künftig die Vermögensverwaltung übernehmen soll. Denn die kann – weil Liechtenstein dem EWR angehört – auch in der EU Finanzgeschäften nachgehen. Jetzt muss bis Ende Oktober 2007 nur noch alles kontenmäßig umgestellt werden. Dazu müssen die rund 25 bis 30 Millionen Euro von den beiden Bankkonten in Zürich und London auf rund 1 500 einzelne Bankkonten in Vaduz umgebucht werden.

Bei der gründlichen Vorbereitung eigentlich ein einfaches Unterfangen. Doch was außer dem Devisenguru zu diesem Zeitpunkt niemand weiß: Von den Anlegergeldern sind nur noch knapp 5 Millionen Euro vorhanden. Mit dem Rest war in den letzten Jahren ein üppiges Leben und eine Beteiligung an einer Zürcher Bar finanziert worden. Damals Zürichs Kokaindrehscheibe.

Hier decken sich vor der Finanzkrise die Händler aus der Schweizer Finanzszene mit Stoff und Champagner ein, um den Alltagsstress in den Handelsräumen der Banken zu vergessen.

Nach dem Motto »Alles oder Nichts« setzt sich der Devisenguru am letzten Freitag im Oktober 2007 nach Dienstschluss an seinen Arbeitsplatz und beginnt, nachdem er den verbliebenen Millioneneinsatz auf über 200 Millionen Euro hochgehebelt hat, zu traden. Jetzt wird er sein Können unter Beweis stellen. Auf den Bildschirmen vor ihm flimmern Zahlenreihen auf.

Dann beginnt der Handel um kleinste Bruchteile von Währungen – durch den Hebeleffekt millionenfach multipliziert. Nur gut, dass der Devisenhandel auch in dieser Nacht nicht schläft. Gehandelt wird rund um die Uhr und rund um den Globus. 5,3 Billionen Dollar werden innerhalb von Sekunden täglich zwischen Zürich, Frankfurt, London, New York, Tokio, Singapur, Hongkong und anderen Finanzplätzen hin und her gejagt. Da sind 25 Millionen doch ein Pappenstiel. Der Devisenguru ist in seinem Element. Auf den Trend fliegen, das konnte er. Nur keine Zeit verlieren, mit langen Analysen darf er sich in dieser Nacht nicht aufhalten. Zwei, drei Flaschen Gin helfen dabei. Als er beim ersten Tageslicht die Büroräume verlässt, hat er bis auf 200 000 Euro alles verzockt, er ist am Ende – und mit ihm auch die Anlegergelder.

Durch ein Tötungsdelikt des Devisengurus – in seiner Verzweiflung erwürgt er noch am gleichen Wochenende seine Ehefrau und unternimmt dann einen Selbstmordversuch – fliegt die Sache auf. Staatsanwaltschaft und Kantonspolizei Zürich übernehmen den Fall. Schnell stellen sie fest, dass *»Anlegergelder in Millionenhöhe nicht in den Devisenhandel gelangten, sondern anderweitige Verwendung fanden.«*

Die Anleger werden online aufgefordert, sich und ihren Schaden bei den Behörden in Zürich zu melden.

Das hätte es eigentlich gar nicht gebraucht, denn die Buchhaltung des Devisengurus ist bestens geführt. Die Anleger sind mit allen Daten erfasst und ihre Geldeingänge ordentlich verbucht. Und weil das so ist, werden darüber auch die deutschen und österreichischen Heimatfinanzämter der Anleger informiert. Kein Wunder also, dass diese schon wenige Monate später eine Aufforderung ihrer Finanzämter erhalten, sich zur Herkunft der in ihren Steuererklärungen nicht aufgeführten Zürcher Anlagegelder zu erklären.

**Dumm gelaufen: Schwarzgeld weg und Steuernachzahlungen sowie Strafen wegen Steuerbetrugs gibt's obendrein.**

Kein Einzelfall – im Gegenteil: Vor allem in den 1970er- und 1980er-Jahren liefen Steuerhinterzieher, die ihr Schwarzgeld kofferweise zu den Providern und Treuhändern nach Liechtenstein oder in die Schweiz schafften, Gefahr, dass dieses schon bald nach Einzahlung verschwand. Auf andere Konten in anderen Steueroasen, häufig in der Karibik. Die Provider und Treuhänder wussten ja, welche Gelder ihnen zur sicheren Verwahrung anvertraut wurden. Und sie wussten auch, dass im Falle des Geldverlustes ihre Mandanten sich erst einmal selbst bei den Heimatfinanzämtern wegen Steuerhinterziehung anzeigen mussten, um überhaupt juristisch gegen sie vorgehen zu können. Hinzu kam, dass die Kunden Einzahlungsbelege, Kontoeröffnungs- und Gesellschaftsgründungsdokumente in der Regel aus Sicherheitsgründen wegen möglicher Grenzkontrollen bei ihrem Provider oder Treuhänder in Verwahrung ließen. Sie im Ernstfall also noch nicht einmal nachweisen konnten, dass sie überhaupt Geld eingezahlt oder eine Gesellschaft gegründet hatten. Ein perfides Spiel, bei dem viel Schwarzgeld verbrannt wurde.

2007 kauft der deutsche Bundesnachrichtendienst für 4,6 Millionen Euro eine Steuer-CD mit Kundendaten der Liechtensteiner Fürstenbank LGT. Die Steueroase Liechtenstein gerät unter massiven internationalen Beschuss.

2007 war weltweit mehr als die Hälfte der Unternehmen, die ihren Schuldendienst einstellen mussten, im Besitz von Private Equity-Gesellschaften mit Sitz in Steueroasen. Die Wirtschaftsskandale von Enron, Parmalat, Long-Term Capital Management, Lehman Brothers, AIG oder der BCCI wurden über Steueroasen gesteuert.

Vor der Finanzkrise 2007/2008 waren nicht nur große ausländische Banken mit Schattenbanken in Steueroasen vertreten, auch deutsche. Darunter u.a. die IKB, die Sachsen LB, die Hypo Real Estate, die sich dann in der Finanzkrise mit staatlichen Milliardenhilfen aus Steuergeldern helfen ließen, um in Deutschland nicht pleitezugehen. Sie waren im Dubliner IFSC, dem steuerfreien International Financial Service Center, angesiedelt. Die Aktivitäten der irischen Niederlassungen waren in den Bilanzen der deutschen Bankmütter nicht enthalten. Erwähnt war auch nicht, dass diese Töchter in Irland keiner staatlichen Kontrolle unterstellt waren.

Mit Verweis auf die »hohen Standards bei Integrität und Transparenz« beteuert die Commerzbank 2007, sich aus dubiosen Finanzgeschäften herauszuziehen. Wie dann Belege aus den Panama Papers Jahre später zeigen, wurden von der Niederlassung in Luxemburg und der übernommenen Dresdner Bank bis Ende 2009 weiter Offshore-Gesellschaften bei der Kanzlei Mossack Fonseca geordert. Millionenstrafzahlungen an den Fiskus sind die Folge. Schon 2003 war die Bank bei der Beihilfe zur Steuerhinterziehung erwischt worden und hatte an den Fiskus 30 Millionen Euro zahlen müssen.

Erst 2015 hat sich die Commerzbank von zweifelhaften Kunden getrennt.

Wesentlicher Mitauslöser der Finanzkrise 2007/2008 war das Verbriefungsgeschäft, das über Steueroasen lief. Für das US-Geschäft waren das die Cayman Islands und Delaware, für das europäische Geschäft Irland, Luxemburg, Jersey und die City of London.

Mit Beginn der Finanzkrise 2008 haben die Begriffe Steueroasen und Offshore-Finanzplätze einen festen Platz in der Medienwelt erobert. Unüberhörbar sind die politischen Stimmen, die das Austrocknen oder Trockenlegen von Steueroasen fordern. Doch die Sanktionierung von Steueroasen erfolgt ungleichmäßig und selektiv. Weitgehend unangetastet bleiben »erfolgreiche« Steueroasen wie beispielsweise die British Virgin Islands oder die Channel

Islands. Steueroasen, die unter dem Schutz eines einflussreichen Staates stehen – Großbritannien. Im Gegensatz dazu erfahren unbedeutende Steueroasen, die nicht unter dem Schutz einer »Großmacht« stehen, Gegenmaßnahmen durch die Mitgliedstaaten der FATF – etwa die Steueroase Nauru im Südpazifik. Zum einen etablierte Nauru erst in den 1990er-Jahren ein Offshore-Gesellschaftsrecht. Zum anderen, und das ist entscheidend, stand Nauru nicht unter dem Schutz eines einflussreichen Staates und war auch nicht mit einem Finanzzentrum, so wie die BVI oder die Channel Islands mit der City of London, verflochten. Ein Beispiel dafür, wie weit man 2008 von einem einheitlichen Vorgehen gegen Steueroasen entfernt ist.

2008 führt die Finanzkrise weltweit zu einer erhöhten Staatsverschuldung. Durch milliardenschwere staatliche Auffang- und Hilfsprogramme für den angeschlagenen Bank- und Immobiliensektor sind die Staatskassen leer. Auf der Suche nach neuen Geldquellen machen EU und OECD Hatz auf Steuersünder und Steueroasen, um an im Ausland liegende unversteuerte Vermögen und verschobene Gewinne zu kommen. Von den Finanzbehörden europäischer Länder werden erste CDs mit Bankkundendaten angekauft, erste Steuersünder angeklagt. Dabei gerät das Liechtensteiner Stiftungsmodell in die Schusslinie:

Eigentlich lassen Stiftungen Edles erwarten. Ein Stifter gilt als Wohltäter, der sich um den Gemeinnutz verdient macht. Aber Stiftungen in Liechtenstein oder Panama dienen oft nur dem Stifter. Als deutsche Steuerfahnder bergeweise Unterlagen über Stiftungen in Liechtenstein in die Hände fallen, die bei Liechtensteins größtem Treuhänder Batliner in Vaduz untergebracht waren, stellen sie fest, dass in fast allen Fällen der Zweck nicht gemeinnützig, sondern gemein war. Die Steuerbehörden waren im großen Stil betrogen worden.

2008 erfolgt beim damaligen Post-Chef Klaus Zumwinkel eine Hausdurchsuchung der Bochumer Steuerfahndung. Ihm wird vorgeworfen, mehrere Millionen Euro unversteuert in einer Liechtensteiner Stiftung gebunkert zu haben. Zu diesem Zeitpunkt sind im Fürstentum rund 50 000 Stiftungen registriert. Wenige Jahre später sollen es nur noch knapp 18 000 sein. Denn auf internationalen Druck hin reformiert Liechtenstein sein Stiftungsrecht und Finanzsystem und gibt seinen Status als Steueroase auf. Fortan kooperiert das Fürstentum in Steuerfragen mit seinen Nachbarländern.

Während die Banken im Ländle den rigorosen Kurswechsel mitmachen, versuchen die knapp 400 Treuhänder zu retten, was noch zu retten ist. Sie verlagern in Vaduz registrierte Stiftungen einfach nach Panama, dessen Stiftungsrecht dem liechtensteinischen ähnelt. Auf diese Weise fließen auch rund 5 Milliarden Euro mit über den Teich.

Der Finanzplatz Liechtenstein wird sich von diesem Kurswechsel nicht mehr erholen.

Zur gleichen Zeit bietet Gibraltar Vermögenden dieser Welt gegen eine jährliche Pauschale von 14 000 bis 20 000 Pfund und einem Vermögensnachweis über 2 Millionen Pfund Wohnsitz, Pass und Steuerfreiheit an.

Im Januar 2009 führt Deutschland die Abgeltungsteuer ein, Kapitaleinkünfte werden seitdem pauschal mit 26,4 Prozent belastet. Ziel ist es, damit die Kapitalflucht ins Ausland einzudämmen.

2009 beschließen die G20-Länder bei ihrem Gipfel in London das Ende des Bankgeheimnisses. In den Steueroasen – vor allem in der Schweiz – geht die Ära der Nummernkonten zu Ende. Sie sind durch die Geldwäschegesetze künftig verboten. An ihre Stelle treten Stiftungen, Trusts und Offshore-Gesellschaften. Auf den Kontoauszügen ist aus dem »Kontoinhaber 123456« die »Gesellschaft ABCDEF« geworden. Im einen wie im anderen Fall ist der tatsächliche Kontoinhaber nicht zu identifizieren. Formal haben diese Gesellschaften ihren Sitz zwar auf den British Virgin Islands oder in Panama, sie werden in der Regel aber von den Banken in der Schweiz für ihre Auslandskunden gegründet. Das lassen sie sich natürlich fürstlich honorieren. Dessen ungeachtet nehmen die von Schweizer Banken verwalteten Auslandsvermögen weiter zu.

2009 ergibt eine Umfrage der deutschen Finanzaufsicht BaFin bei deutschen Banken, dass deren Banktöchter in Liechtenstein und der Schweiz mehr als 1 600 Stiftungen und Trusts in allen bekannten Steueroasen der Welt unterhalten.

Als die OECD 2009 von den G20-Ländern den Auftrag erhält, gegen internationale Steuerhinterziehung vorzugehen, beurteilt sie Pläne für einen automatischen Informationsaustausch als unrealistisch. Sie befürchtet, dass diese in der Praxis zu schwierig umzusetzen wären. Was 1908 zwischen Frankreich und Großbritannien eine Selbstverständlichkeit war, ist in den Augen internationaler Instanzen 90 Jahre später trotz der beachtlichen Fortschritte der Kommunikations- und Informationstechnologie scheinbar eine Utopie. Stattdessen beschließen OECD und die G20-Länder eine schwache gegenseitige Unterstützung: den Informationsaustausch auf Anfrage.

Um Bankauskünfte von einer Steueroase zu erhalten, muss ein Land wie Deutschland vorab den begründeten Verdacht haben, dass einer seiner Bürger Steuern hinterzieht. Was praktisch unmöglich ist. Ohne solche Indizien gibt es keine Zusammenarbeit.

2009 liegen in der Schweiz rund 2,1 Billionen Dollar in Konten von Devisenausländern, die Hälfte davon aus Europa. Schweizer Experten schätzen, dass rund 80 Prozent der europäischen Gelder nicht bei den Steuerbehörden des Ursprungslandes deklariert sind.

Seit 2009 werden die steuerfreien Zollfreilager in der Schweiz im Zuge des Kampfs gegen die Geldwäsche »reguliert«. Aber viel wird da nicht »reguliert«:

Die Eidgenössische Zollverwaltung kann zwar Einblick in die Lagerbestände nehmen, die seitdem genau inventarisiert werden müssen. Auch die Mieter der gelagerten Gegenstände werden registriert. Das sind aber nur die Logistikunternehmen. Die tatsächlichen Eigentümer der Vermögenswerte bleiben unerkannt. Der Grad der Diskretion dieser »Vermögensbunker« ist extrem hoch, zumal die Informationen für ausländische Behörden nicht einsehbar sind. Im Prinzip reicht das zur Geldwäsche völlig aus, insbesondere wenn von Offshore-Gesellschaften in Panama oder auf den

British Virgin Islands aus über Schweizer Banken etwa mit übertragbaren Orderlagerscheinen gearbeitet wird. Offiziell regulierten Schweizer Wertpapieren auf der Grundlage physisch eingelagerten klar zugewiesenen Edelmetalls – Gold etwa. Der Golderwerb bleibt anonym, die Lagerung auch. Trotzdem kommt der Eigentümer problemlos an sein Lagergut heran.

Im Zuge der Weißgeldstrategie Schweizer Banken, mit der ausländische Kunden gezwungen wurden, sich entweder beim Heimatfiskus selbst zu deklarieren oder aber die Konten aufzulösen, haben viele Kunden ihr Schwarzgeld abgehoben und damit Edelmetalle oder auch Kunst gekauft. Das wird dann so lange in den Zollfreilagern eingelagert, bis die Verjährungsfristen in den Heimatländern abgelaufen sind. Kunst gilt dabei als schönste Form der Geldwäsche, zumal Barzahlungen selbst in großen Beträgen auch 2016 nichts Ungewöhnliches sind. Eine blühende Schattenwirtschaft, in der sich vieles »unter der Hand« abspielt. Während die Banken bei Verdacht auf Geldwäsche Meldung machen, sind die Akteure auf dem Kunstmarkt wenig sensibel für das Thema.

Die Zollfreilager sind für Sachwerte das, was Offshore-Firmen für Geld sind. Dem Missbrauch sind damit alle Möglichkeiten gegeben. Das gilt für Steuerhinterzieher, Geldwäscher, Drogenhändler oder Terroristen gleichermaßen. Steuerhinterziehung oder Geldwäsche hinterlassen über Zollfreilager so gut wie keine Spuren. Was dort landet, ist dem Zugriff ausländischer Finanzbehörden entzogen.

Ende 2009 veröffentlicht das Tax Justice Network erstmals den Schattenfinanzindex (Financial Secrecy Index FSI). Dieser listet die Länder gemäß der Wichtigkeit auf, die sie bei der Bereitstellung von finanzieller Geheimhaltung spielen. Die Autoren untersuchten die Länder auf eine Reihe von maßgeblichen Geheimhaltungsindikatoren und -strukturen und gewichteten diese dann gemäß dem Umfang der grenzüberschreitenden Finanzdienstleistungen, die dort stattfinden. Auf Platz fünf des Schattenfinanzindex steht Großbritannien. Obwohl es bei der Entstehung des weltweiten Offshore-Systems bei Weitem die wichtigste Rolle spielte und obwohl es den Knotenpunkt des britischen Offshore-Netzes bildet, sind die Geheimhaltungsstrukturen im Land selbst relativ transparent. Auf dem dritten und vierten Platz liegen die Schweiz und die Cayman Islands. Luxemburg, eine gigantische, wenn auch kaum bemerkte Verdunklungsoase, liegt auf Rang zwei. Die mit Abstand wichtigste Verdunklungsoase sind zu diesem Zeitpunkt die USA.

Seit 2009 entwickelt sich aber auch Deutschland zu einem großen Player in der Offshore-Welt. Deutschland zieht eine Menge ausländisches Geld an, ein Teil stammt aus illegalen Quellen und wird hier unter dem Schutzmantel der Geheimhaltung gewaschen. So ist in den letzten zehn Jahren ein deutlich gesteigertes Interesse ausländischer Investoren an deutschen Immobilien festzustellen – häufig über Offshore-Firmen. Begünstigt wird das, da es in Deutschland kein öffentliches Immobilienregister gibt. Das zieht eine Klientel an, die Gelder aus dubiosen Quellen verstecken will.

Ob Pflegeheime oder Supermärkte, deutsche Immobilien sind gefragt. Häufig kommen dabei zwei Offshore-Gesellschaften zum Einsatz. Diese sogenannten Share-Deals sind eine weit verbreitete Praxis. In Deutschland spart man sich dadurch die Grunderwerbsteuer, weil nicht das Grundstück direkt, sondern nur Unternehmensanteile verkauft werden. Ein attraktives Steuerschlupfloch für Großinvestoren, das mithilfe von billigen Offshore-Firmen genutzt wird.

Andere nutzen bei hiesigen Immobilienkäufen Offshore-Gesellschaften, um nicht in offiziellen Dokumenten aufzutauchen. So wie jener russische Geschäftsmann, der über eine Offshore-Firma mehrere Immobilien in Bremerhaven und Wilhelmshaven hält. Er tritt als Strohmann für einen russischen Finanzmanager auf, der beste Kontakte in staatsnahe Konzerne hat. Für einen Immobilienmakler wäre er ein so mächtiger Kunde, dass der Makler genau prüfen müsste, woher der Mann sein Geld hat. Sein Strohmann verhindert das. Das Grundbuchamt will zwar wissen, wer tatsächlich hinter der Offshore-Firma steht, die als Käufer eingetragen werden soll. Doch das Amt auszutricksen ist für Kanzleien wie etwa Mossack Fonseca Routine. Ein panamaischer Notar bestätigt die Version des Strohmanns und setzt ein Siegel auf das entsprechende Papier. Das reicht dem deutschen Grundbuchamt. Die Offshore-Firma wird als Eigentümer eingetragen. Der hohe Finanzmanager bleibt im Dunkeln.

Im Dunkeln bleibt auch der tatsächliche Eigentümer vom Palais an der Oper, eine der teuersten Geschäfts- und Wohnadressen in der Münchner Innenstadt. Die wird 2016 für rund 300 Millionen Euro von der Offshore-Gesellschaft Nobilis Consulting Corp. mit Sitz auf den British Virgin Islands gekauft.

Strohmannkonstruktionen spielen bei der Geldwäsche im Immobilienbereich eine Rolle, zum Beispiel bei der Finanzierung der Immobilien oder auch im Rahmen der Grundbucheintragung.

Für deutsche Ermittlungsbehörden sind die Offshore-Gesellschaften ein Problem, weil keine Behörde sie durchleuchten kann. Es gibt keine zentrale Stelle, die einen Überblick darüber hat, wie viele Offshore-Gesellschaften hierzulande ihr Unwesen treiben und beispielsweise Immobilien besitzen.

## Offshore Deutschland:

- **Kontrolle:** In manchen Gebieten können Kriminelle Kontrollen de facto ausschließen. Zum Beispiel bekommen kleinere Unternehmen in Deutschland praktisch nie Besuch von Betriebsprüfern. Kleinstbetriebe – etwa die Pizzeria oder der Asiate von nebenan – müssen im Durchschnitt nur alle 102 Jahre dem Fiskus beweisen, was sie wirklich machen. Also nie. Sie sind bis dahin längst wieder aufgelöst.
- **Register:** Ermittlungsbehörden klagen, dass es in Deutschland kein zentrales Immobilienregister gibt. Wem ein Grundstück wirklich gehört, ist oft nicht nachvollziehbar. Immerhin soll jetzt auf Druck der EU ein Register für die wahren Eigentümer von Firmen eingeführt werden. Deutschland hat sich lange dagegen gesträubt.
- **Geldwäsche:** Experten sagen, Deutschland zieht Schwarzgeld an. Das Dunkelfeld im Nichtfinanzsektor liegt laut einer Studie

bei etwa 30 Milliarden Euro jährlich. Verdachtsfälle kommen aber so gut wie nie vor, weil Immobilienmakler, Notare und Anwälte selten etwas melden.

- **Strafe:** Helfen Banken bei der Steuerhinterziehung, erwarten sie in Deutschland nur lächerlich kleine Bußgeldsummen.

Von 2009 bis Ende 2013 steigt die Gesamtsumme der in der Schweiz verwalteten Vermögen von Devisenausländern um 14 Prozent. Die globale Steigerung für alle Steueroasen liegt in diesem Zeitraum bei 25 Prozent.

2010 tritt das US-Gesetz FACTA in Kraft. Es sieht einen automatischen Datenaustausch zwischen ausländischen Banken und der US-Bundessteuerbehörde Internal Revenue Service (IRS) vor. Finanzinstitute auf der ganzen Welt müssen seitdem US-Steuerpflichtige unter ihren Kunden identifizieren und der IRS deren Guthaben und Einkünfte melden.

Im Jahr 2010 schafft Zürich als erster Schweizer Kanton den Steuerpauschalistenstatus für Ausländer wieder ab. Jeder zweite vermögende Pauschalisten-Ausländer verlässt daraufhin den Kanton. In den Folgejahren schaffen weitere vier Kantone den Pauschalistenstatus ab. In den übrigen Kantonen werden die Voraussetzungen für den Pauschalistenstatus verschärft. Wer heute in die Schweiz zieht, muss mindestens 400 000 Franken pro Jahr als Steuerpauschale zahlen. Einige Kantone wie Luzern und Schwyz fordern gar ein Minimum von 700 000 Franken. Zuwanderer müssen also genau rechnen, ob die Steuerpauschale noch günstiger ist. Aktuell leben über 5 000 Steuerpauschalisten in der Schweiz.

In den Jahren 2010/2011 kaufen deutsche Finanzbehörden Steuer-CDs mit Kundendaten der Schweizer Banken Credit Suisse und Julius Bär sowie von der HSBC-Niederlassung in Luxemburg. Die CD mit den Kundendaten der Credit Suisse Mitte April, wie ein Ex-Unternehmer aus Norddeutschland aus den ARD-Abendnachrichten erfährt:

Der hatte gut 20 Jahre zuvor für rund 100 Millionen Mark sein Unternehmen an die niederländische Konkurrenz verkauft. Während damals 50 Millionen Mark auf ein Konto in Deutschland fließen und hier auch redlich versteuert werden, geht die andere Hälfte auf ein Konto bei der Credit Suisse in Zug – bis April 2010 unversteuert. Die Einlage hat sich zu diesem Zeitpunkt auf rund 50 Millionen Euro verdoppelt. Den Niederländern war es damals egal, auf welche Konten der Kaufpreis gehen sollte. Für sie war nur der Erwerb des Unternehmens wichtig, um ihre Stellung auf dem Weltmarkt auszubauen.

Über das Wochenende kommt der norddeutsche und über siebzigjährige Steuerhinterzieher ins Grübeln und beschließt, montags nach Zürich zu fliegen, um die Bank in Zug aufzusuchen. Dort wird er seit Jahren von seinem Bankberater hofiert und auch zu dem ein oder anderen Essen eingeladen. Doch als er an diesem Montag gegen Mittag in der Bank in Zug eintrifft, ist der Empfang eisig, für Freundlichkeiten keine Zeit. Im Gegenteil – der Berater fordert ihn in einem kurzen nüchternen Gespräch im Namen der Bank auf, sein Konto beim Fiskus in Deutschland zu deklarieren oder es bis Jahresende 2010 aufzulösen. Für den Ex-Unternehmer bricht eine Welt zusammen. Jahrelang hofiert und jetzt lässt man ihn im Regen stehen.

Was tun in einer solchen Situation? Über Golffreunde hatte er in geselliger Runde beiläufig von einem Münchner Spezialisten erfahren, der in der Offshore-Szene wegen seines guten Netzwerks und seiner sicheren Problemlösungen bekannt ist. Er findet dessen Telefonnummer, ruft ihn an.

Dabei wird ein Sondierungstermin wenige Tage später in München vereinbart. Dort in Begleitung seiner Ehefrau angekommen, ist alles vorbereitet. Man bespricht die Situation, dann stößt ein Bankvorstand aus Österreich hinzu, um dem Steuersünder aus neutraler Bankensicht seine Lage in Europa darzustellen: Kontrollmitteilungen und Informationsaustausch zwischen den Finanzbehörden in wenigen Jahren überall.

Es ist also nur eine Frage der Zeit, bis sein Fall beim deutschen Fiskus auffliegen wird. Denn auch Steueroasen in der Karibik oder anderswo bieten keine Sicherheit, da der Geldtransfer von Zug in eine mögliche andere Steueroase elektronisch nachvollziehbar ist und auch bei der Schweizer Bank im Zuge der Weißgeldstrategie gespeichert und ausländischen Behörden bei Anfrage mitgeteilt wird. Was bleibt, ist die Selbstanzeige.

Wenige Stunden später findet dazu ein vorbereitetes Gespräch mit einer internationalen WP-Kanzlei in München statt. Wegen des CD-Ankaufs ist eine schnelle Umsetzung angesagt. Noch am gleichen Nachmittag werden bei der Credit Suisse in Zug die Erträgnisaufstellungen der letzten Jahre abgerufen – die Bank spielt mit. Über das Wochenende wird der Fall in der WP-Kanzlei mit einem Spezialistenstab aufgearbeitet. Das ist nicht billig, aber am Montagmorgen liegt um acht Uhr per Fax die Selbstanzeige des Norddeutschen bei dessen Heimatfinanzamt vor.

Sechs Monate später auch die verbindlichen Steuerbescheide: Steuernachzahlungen ja, Steuerstrafen nein. Für den Norddeutschen letztlich ein Nullsummenspiel, denn die Nachzahlungen sind durch die Erträge der letzten 20 Jahre mehr als gedeckt. Und Puts auf den Greens in entspannter Atmosphäre wieder Normalität.

Ende 2010 waren die beiden größten Quellen ausländischer Investitionen in China die British Virgin Islands und Hongkong. In Indien waren es Investoren mit Briefkastenfirmen auf Mauritius.

Seit 2011 versucht Myanmar, das ehemalige Burma, sich neu auf der südostasiatischen Offshore-Bühne in Stellung zu bringen. Mit umfangreichen Steuervergünstigungen bis hin zu Nullsteuern versucht das reich mit Bodenschätzen gesegnete Land ausländische Investoren anzulocken. Für die wurden steuerfreie Sonderwirtschaftszonen eingerichtet. Doch wer sich im Land umsieht, stößt in Myanmar auf eine rudimentäre Infrastruktur, Korruption und Behördendschungel. Nullsteuern reichen da auf Dauer nicht.

2012 bietet der Karibikstaat St. Kitts & Nevis Ausländern gegen Zahlung von 250 000 US-Dollar Wohnrecht, Pass und Steuerfreiheit an. Was dort in der Karibik 1984 einen zaghaften Anfang nahm, ist heute für Singapur (2,5 Millionen US-Dollar), Malta (1,15 Millionen Euro) und zwei Dutzend weitere Staaten weltweit ein lukratives Geschäftsmodell. Während Russen davon wegen der EU-Reisefreiheit vor allem in Zypern Gebrauch machen, lassen sich Asiaten vor allem in der Karibik nieder. Bei der EU-Kommission stoßen die europäischen Programme sauer auf. So will Ungarn zwar keine Flüchtlinge aufnehmen, verkauft aber Visa an reiche Ausländer. Anfang 2016 hatten sich nach Angaben des ungarischen Innenministeriums bereits über 3 500 Personen eine dauerhafte Aufenthaltsgenehmigung gekauft. Ende 2016 beschließt auch Italien, ab 2017 ein »residence-by-investment-programm« einzuführen. Um als Ausländer 15 Jahre Aufenthalt, umfangreiche Steuervergünstigungen und EU-Reisefreiheit zu bekommen, müssen Interessierte entweder für 2 Millionen Euro italienische Staats- oder Unternehmensanleihen kaufen, 500 000 Euro in ein Start-Up oder 1 Million Euro in ein kulturelles Projekt investieren. Die Investition ist für einen Zeitraum von zwei Jahren geblockt.

**Mit einem Wohnsitzwechsel ins Ausland ergeben sich für Vermögende Möglichkeiten, ihre steuerliche Situation legal zu optimieren und Vermögenswerte zu schützen.**

| Land | Gesetzliche Regelung seit | Minimum-Investment | Aufenthaltspflicht | Staatsbürgerschaft nach | QNI-Länder Ranking*) |
|---|---|---|---|---|---|
| Antigua & Barbuda | 2013 | 250 000 USD | 5 Tage in 5 Jahren | sofort | 58 |
| Australien | 2012 | 1,5 Mio. AUD. | 40 Tage p.a. | 5 Jahre | 33 |
| Belgien | keine | k.A. | Start-up-Finanzierung | 5 Jahre | 10 |
| Bulgarien | 2009 | 500 000 EUR | keine | 5 Jahre | 27 |
| Dominica | 1993 | 100 000 USD | keine | sofort | 51 |
| Frankreich | 2013 | 10 Mio. EUR | keine | 5 Jahre | 7 |
| Grenada | 2014 | 250 000 USD | keine | sofort | 91 |
| Griechenland | 2013 | 250 000 EUR | keine | 7 Jahre | 21 |

| | | | | | |
|---|---|---|---|---|---|
| Großbritannien | 1994 | 1 Mio. PFD | 185 Tage p.a. | 6 Jahre | 11 |
| Guernsey | k.A. | 1 Mio. PFD | 90 Tage p.a. | 5 Jahre | 11 |
| Hongkong | k.A. | kein Minimum | keine | 7 Jahre | 45 |
| Island | 2012 | 500 000 EUR | keine | k.A. | 5 |
| Jersey | k.A. | 125 000 JEP | keine | 5–6 Jahre | 11 |
| Kanada | Mitte 1980er | 800 000 CanD | 730 Tage in 5 Jahren | 3 Jahre | 32 |
| Litauen | 2010 | 35 000 EUR | keine | 10 Jahre | 23 |
| Malaysia | k.A. | 300 000 MYR | Mindestalter 50 J. | sofort | 44 |
| Malta | 2014 | 1,15 Mio. EUR | 6 Monate | 1 Jahr | 22 |
| Monaco | k.A. | 700 000 EUR | 183 Tage p.a. | 10 Jahre | 40 |
| Neuseeland | k.A. | 1,5 Mio. NZD | 146 Tage p.a. | 5 Jahre | 31 |
| Portugal | 2012 | 500 000 EUR | 7 Tage p.a. | 6 Jahre | 16 |
| Österreich | k.A. | keine | keine | 4 Jahre | 6 |
| Schweiz | k.A. | 250 000 CHF p.a. | keine | 12 Jahre | 8 |
| Singapur | k.A. | 2,5 Mio. SD | keine | 2 Jahre | 35 |
| Spanien | 2013 | 500 000 EUR | keine | 10 Jahre | 13 |
| St. Kitts & Nevis | 1984 | 250 000 USD | keine | sofort | 59 |
| Thailand | k.A. | 10 Mio. THB | 360 Tage in 3 J. | 10 Jahre | 101 |
| Ungarn | 2013 | 300 000 EUR | keine | 8 Jahre | 18 |
| USA | 1990 | 500 000 USD | 180 Tage p.a. | 7 Jahre | 28 |
| Vereinigte Arabische Emirate | k.A. | Beteiligung an Unternehmen | keine | sofort | 62 |
| Zypern | 2011 | 2,5 Mio. EUR | keine | sofort | 25 |

\*) QNI = Quality of Nationality Index; was Pass und Aufenthaltsrecht in ausgewählten Ländern kosten
**Datengrundlage: Henley & Partners, Zürich**

96

Ich bin dann mal weg und anderswo steuerpflichtig. Während ältere Milliardäre wie Theo Müller (Müllermilch), Klaus-Michael Kühne (Kühne + Nagel) oder Otto Happel (GEA) noch die Schweiz als Fluchtort bevorzugten, kann die jüngere Generation der Reichen längst aus einer Vielzahl von Steueroasen auswählen. Weil es angesichts der strengeren internationalen Standards schwieriger geworden ist, Unternehmen mit fiskalischen Versprechen zu locken, konzentrieren sich immer mehr Länder auf Privatpersonen. Von Antigua über Portugal bis nach Zypern wird mit immer ausgefeilteren Privilegien um Zuwanderer gebuhlt. Die neuen Destinationen profitieren auch davon, dass die Konditionen in den herkömmlichen Destinationen, etwa der Schweiz, schlechter werden. Und zwar deswegen, weil dort zunehmend Vorteile gestrichen werden.

Vor allem einige europäische Krisenstaaten haben im Zuzug vermögender Ausländer ein neues Geschäftsmodell für sich entdeckt. Die Regierungen setzen darauf, dass die Zuwanderer den Konsum und damit das Wirtschaftswachstum ankurbeln. Dafür verzichtet der Fiskus im Gegenzug gern auf Steuereinnahmen.

## Das Außensteuergesetz setzt strikte Kriterien für die Auswanderung

**Wohnsitz:** Der deutsche Fiskus unterstellt »unbeschränkte Steuerpflicht« in der alten Heimat, solange noch ein Wohnsitz besteht. Dafür ist weder Eigentum noch Mietvertrag notwendig. Es reicht, »eine Verfügungsmacht über eine Immobilie« zu haben.
**Aufenthalt:** Auch ohne Wohnsitz kann der Fiskus Besteuerungsrecht reklamieren. Es reicht, wenn der Ort des »gewöhnlichen Aufenthalts« in Deutschland liegt. Wer mindestens 183 Tage im Jahr hier verbringt – etwa bei Freunden oder in Hotels –, unterliegt weiter der deutschen Steuerpflicht.
**Schenkungen/Vererben:** Auswanderer sind selbst dann noch nicht ganz frei, wenn weder Wohnsitz noch der »gewöhnliche Aufenthaltsort« in Deutschland liegt. Wenn man innerhalb von fünf Jahren nach seinem Wegzug Vermögen an Familienmitglieder über-

trägt, fällt trotzdem die deutsche Erbschaft- und Schenkungsteuer an. Selbst dann, wenn die Begünstigten ebenfalls ausgewandert sind. Dem können sie sich nur entziehen, indem sie die deutsche Staatsbürgerschaft aufgeben.

Aber nicht nur in Deutschland bittet der Fiskus Emigranten zur Kasse:

**Großbritannien:** Die britische Finanzbehörde kümmert sich nicht darum, ob Emigranten offiziell als Ansässige anderer Staaten gelten. Betroffene müssen selbst aufwendig nachweisen, dass sich nicht nur ihr Wohnsitz, sondern auch ihr »gewöhnlicher« Aufenthalt geändert hat. Ist das der Fall, werden britische Emigranten mit Sitz im Ausland in den ersten drei Jahren steuerlich so behandelt, als hätten sie ihr Domizil nach wie vor in Großbritannien. Während dieser Zeit unterliegt das Vermögen auch der britischen Erbschaftsteuer.

**USA:** Für die Steuerpflicht in den USA spielt die Staatsbürgerschaft eine wichtigere Rolle als Wohnsitz oder Domizil. US-Bürger müssen ihr weltweites Einkommen ohne Rücksicht auf den Wohnsitz in den USA versteuern. Nur Einkünfte aus Auslandsquellen können zum Teil von der Steuer befreit werden, wenn der Bürger dauernd oder zeitweise im Ausland lebt. Im Ausland gezahlte Steuern können angerechnet werden.

**Italien:** Italiens Steuerbehörden sind gnadenlos. Der Einkommensteuerkodex geht davon aus, dass ein italienischer Staatsbürger in Italien ansässig bleibt, wenn er in ein Niedrigsteuerland emigriert. Selbst dann, wenn der Name aus dem Bürgerregister entfernt wurde. Die Beweislast der Ansässigkeit außerhalb Italiens trägt der Emigrant.

**Kanada:** Emigranten wird eine »Abreisesteuer« auferlegt. Mit wenigen Ausnahmen werden Emigranten so behandelt, als hätten sie ihr ganzes Vermögen mit Emigration zu einem fairen Marktwert veräußert, der dann besteuert wird.

**Niederlande:** Ein ähnliches System haben die Niederlande. Emigranten, die wesentliche Aktienanteile an einer ansässigen niederländischen Gesellschaft halten, müssen eine »Wegzugsteuer« zahlen, wenn der Aktienanteil innerhalb von zehn Jahren nach Emigration veräußert wird.

**Dänemark:** Der Fiskus erhebt eine Steuer von 30 Prozent auf an Emigranten gezahlte Zinsen, die mindestens fünf von zehn der Abreise vorausgegangenen Jahren in Dänemark ansässig waren.

**Spanien:** Emigranten, die ihren steuerlichen Wohnsitz in Spanien aufgeben, werden noch vier Jahre nach Aussiedlung so besteuert, als ob sie in Spanien ansässig wären, wenn sie in ein Niedrigsteuerland ziehen.

2012 melden die British Virgin Islands 447 801 registrierte Offshore-Gesellschaften. Im gleichen Jahr scheitert das Steuerabkommen Deutschland – Schweiz. Steuersünder hätten damit durch eine anonyme Einmalzahlung ihre Steuersünden problemlos abgelten können. Durch das Scheitern des Steuerabkommens sieht sich der damalige Bayern-Präsident Uli Hoeneß Anfang 2013 veranlasst, wegen nicht deklarierter Einkünfte in der Schweiz beim Fiskus Selbstanzeige zu erstatten.

Ende 2012 verschärft die Regierung der Seychellen zur Eindämmung der Geldwäsche ihre Gesetzgebung.

2013 liegen bei den Schweizer Finanzhäusern 1,8 Billionen Euro. 60 Prozent davon werden Offshore-Gesellschaften auf den British Virgin Islands, Panama und anderen Steueroasen zugeordnet. Wem diese Vermögen letztlich gehören, ist unbekannt. Rund 1 Billion Euro gehören Insidern zufolge vermögenden Privatkunden aus Europa, davon stammen aus Deutschland etwa 200 Milliarden Euro, Frankreich 180 Milliarden und aus Italien 120 Milliarden Euro. Das von Europäern stammende Geld wird überwiegend über Trusts und Offshore-Gesellschaften mit Sitz auf den British Virgin Islands anonym verwaltet. Ein Großteil dieser Gelder ist in der Heimat steuerlich nicht deklariert. Diese Gesellschaften bieten den Vermögenseigentümern letztlich die gleiche Anonymität wie die früheren Nummernkonten in der Schweiz.

Insgesamt beträgt das weltweite Finanzvermögen 2013 rund 73 Billionen Euro. Davon liegen in Steueroasen offshore 5,8 Billionen Euro.

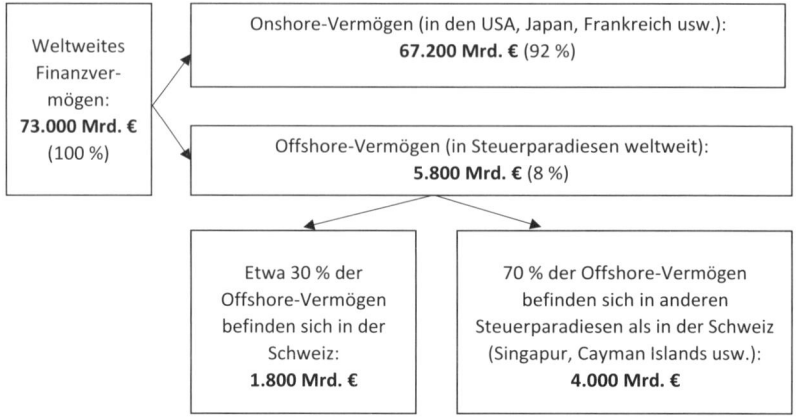

**Abb. 11: Finanzvermögen weltweit/Steueroasen**
Datengrundlage: Schweizerische Nationalbank

2013 ist für die Schweizer Finanzwelt aber auch ein Schicksals-jahr – die Weißgeldstrategie wird verpflichtend eingeführt. Damit wird es Schweizer Banken künftig untersagt, Auslandskunden aktiv bei Steuerhinterziehung und Steuerbetrug zu unterstützen und ihnen entsprechende Möglichkeiten über das Ausland zu öffnen. Damit verliert auch der Finanzplatz Singapur für EU-Bürger seine Bedeutung. Sie müssen zudem ihren Schweizer Banken künftig nachweisen, dass sie die bei ihnen geparkten Gelder in der Heimat beim Fiskus gemeldet haben. Hatten Schweizer Banker ihre ausländische Klientel über Jahrzehnte hofiert, lassen sie diese jetzt »im Regen« stehen.

2013 wurden mithilfe des Bankgeheimnisses weltweit rund 130 Milliarden Steuern hinterzogen. Davon entfielen auf hinterzogene Einkommensteuer 80 Milliarden Euro, auf Erbschaftsteuern 45 Milliarden und auf Vermögensteuern 5 Milliarden Euro.

Zwischen 2013 und Ende 2016 sensibilisieren Offshore-Leaks, Lux Leaks, Panama Papers und Bahamas-Leaks Regierungen und Bevölkerung zunehmend für die Steueroasen-Problematik. Bei leeren Staatskassen dürfen Vermögenswerte von Privatpersonen und Milliardengewinne von Unternehmen nicht länger in Steueroasen

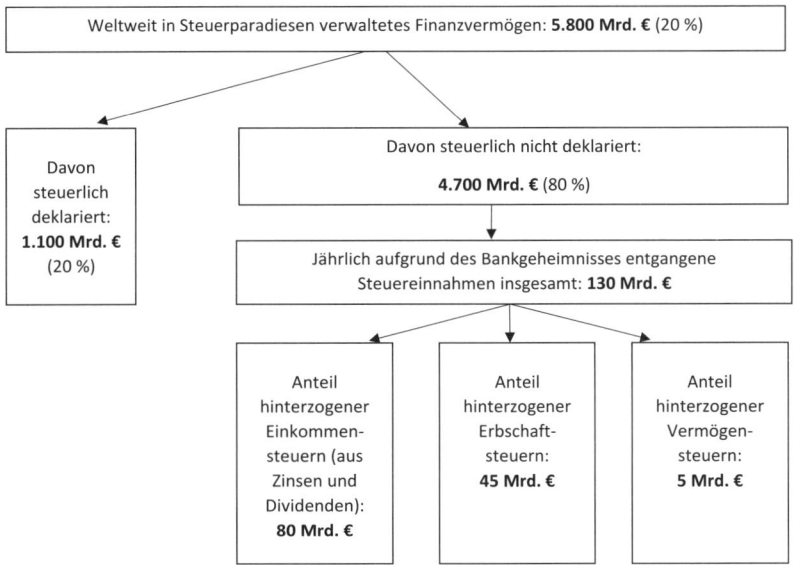

Abb. 12: Das Bankgeheimnis ermöglicht Steuerhinterziehung

unversteuert bleiben. Ein länderübergreifender steuerrelevanter In-
formationsaustausch und verstärkte Kontrollmaßnahmen sind die
Folge. Die Folge sind aber auch über 50 000 Selbstanzeigen allein in
Deutschland sowie Milliarden-Steuernachzahlungen und Strafzah-
lungen von Privatpersonen und Unternehmen. Auf internationalen
Druck hin gibt die Steueroase Schweiz ihr Bankgeheimnis auf. Im
Zuge ihrer Weißgeldstrategie schließt sich die Schweiz den interna-
tionalen Informationsaustausch- und Kontrollmaßnahmen an.

Die Leaks zeigen, dass viele beteiligte Banken nicht aus Panama oder den Bahamas, sondern aus Europa kommen. Aus Luxemburg, der Schweiz, aus Großbritannien oder Deutschland – darunter auch mehrere Landesbanken, die während der Finanzkrise mit
Steuergeldern gerettet werden mussten. Weltweit ist über ein Dutzend der 20 größten Banken in die Skandale verwickelt.

Die Leaks zeigen aber auch, dass man sich als Steuersünder in
keiner Steueroase, bei keiner Bank und bei keinem Provider mehr

vor Enthüllungen sicher sein kann. Denn Whistleblower gibt es überall. Deren Anonymität ist eine Art Lebensversicherung für diese Quellen. Werden sie identifiziert, gelten sie bei Außenstehenden als Verräter, werden von Freunden gemieden und von Feinden verfolgt. Es gibt dramatische Geschichten von Leuten, die Alarm geschlagen haben.

Seit Mai 2014 gelten für Steuersünder, die sich mit einer Selbstanzeige steuerehrlich machen wollen, schärfere Anforderungen. Wer Steuern bis zu 100 000 Euro hinterzogen hat und erst nachträglich entrichtet, muss einen Zuschlag von 10 Prozent zahlen. Bei einem Hinterziehungsbetrag zwischen 100 000 und 1 Million Euro wird ein Strafzuschlag von 15 Prozent fällig. Liegt der Betrag über 1 Million Euro, fällt ein Zuschlag von 20 Prozent an. In allen Fällen der Selbstanzeige müssen lückenlose Angaben über die letzten zehn Jahre gemacht werden.

Mit einer Selbstanzeige ist insgesamt ein legales Vermögen vorhanden. Im Einzelfall sollte daher eine Testamentsänderung nicht vergessen werden. Der Vermögensinhaber muss sich fragen, ob dieses Vermögen ganz normal zwischen Ehepartnern und Kindern verteilt oder einzelnen Personen zugewiesen wird oder ob man bereits etwaige Enkel begünstigt.

Selbstanzeige-Tücken gibt es bei Stiftungs- oder Truststrukturen. Denn zusätzlich zu den oben aufgezeigten Strafen und Steuernachzahlungen kann im Einzelfall auch Schenkungsteuer anfallen: 30 Prozent für Vermögen bis zu 6 Millionen Euro, 50 Prozent bei höheren Beträgen.

2014 lassen die verschärften Regeln und höhere Strafen für Steuersünder die Selbstanzeigen in Deutschland auf über 40 000 steigen. »*Aufgrund der Zahlen müssen wir davon ausgehen, dass immer noch viel Schwarzgeld im Ausland gebunkert ist*«, meint dazu Schleswig-Holsteins Finanzministerin Monika Heinold.

Ende 2014 legen EU und OECD ein Konzept für die Ausgestaltung von Lizenzboxen (IP-Box) vor. Danach dürfen künftig nur Einnahmen auf Basis von Patenten und ähnlich geschützten Rechten steuerlich privilegiert werden, Einnahmen aus Markenrechten nicht. Die Privilegierung setzt eine substantielle Tätigkeit zur Schaffung von Immaterialgütern in dem Staat voraus. Damit dürfen Lizenzeinnahmen künftig nicht mehr steuerlich begünstigt werden. Umstrittener Zweck dieser Steuervergünstigungen ist es, die Steuern besonders multinationaler Unternehmen vermehrt ins eigene Land zu leiten und sie hier zur Förderung von Forschung zu nutzen.

| Staat | Effektiver Steuersatz auf Lizenzeinkünfte (in Prozent) | Regulärer Steuersatz (in Prozent) | Jahr der Einführung |
|---|---|---|---|
| Belgien | 6,8 | 34 | 2007 |
| Frankreich | 15 | 33,33 | 2000 |
| Liechtenstein | 2,5 | 12,5 | 2011 |
| Luxemburg | 5,72 | 29,63 | 2007 |
| Malta | 0 | 35 | 2007 |
| Niederlande | 5 | 25 | 2007 |
| Portugal | 11,5 | 23 | 2014 |
| Schweiz, Kanton Nidwalden | 8,8 | 20,60 | 2011 |
| Spanien | 10 | 30 | 2008 |
| Ungarn | 9,5 | 19 | 2003 |
| Vereinigtes Königreich | 10 | 22 | 2012 |
| Zypern | 2,5 | 12,5 | 2013 |
| Tabelle ergänzt | | | |
| Italien | 15,7 | 31,4 | 2015 |
| Irland | 6,25 | 12,5 | 2016 |

**Verbreitung der Lizenzbox in Europa**
**Datengrundlage: Bundesministerium der Finanzen**

Seit 2015 können multinationale Unternehmen nicht mehr in Irland registriert sein, ohne dort Steuern zu zahlen. Wer bereits profitiert, bekommt eine Übergangsfrist bis 2020. Alle in Irland registrierten Unternehmen müssen seitdem auch ihren Steuersitz in Irland haben. Damit soll künftig das Steuermodell »Double Irish with a Dutch Sandwich« ausgehebelt werden. Eine Strategie zur Steuervermeidung multinationaler Konzerne, durch die auf Gewinne kaum oder keine Steuern gezahlt werden. Apple steht beispielhaft dafür. Dabei werden unter Ausnutzung nationaler Besonderheiten des europäischen Steuerrechts Gewinne über Offshore-Gesellschaften in Länder mit vergleichsweise geringen effektiven Steuersätzen verlagert.

### Beispiel Double Irish with a Dutch Sandwich

Ein US-Unternehmen generiert in Deutschland Umsätze und macht Gewinn, der eigentlich in Deutschland versteuert werden müsste. Um das zu vermeiden, wird ein Teil der Einnahmen von Deutschland als Lizenzgebühr an ein Tochterunternehmen in Irland abgeführt. Der zu versteuernde Gewinn in Deutschland (29,83 Prozent) wird dadurch reduziert, gleichzeitig würde der günstigere irische Steuersatz (12,5 Prozent) anfallen. Damit das nicht passiert, zahlt das irische Tochterunternehmen das von der deutschen Niederlassung erhaltene Geld als Tantiemen an ein weiteres Tochterunternehmen in den Niederlanden. Dadurch wird der zu versteuernde Gewinn in Irland reduziert und durch zusätzliche Steuervergünstigungen die irische Steuerabgabe auf deutlich unter 12,5 Prozent abgesenkt. Das niederländische Unternehmen zahlt das Geld dann an ein zweites Tochterunternehmen in Irland. Da es eine innereuropäische Transaktion ist, fallen keine Abzugsteuern an. Das zweite irische Tochterunternehmen zahlt keine Steuern, da es nur eine Niederlassung eines Unternehmens mit Hauptsitz auf den Bermudas ist. Und da von dort keinerlei Geldtransaktion zum Mutterkonzern in den USA erfolgt, werden auch in den USA keine Steuern fällig. Zum Einsatz kommen dabei Offshore-Gesellschaften.

Mit diesem Konstrukt können internationale Unternehmen ihre Steuerlast in Europa auf ein Minimum reduzieren. Selbst dann, wenn dort der Großteil ihres Gewinns anfällt.

| Land | Steuer-gesetze | Transparenz der Eigen-tumsver-hältnisse | Dokumenta-tion für in-ternationale Vergleiche | Einsatz für international einheitliche Standards |
|---|---|---|---|---|
| Belgien | | | | |
| Dänemark | | | | |
| Deutschland | | | | |
| Frankreich | | | | |
| Großbritannien | | | | |
| Irland | | | | |
| Italien | | | | |
| Luxemburg | | | | |
| Niederlande | | | | |
| Polen | | | | |
| Schweden | | | | |
| Slowenien | | | | |
| Spanien | | | | |
| Tschechien | | | | |
| Ungarn | | | | |

Legende: schwarze Felder: Sehr gut; weiße Felder: Durchschnitt; graue Felder: Sehr schlecht
Wie transparent ist die Unternehmensbesteuerung?

Im Frühjahr 2015 verkündet der Vatikan, dass der Kirchenstaat nicht länger für Steuerhinterziehung Hand bieten will. Damit macht der Vatikan einen weiteren Schritt, seinen Ruf als intransparente Steueroase abzustreifen. Mit Italien wird ein Informationsaustauschabkommen nach OECD-Standard geschlossen. Gleichzeitig sichert sich der Kirchenstaat die Steuerbefreiung seiner Immobilien in Italien.

Anlässlich einer internationalen Tagung zum globalen Wirtschaftssystem fordert Papst Franziskus im gleichen Jahr, dass »*der negative Steuerwettbewerb, Steuerhinterziehung und Korruption ernsthaft bekämpft werden müssen. Es darf auch nicht länger hingenommen werden, dass internationale Konzerne keine angemessenen Steuern zahlen.*«

2015 einigen sich insgesamt 62 Länder auf einen politischen Aktionsplan, der zum Ziel hat, dass Unternehmensgewinne dort besteuert werden, wo die Wertschöpfung stattfindet. Zugleich soll aggressiver Steuerwettbewerb unterbunden werden. Die Maßnahmen des Aktionsplans sollen es Unternehmen schwerer machen, planmäßig die Grundlage zur steuerlichen Einkünfteermittlung zu reduzieren – etwa indem Gewinne zwischen Ländern hin und her geschoben werden.

Im Juli 2015 schafft Zypern steuerlich attraktive Konditionen für Zuwanderer. Sie müssen Zinsen, Dividenden und Mieteinkünfte nicht mehr versteuern. Wer von seinem Vermögen lebt und sonst keine Einnahmen hat, kann sein Leben auf der Insel im östlichen Mittelmeer also völlig frei von fiskalischen Sorgen genießen.

Im Dezember 2015 hebt die Schweiz die anonyme Gold- und Silberlagerung in allen Zollfreilagern auf. Damit fällt auch der mehrwertsteuerfreie Edelmetallkauf innerhalb der Zollfreilager fort.

Wer hätte das gedacht – Ende 2015 erfährt das Liechtensteiner Stiftungsmodell mit 19 000 registrierten Stiftungen einen zaghaften neuen Aufschwung. Schätzungsweise 5 Milliarden Euro sind nach Erkenntnissen der Wirtschaftsprüfungsgesellschaft KPMG allein 2015 aus dem Nachbarland Österreich ins Fürstentum umgeschichtet worden. Nicht Steuerhinterziehung ist dafür der Grund –

Vermögensschutz ist jetzt bei den reichen Familien angesagt. Da bietet sich die liechtensteinische Stiftung geradezu an. Sie bietet ein hohes Maß an Privatsphäre, weitgehende Gestaltungsmöglichkeiten für den Stifter – insbesondere bei der Nachlassplanung, Schutz vor Gläubigerforderungen aus dem Ausland sowie günstige steuerliche Rahmenbedingungen. Schrauben-Tycoon Reinhold Würth, die Haribo-Dynastie Riegel, die Familien derer von und zu Guttenberg oder der Salzburger Automogul Ferdinand Piëch wissen das neue Stiftungskonstrukt längst zu schätzen.

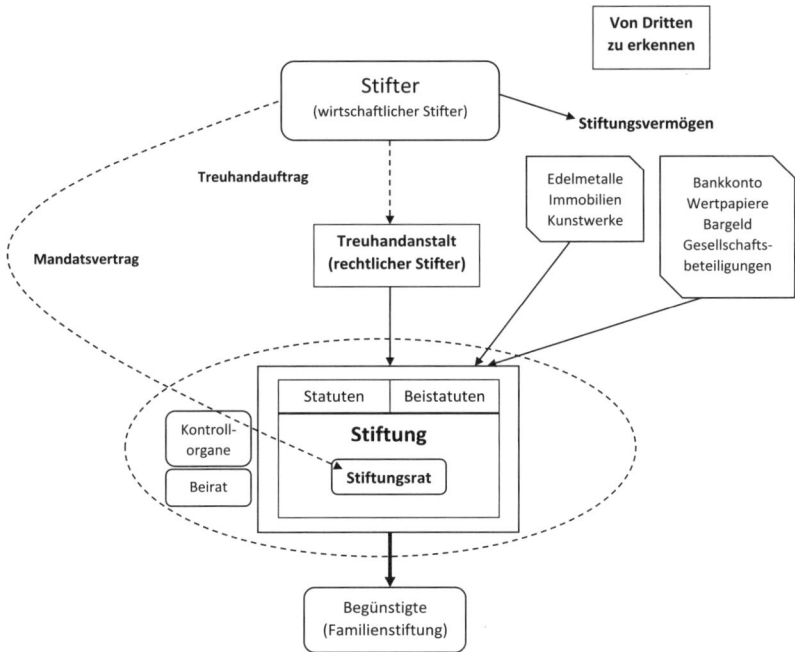

**Abb. 13: Schematische Darstellung der liechtensteinischen Stiftung**

Ende 2015 beklagt der Schattenfinanzindex von Tax Justice Network die Doppelmoral der USA, die sich in den letzten Jahren »*zu einem der führenden Umschlagplätze für Schwarzgeld entwickelt haben*«. Die

USA stellen laut der Studie eine »*ernsthafte Bedrohung für aufkommende Transparenzinitiativen*« dar. Die USA fordern zwar Transparenz von anderen Ländern, verweigern sich aber, Informationen auch in die andere Richtung zu geben. Die Negativliste beginnt mit der Schweiz, gefolgt von Hongkong und den USA, Singapur und den Cayman Islands. Deutschland nimmt im Ranking Rang acht ein – noch hinter dem Libanon:

In Deutschland werden vor allem Immobilien als Geldversteck genutzt. Eine Studie des Bundesfinanzministeriums bezeichnet den Markt als »Hochrisikobereich für Geldwäsche«. Geldwäsche außerhalb des Bankensystems könnte in Deutschland bis zu 30 Milliarden Euro jährlich ausmachen, heißt es in der Studie. Trotz dieser Erkenntnis hat die Regierung bisher nichts unternommen, um mehr Transparenz auf dem Immobilienmarkt zu schaffen.

Ende 2015 beträgt das Vermögen der Reichsten der Reichen, der Ultra High Net Worth Individuals (UHNWI), nach Analysen von Boston Consulting Group und Knight Frank weltweit rund 19,3 Billionen Dollar. Davon entfallen auf Nordamerika 6 928 Milliarden Dollar, auf Europa 4 619, auf Asien 4 313, auf Südamerika 997, auf den Nahen Osten 980, auf Russland und die GUS-Staaten 702, auf Australien und Ozeanien 417 sowie auf Afrika 301 Milliarden Dollar. Seit der Finanzkrise konzentriert sich das Kapital noch stärker als früher in den Händen einer kleinen Minderheit. Laut aktuellem Oxfam-Bericht gehört dem reichsten Prozent der Weltbevölkerung die Hälfte des globalen Privatvermögens. Wie viel davon in Steueroasen geparkt oder von dort über Offshore-Gesellschaften steuergünstig verwaltet wird, ist nicht bekannt.

| 256 Billionen Dollar beträgt das private Vermögen auf der Welt. Davon besitzen: | |
| --- | --- |
| 140 000 Personen | mehr als 50 Millionen Dollar |
| 1,5 Millionen | 10–50 Millionen Dollar |
| 2,5 Millionen | 5–10 Millionen Dollar |

| 29 Millionen | 1–5 Millionen Dollar |
|---|---|
| 365 Millionen | 100 000–1 Million Dollar |
| 897 Millionen | 10 000–100 000 Dollar |
| 3,6 Milliarden | weniger als 10 000 Dollar |
| **Gleichzeitig gibt es 33 Millionen Millionäre auf der Welt. Davon leben in:** | |
| USA | 13,6 Millionen |
| Japan | 2,8 Millionen |
| Großbritannien | 2,2 Millionen |
| Deutschland | 1,6 Millionen |
| China | 1,6 Millionen |
| Schweiz | 0,7 Millionen |

Wem das weltweite Privatvermögen gehört

Anfang 2016 zeigt Großbritannien, dass die Bekämpfung von Geldwäsche auch anders geht. Dort besitzen ausländische Unternehmen rund 100 000 Immobilien, mehr als 44 000 davon allein in London. Etwa 90 Prozent dieser Immobilien gehören Offshore-Gesellschaften aus Steueroasen, wie Transparency International ermittelt hat. Nicht immer, aber häufig steckt hinter dieser Offshore-Gesellschaft dubioses Geld dubioser Menschen. Und zu verstecken gibt es viel, allein schon Schmiergeld. Eine Studie des IWF schätzt, dass jedes Jahr Bestechungsgelder im Wert von 2 Prozent der weltweiten Wirtschaftsleistung gezahlt werden. Ein Teil davon fließt über Steueroasen in den Kauf von Immobilien in Großbritannien:

Wer künftig Immobilien in Großbritannien kauft, soll sich nicht mehr hinter anonymen Scheinfirmen in Steueroasen verstecken können. Ausländische Unternehmen, die Häuser erwerben wollen, müssen vorher in einem öffentlichen Register hinterlegen, wer letztlich Eigentümer und Profiteur der Gesellschaft ist. Und ausländische Unternehmen, die bereits Immobilien besitzen, sollen nachträglich ihre Eigentümer im öffentlichen Register angeben. *»Wir werden auf dem Immobilienmarkt aufräumen und eine klare Botschaft an die Korruption dieser Welt senden, dass hier kein Platz für sie ist«*, heißt es dazu von Regierungsseite.

2016 leben allein in London 77 Milliardäre. Wie sie müssen auch andere vermögende Ausländer als sogenannte Non-doms ihre Einkünfte, die sie außerhalb Großbritanniens erzielen, nur versteuern, wenn sie das Geld auf die Insel überweisen. Seit 2007 ist dafür nach sieben Jahren eine Pauschalsteuer in Höhe von 30 000 Pfund pro Jahr fällig, die danach schrittweise auf 90 000 Pfund steigt. Für viele Ausländer auch 2017 noch ein Schnäppchen.

Als im April 2016 die Panama Papers veröffentlicht werden, bezeichnet die darin verstrickte Kanzlei Mossack Fonseca die Veröffentlichung als Verbrechen. *»Das ist ein Angriff auf Panama, weil es gewissen Ländern nicht gefällt, dass wir so erfolgreich beim Anwerben von Unternehmen sind.«* Die Kanzlei ist zu diesem Zeitpunkt seit 40 Jahren im Geschäft und hat bislang fast 240 000 Offshore-Firmen gegründet. Einige davon sollen der Kanzlei zum Verhängnis werden. Es geht um einen milliardenschweren Bestechungsskandal in Südamerika mit dem die beiden Gründer der Kanzlei Mossack Fonseca wegen Schmiergeldzahlungen über Briefkastenfirmen in Verbindung gebracht und im Februar 2017 von dem panamaischen Behörden verhaftet werden.

Im Zuge des Panama-Papers-Leak plant das deutsche Bundesjustizministerium ein Transparenzregister, in dem Offshore-Firmen ihre wahren Eigentümer offenlegen müssen. *»Offshore-Firmen, bei denen die wirtschaftlich Berechtigten anonym bleiben«*, dürfe es nicht länger geben. Doch mit einem nationalen Transparenzregister wird Offshore-Gesellschaften etwa aus der Karibik oder Panama kaum beizukommen sein.

Das Geldwäschegesetz (GwG) verpflichtet viele Unternehmen zur Mitwirkung bei der Geldwäschebekämpfung. Seit Juni 2016 gelten zusätzliche Identifizierungspflichten. Künftig muss nicht nur der Vertragspartner, sondern auch die für diesen auftretenden Person identifiziert werden (§§ 3 Abs. 1 Nr. 1, 4 Abs. 3 u. 4 GwG).

Diese Pflichten gelten u.a. auch für den Handel mit Wirtschaftsgütern bei einer Bargeldannahme ab 15 000 Euro.

2016 veröffentlicht die EU-Kommission eine neue schwarze Liste mit 30 Steueroasen. Da dies erhebliche Lücken aufweist, soll es 2017 eine überarbeitete Liste geben.

2016 stellt die EU-Kommission fest, dass das US-Unternehmen Apple in den vergangenen Jahren auf seine über Irland eingesammelten Unternehmensgewinne nur 0,005 Prozent Steuern gezahlt hat. Apple soll 13 Milliarden Euro Steuern nachzahlen. Doch Irland will das Geld nicht. Das Land fürchtet um seinen »guten Standortruf« und um Tausende Arbeitsplätze. Während sich innerhalb der EU noch Kommission und Regierungen uneins sind, wie derartige Steuernachforderungen aus der Vergangenheit länderspezifisch zu behandeln sind, stellen zur selben Zeit die Staats- und Regierungschefs auf dem G20-Gipfel im chinesischen Hangzhou fest, dass Steuerflucht trotz aller internationalen Gegenmaßnahmen weltweit weiter zunehmen wird. Die Folge:

**So mancher Steueroase geht es heute besser denn je. Das geschickte Ausnutzen von Doppelbesteuerungsabkommen unter Einschalten von Steueroasen spielt dabei eine zentrale Rolle.**

Auch bleibt die Schweiz mit einem verwalteten Vermögen von über 2 Billionen US-Dollar unangetastet der weltweit wichtigste Finanzplatz – 14 Prozent mehr als 2008. Die Schweiz liegt damit noch vor Großbritannien (1,7 Billionen USD), den USA (1,4 Billionen USD) sowie den Steueroasen der Karibik und Panama (0,9 Billionen USD). Es folgen Hongkong und Singapur.

2016 veröffentlicht das Tax Justice Network eine Übersicht über die Anzahl von Unternehmen pro Kopf der Bevölkerung ausgewählter Länder und Steueroasen. Absoluter Spitzenreiter sind die British Virgin Islands mit 14,73 Unternehmen (s. Seite 51)

2016 kündigt Niedersachsens Finanzminister Peter-Jürgen Schneider an: »*Wir werden den Kurs gegen Steuerbetrug konsequent fortsetzen.*« Und NRW-Finanzminister Norbert Walter-Borjans empfiehlt auch Banken, »*endlich reinen Tisch zu machen.*« Die haben zu diesem Zeitpunkt wegen ihrer Beihilfe zum Steuerbetrug, der Vermittlung von Offshore-Gesellschaften in Steueroasen und der Bereitstellung von Schwarzgeldkonten an den deutschen Fiskus schon rund eine Milliarde Euro an Strafen gezahlt. Gegen viele Finanzinstitute wird noch ermittelt.

Gleichzeitig will Finanzminister Wolfgang Schäuble Komplizen von Steuersündern das Leben erschweren. Anwälte, Unternehmensberater und Steuerfachleute, die hochkomplexe Steuersparmodelle entwickeln und ihren Kunden helfen, Steuern zu minimieren, sollen verpflichtet werden, diese Konstrukte ohne weitere Aufforderung den zuständigen Behörden und Finanzämtern zu melden. Dadurch erhofft sich das Finanzministerium, schneller reagieren und entsprechende Lücken in der Gesetzgebung schließen zu können. Auch soll die Anzeigepflicht grenzüberschreitend dazu beitragen, Unterschiede in den Steuersystemen von Staaten transparenter zu machen, um zu erkennen, wie diese ausgenutzt werden. Das betrifft vor allem Gewinnverschiebungen großer Konzerne in Steueroasen.

2017 endet in vielen Ländern das Bankgeheimnis, es beginnt der automatische Informationsaustausch über Bankdaten. 101 Länder wollen sich daran beteiligen, auch die Schweiz. Doch das große Geld ist von dort längst in andere Steueroasen gezogen, wo Schweizer Vermögensverwalter Tochtergesellschaften besitzen. Nach Singapur, auf die Channel Islands oder die Cayman Islands in der Karibik. Das Geld bleibt somit bei der Bank – in welcher Steueroase auch immer, spielt in Zeiten der Globalisierung keine Rolle.

Doch geht es um Geldwäsche, müssen die Finanzminister auch Anfang 2017 ohnmächtig zusehen, wie im Fürstentum Liechtenstein nur ein paar Hundert Meter von der österreichischen Grenze entfernt – und damit zur EU – in Eschen ein Megatresor für Superreiche, Kriminelle und Geldwäscher öffnet:

Hier können sie Sachanlagen wie Gold, Oldtimer, Kunst, Antiquitäten oder Weine in einem Hochsicherheitsbunker einlagern. Denn immer mehr dieser Klientel haben wegen der tiefen Zinsen und der anhaltenden Verunsicherung an den Finanzmärkten in den vergangenen Jahren verstärkt in Sachanlagen diversifiziert. Damit reiht sich Liechtenstein in die Reihe jener Länder ein, die mit steuerfreien Zollfreilagern Geschäfte machen: die Schweiz, Luxemburg, Singapur, Hongkong oder Dubai. Der Wert der in diesen Lagern gebunkerten Vermögenswerte geht in die Milliarden. Fragen muss man sich, warum Zollfreilager immer in (ehemaligen) Steueroasen ansässig sind.

2017 startet der automatische Informationsaustausch über Zinseinkünfte zwischen 101 Ländern und Territorien. Zeit, in Deutschland intensiver über die Abschaffung der Abgeltungsteuer in Höhe von 25 Prozent nachzudenken. Die Bürger müssten dann wieder ihren persönlichen Steuersatz zahlen, der in der Regel höher ausfällt. Das Finanzministerium verspricht sich davon Steuermehreinnahmen von etwa 2 Milliarden Euro. Eine Abschaffung wird aber nicht vor der nächsten Bundestagswahl erfolgen.

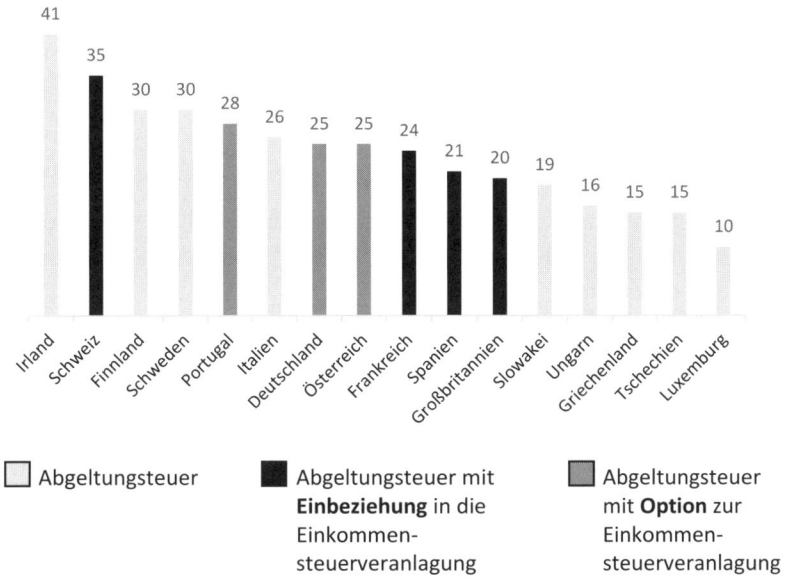

Abb. 14: **Quellensteuer auf Zinsen – von ansässigen natürlichen Personen Datengrundlage: Bundesministerium der Finanzen**

Ende Januar 2017 verabschiedete das Bundeskabinett einen Gesetzentwurf, der konzerninterne Steuervermeidungsmodelle erschweren soll. Damit soll der Gewinnverlagerung über Patentboxen zur reinen Steuergestaltung wie bei Apple, Ikea oder Starbucks ein Riegel vorgeschoben werden. Mit der Einführung einer »Lizenzschranke« soll die Absetzbarkeit von Lizenzgebühren beschränkt und damit unattraktiv gemacht werden. Ab 2018 kann nur noch ein bestimmter Anteil davon als Ausgabe bilanziert werden. Wie hoch der ist, hängt vom Sitz des internationalen Konzerns ab, an den die jeweilige Lizenzgebühr überwiesen wird. Der Steuersatz errechnet sich aus der Differenz des theoretischen Steuersatzes in Deutschland und dem tatsächlich berechneten Steuersatz im Land des Konzernsitzes. Bei der Anwendung der Lizenzschranke gibt es jedoch Einschränkungen.

Ab 2017 verpflichtet die EU alle Mitgliedsstaaten, auf nationaler Ebene ein Unternehmensregister zu schaffen, aus dem der wahre Eigentümer einer Firma hervorgeht – ein Transparenzregister. Noch ist offen, wer am Ende die Daten einsehen darf. Damit wäre Europa Vorreiter, was den freien Zugang zu Firmeninformationen angeht. Doch bis es tatsächlich so weit ist ...

## 2017

- fließt mehr als die Hälfte des Welthandels durch Steueroasen,
- wird über die Hälfte aller Bankvermögen weltweit über Steueroasen verwaltet,
- werden über 80 Prozent aller internationalen Bankgeschäfte und Anleiheemissionen über Steueroasen gesteuert,
- wird ein Drittel aller weltweiten Direktinvestitionen multinationaler Unternehmen über Steueroasen geleitet,
- sind die 500 umsatzstärksten Unternehmen weltweit mit Tochtergesellschaften in Steueroasen vertreten,
- fließen jährlich rund 20 Billionen Dollar durch niederländische Offshore-Gesellschaften, zwanzig Mal mehr als das BIP der Niederlande,
- entspricht das Bilanzvolumen der Steueroasen einem Drittel des weltweiten Bruttoinlandsprodukts,

- fährt zwei Drittel der weltweiten Handelsflotte unter der Flagge von Steueroasen, allen voran Panama, Honduras und Liberia,
- sind auf den Cayman Islands über 10 000 Hedgefonds mit einem verwalteten Vermögen von über 2 Billionen Dollar beheimatet,
- werden von den über 3 700 Fonds in Luxemburg rund 2,5 Billionen Euro verwaltet,
- sind allein im US-Staat Delaware über 1 Million Offshore-Gesellschaften registriert, über 220 000 davon bei einer einzigen Anwaltskanzlei in Wilmington,
- parken US-Unternehmen über 2 Billion Dollar erzielte Gewinne in Steueroasen, um der Besteuerung in den USA zu entgehen,
- haben vermögende Chinesen über 3 Billion Dollar an Schwarzgeld in Steueroasen gehortet,
- werden die durch Steueroasen verlorenen Steuereinnahmen der Entwicklungs-, Schwellen- und Industrieländer auf jährlich rund 1 Billion Dollar geschätzt,
- entgehen diesen Ländern durch Geldwäsche, Steuerhinterziehung und Offshore-Transaktionen auch in diesem Jahr wieder rund 250 Milliarden Dollar,
- liegt die Kapitalflucht in diesem Jahr nach Schätzungen der *Financial Times* weltweit bei rund 500 Milliarden Dollar.

Das zeigt, dass in den Steueroasen vorrangig das Geschäft, nicht der steuerliche Aspekt zählt. Dabei sind Steueroasen in vielerlei Hinsicht ein fiktiver Raum. Denn die Gesellschaften, die dort registriert sind, dürfen in der Regel in der Steueroase selbst geschäftlich überhaupt nicht tätig sein.

Steuer-CDs, Swiss Leaks, Lux Leaks, Bahamas-Leaks, Panama Papers – zu befürchten ist, dass all die Veröffentlichungen nicht so viel bringen:

- weil sich das Kapital immer wieder neue Wege sucht;
- weil die Vermögenden und Unternehmen unbelehrbar sind;
- weil sie und ihre Banken und Wirtschaftskanzleien andere Mittel und Wege finden, um das zu tun, was sie im letzten Jahr-

hundert immer getan haben: Geld verstecken, schwarze Kassen anlegen, Geld waschen.

Doch das ist nur die halbe Wahrheit: Viele Steueroasen und Finanzfestungen sind nach diesen Leaks keine Festungen mehr.

Die Wucht von Terabytes-Daten in den letzten Jahren hat Löcher in die Mauern der Steueroasen-Welt geschlagen. Viele klassische Steueroasen sind heute keine richtigen Oasen mehr. Der öffentliche Druck hat ihnen zugesetzt. Und auch die Steueroasen, die heute noch als sicher gelten, sind es möglicherweise morgen nicht mehr. Weil niemand, der dorthin sein Geld transferiert, sich darauf verlassen kann, dass nicht durch neue Lecks Datenmassen an Journalisten, Staatsanwaltschaften und Finanzbehörden fließen. Die neuen Techniken haben Geldverschiebereien über Landesgrenzen hinweg leicht gemacht. Sie haben aber auch das Entdeckungsrisiko für illegale Transaktionen weltweit potenziert.

Bis zum Anfang des dritten Jahrtausends verschoben die »kleinen Leute« ihr Geld nach Luxemburg, die größeren in die Schweiz, die noch größeren nach Liechtenstein und die ganz großen nach Panama oder auf die Bahamas. Das funktioniert heute nicht mehr. Warum?

- Luxemburg tut heute das, was es vor zehn Jahren noch nicht getan hat: Es leistet Rechtshilfe bei Steuerhinterziehung.
- Die Schweiz tut das nicht mehr, wofür sie sich noch vor wenigen Jahren gepriesen hat: Ihre Banken sind nicht mehr Schweizer Garde für die Kleptokraten dieser Welt. Das Schweizer Bankgeheimnis, das einst die eigentliche Verfassung der Schweiz war, ist zumindest für Europäer und US-Bürger gelüftet.
- Das Fürstentum Liechtenstein ist immer noch klein, aber so einfach wie noch in den letzten Jahrzehnten ist es seit der Zumwinkel-Affäre 2008 nicht mehr, dort mit unredlichen Geldern redliche Stiftungen zu gründen.

116

So manche Vermögende haben in den letzten Jahren erfahren müssen, dass es für sie lukrativer gewesen wäre, sie hätten ihr Geld bei der Sparkasse nebenan angelegt. Nicht nur, weil sie in den letzten Jahren aufgeflogen sind oder Selbstanzeige gestellt haben. Sondern auch deshalb, weil es sich gezeigt hat, wie Banken im Ausland mit dem Geld ihrer Kunden ihren Reibach machen. Denn bevor das einen sicheren Hafen findet, haben die Banken es erst einmal über eine Kaskade von Provisions- und Kostenstellen gejagt. Die Banken wussten ja, welche (schwarzen) Gelder ihnen da anvertraut wurden. Sie hatten ihre Kunden damit fest im Griff – und die hatten gar keine Chance, sich gegen diese Provisions- und Gebührenschneiderei zu wehren. Hauptsache, ihr Geld war aus der Heimat raus und sicher im Ausland geparkt. Den Schweizer Banken ging es seit den 1980er-Jahren bis Mitte 2000 wirtschaftlich nicht umsonst so gut.

Doch Steuer-CD-Daten hin, Bahamas-Leaks her – so manche staatliche Erregung über Panama & Co. ist heuchlerisch. Und zwar weil viele Staaten, die solche Praktiken an den Pranger stellen, nach wie vor Vermögenden und Unternehmen selbst solche Praktiken anbieten:

Die USA beispielsweise in den Bundesstaaten Nevada, Wyoming, Delaware oder Florida. Hier finden Steuerhinterzieher auch heute noch alle nur denkbaren Möglichkeiten, auf Kosten ihrer Heimatländer Steuern zu sparen, Geld zu verstecken oder zu waschen. Den dabei involvierten Banken ist es in der Regel egal, aus welchen Quellen die von ihnen verwalteten Gelder stammen.

Was für viele europäische Steuerhinterzieher einst *Zürichs Bahnhofstraße* war, heißt heute Brickel, Miamis Finanzdistrikt mit über 300 Banken.

Auch weigern sich die USA 2016/2017 immer noch, steuerrelevante Daten von Ausländern an deren Finanzbehörden in der Heimat herauszugeben.

**Das zeigt, dass der von vielen Staaten und Organisationen angeprangerte »Steueroasen-Sumpf« auch heute noch ein »Sumpf« ist. Der ist in der Tat aber nicht mehr so gefahrlos zu betreten wie früher.**

Ausgetrocknet ist dagegen das sogenannte Tafelgeschäft, die Steueroase des kleinen Mannes in der Heimat. Ein Geschäftsmodell, das wohl zu den obskursten Aktionen deutscher Banken zur Steuerumgehung gehörte. Das Prinzip:

- Statt Wertpapiere einfach im Depot zu halten, ließen sie sich manche Kunden physisch ausliefern. Zusammen mit den Papieren kamen dann auf weiteren Bögen die Coupons. Die konnten die Kunden zu den Fälligkeitsterminen von Ausschüttungen mit der Schere abtrennen und den Gegenwert direkt am Bankschalter abholen.

Der Trick:
- Adressen, Namen oder Kontonummer wurden dabei nicht erfasst – die Kunden nahmen das Geld einfach in bar mit. Das Finanzamt bekam von diesen Zahlungen nichts mit, darum waren Tafelgeschäfte für den Fiskus ein stetes Ärgernis – zumal sich auf diese Weise über viele Jahre auch trefflich Schwarzgeld anlegen ließ.

Tafelgeschäfte spielten in den letzten Jahren in den Banken zwar keine große Rolle mehr, der Gesetzgeber hat aber erst Ende 2016 Fondsanteile in gedruckter Form formell für kraftlos erklärt. Seitdem können die Papiere nur noch in einem Depot gutgeschrieben werden. Das Gesetz gilt jedoch nicht für Aktien.

# III.
# WIE DIE WELT
# DER STEUEROASEN
# FUNKTIONIERT

## BITCOIN – EINE STEUEROASE FÜR JEDERMANN?

Doch während die Finanzminister auf ihrem G20-Gipfel in Washington im Frühjahr 2016 noch beraten, um eine neue Jagd auf Steuerflüchtlinge zu starten, und sich darauf verständigen, den Steueroasen den Garaus zu machen, haben gewiefte Zeitgenossen längst neue Schlupflöcher entdeckt. Denn wer heute Steuern vermeiden will, braucht keine Steueroase, sondern nur das Internet. Bitcoin, die digitale Währung, macht Steuervermeidung möglich.

Dass virtuelle Währungen dazu geeignet sind, hat der Internationale Währungsfonds schon Anfang 2016 erklärt. Und zwar in einer Randbemerkung zu einer Studie, die kaum jemand wahrgenommen hat. Nun legen auch internationale Steuerexperten nach: *»Virtuelle Währungen wie Bitcoin können das neue Modell sein, um Steuerbelastungen zu reduzieren und vor allem der Hochbesteuerung zu entkommen«*, sagt Tina Ehrke-Rabel, Professorin an der Universität Graz. Derzeit, so die Leiterin des dortigen Instituts für Finanzrecht der Rechtswissenschaftlichen Fakultät, sondieren Vermögende noch, inwieweit ihnen das Ausweichen auf Bitcoin nützlich sein kann. Aber auch Normalsteuerzahler, für die eine Offshore-Gesellschaft in weiter Ferne liegt, können mit Bitcoin der Steuerlast entgehen. »*Das Steuerrecht ist auf so etwas nicht vorbereitet. Die Finanzbehörden können gegen solche virtuellen Zahlungsströme vor allem deshalb nichts ausrichten, weil sie von nichts wissen.*« Es gibt kaum einen sichereren Weg als über virtuelle Währungen, um Vermögen zu verschleiern.

Voraussetzung dafür ist, dass man in der Lage ist, sich auf eine abstrakte und daher schwer nachvollziehbare Währungswelt einzulassen. Denn bei Bitcoin handelt es sich nicht um staatliches Geld, das von einer Notenbank herausgegeben und in ihrem Auftrag gedruckt wird. Bitcoins werden von einer Computersoftware hergestellt und von einer dezentral organisierten Nutzergemeinschaft verbreitet. Wer Bitcoin erwirbt, erhält keine Münzen und Scheine, sondern eine verschlüsselte Form von Ziffern und Zeichen.

## Bitcoin ist eine Kryptowährung

Das Reizvolle an der Währung ist, dass sie keinerlei Spuren hinterlässt. Zumindest so lange nicht, wie der Bitcoin-Besitzer in persona nicht mit seinem privaten Passwort in Verbindung gebracht wird. Und das besteht aus 51 Zeichen und ist unmöglich zu knacken. Es ermöglicht, Transaktionen aller Art vorzunehmen. Um an sein Geld zu kommen, muss niemand mehr nach Panama oder auf die Cayman Islands fliegen, sondern kann das vor dem heimischen Computer per Mausklick erledigen. Man kann sich sein Passwort selbst in verschlüsselter Form per E-Mail schicken, geht dann »nackig« durch den Zoll und niemand kann einem nachweisen, dass Vermögen außer Landes gebracht wird. Auch ist es möglich, Bitcoin-Zahlungsströme im Internet nachhaltig über sogenannte »Mixer« zu verschleiern. Dabei werden Beträge über eine unverdächtige Bitcoin-Adresse so lange hin und her geschoben, bis niemand mehr weiß, wer legales oder illegales Geld eingezahlt hat. Zwar versuchen Ermittlungsbehörden, den Steuerhinterziehern im Internet auf die Schliche zu kommen. Doch die beste Analysesoftware nützt nichts, wenn nicht an irgendeiner Stelle Personendaten ins »Spiel« kommen.

Jetzt, da womöglich Steueroasen wie die British Virgin Islands oder die Bahamas trockengelegt werden sollen, könnte der Zeitpunkt gekommen sein, an dem die virtuelle Währung auch in der Mitte der Gesellschaft ankommt. Steuerexperten werden dafür sorgen, dass bei Vermögenden und Kriminellen immer mehr in den Fokus kommen wird, dass es mit Kryptowährungen das ehemalige Schweizer Nummernkonto oder das österreichische Bankgeheimnis in Reinform gibt. Schon heute wird der überwiegende Teil der vorhandenen Bitcoins gehortet. Steuerbehörden bleibt bis auf Weiteres nichts anderes übrig, als zuzuschauen. Und wenn sie sich dann doch irgendwann einmal mit virtuellen Währungen beschäftigen, dann wird es vor allem um den Kampf gegen Geldwäsche gehen.

Deutschland, Frankreich und Belgien haben gemeinsam eine Initiative der EU angestoßen, um Umtauschplattformen für virtuelle Währungen künftig mehr zu regulieren und sie dadurch transparenter zu machen. Obwohl es damit den Geldwäschern an den Kragen gehen soll, könnte die angestrebte Richtlinie einen Nebeneffekt haben: Sie könnte dazu führen, dass auch potenzielle Steuerhinterzieher abgeschreckt werden.

Derzeit erfordert es allerdings auch einigen Mut, große Beträge in Bitcoin zu investieren. Denn die Kryptowährung hat in ihrer gerade mal siebenjährigen Geschichte schon so manche Wertschwankungen und Abstürze hinter sich, wie sie auf dem Devisenmarkt so gut wie gar nicht vorkommen. In einer virtuellen Steueroase könnte es also passieren, dass ein Großteil des geparkten Geldes schnell mal futsch ist. So wie im Februar 2014, als die japanische Handelsplattform Mt. Gox zusammenbrach und plötzlich Bitcoins im Wert von mehr als 300 Millionen Euro verschwanden. Infolgedessen verlor die Bitcoin-Währung, die zwischenzeitlich auf 1 000 Euro je Bitcoin gestiegen war, zwei Drittel ihres Wertes.

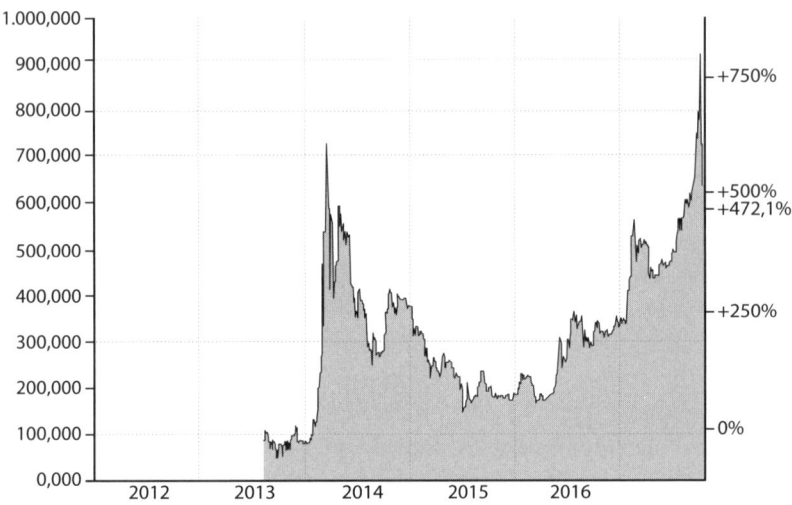

**Abb. 15: Bitcoin-Wertentwicklung**

Doch trotz aller Warnungen könnte jemand, der langfristig einen Teil seines Vermögens vor dem Fiskus verbergen will, mit Bitcoin gut bedient sein. Nämlich dann, wenn die Kryptowährung weiterhin an Anerkennung gewinnt, sich stabilisiert und die Kursschwankungen prozentual deutlich geringer sind als der Steuersatz im Heimatland des Steuerpflichtigen. Denn wenn jemand 50 Prozent Steuern sparen möchte, dann kann er vermutlich mit einer Volatilität von 30 Prozent gut leben. Und wer weiß, vielleicht kommt der Tag, an dem Bitcoin als Zahlungsmittel von weiten Teilen der Gesellschaft anerkannt und genutzt wird. Ende 2016 hat die Kryptowährung ein Seriositätssiegel bekommen:

- Die größte Optionsbörse CME aus Chicago hat Indizes für Bitcoin eingeführt und will so den Preis und die Preisschwankungen transparenter machen. An Handelstagen veröffentlicht die CME nun jede Sekunde aktualisierte Bitcoin-Preise. Und der CME-Rivale Intercontinental Exchange will Bitcoin-Preise in Echtzeit veröffentlichen.

- Schon jetzt kann man beispielsweise bei der Schweizer Bank SBB an mehr als 1000 Geldautomaten Bitcoin ziehen.
- Mehr als 40 Großbanken haben sich zu einem Testprojekt sogenannter »distributed ledgers« zusammengeschlossen.
- Einzelne Industriekonsortien erproben die Kryptowährung für Transaktionen oder im Wertpapierhandel.

Bereits Ende 2015 hatte der Europäische Gerichtshof entschieden, dass der Umtausch von Bitcoin in staatliche Währungen wie den Euro von der Umsatzsteuer befreit bleiben muss.

Eine solche Gleichstellung hält die Steuerrechtsprofessorin Ehrke-Rabel für gefährlich. *»Denn würden künftig viele Menschen mit Bitcoin bezahlen – Einkäufe, Hotelübernachtungen, Taxifahrten etc. –, entstünde eine Parallelwirtschaft, die der staatlichen Kontrolle vollends entzogen wäre.«* Als Ausweg für den Fiskus bleibt nur eine komplette Änderung des Steuerrechts.

## VERSCHWORENE STEUEROASEN-WELT – OHNE NETZWERK GEHT ES NICHT

Die Welt der Steueroasen und Offshore-Finanzzentren lässt sich in vier große Zonen einteilen:

- Die europäischen Steueroasen und Offshore-Finanzplätze mit der Schweiz, Luxemburg, Malta, Zypern etc.
- Die britische Zone mit dem Zentrum City of London, den Channel Islands, den British Virgin Islands, den Bahamas, den Cayman Islands, Hongkong, Singapur etc., die die ganze Welt umspannt.
- Die von den USA beeinflusste Zone mit den US-Bundesstaaten Delaware, Nevada und Wyoming, den Offshore-Plätzen in der Karibik, dem Geldwäscheparadies Panama bis hin nach Liberia auf dem afrikanischen Kontinent.
- Dazu kommen Steueroasen-Exoten wie Somalia, Uruguay, Nauru, Niue oder Vanuatu etc.

Das zeigt, dass das weltweite Steueroasen- und Offshore-System nicht nur aus unabhängigen Destinationen oder Ländern besteht. Es handelt sich vielmehr um netzartig angeordnete Einflusszonen, die von mächtigen Staaten kontrolliert und gesteuert werden – vor allem von Großbritannien und den USA. Dabei ist jedes dieser Netzwerke auf das Engste mit allen anderen verbunden.

**Das Geschäft der Steueroasen besteht im Kern darin, den Weg, den Kapital- und Gewinnströme über Ländergrenzen hinweg nehmen, künstlich so zu manipulieren, dass diese letztlich unversteuert bleiben. Steueroasen sind wie eine Werkstatt, in der statt Motoren Bilanzen frisiert werden. Dabei sind Steueroasen nie die einzige Story. Steueroasen existieren immer nur in Verbindung zu etwas, das anderswo passiert. Das Verschwindenlassen von Unternehmensbilanzen gehört dazu.**

Innerhalb des Systems kämpft jede Steueroase dagegen an, im Vergleich zu anderen nicht ins Hintertreffen zu geraten. Dazu nehmen sie häufig auch größere Volkswirtschaften in unmittelbarer Nähe ins Visier:

- Die Finanzdienstleister in der Schweiz hatten zunächst reiche Steuerflüchtlinge aus Deutschland, Frankreich, Großbritannien oder Italien im Fokus, ehe sie mit Ende der 1990er-Jahre mit Niederlassungen in Hongkong und Singapur auf Kundenfang in Asien aufbrachen.
- Die Steueroase Andorra in den Pyrenäen ist Ziel für reiche Franzosen und Spanier.
- Über Malta wickelt die Finanzelite aus Nordafrika ihre Geschäfte ab.
- Zypern ist fest in russischer Investorenhand. Zypern ist größter ausländischer Investor in Russland.
- Die Steueroasen der Karibik ziehen Reiche und Unternehmen gleichermaßen aus Nordamerika und immer häufiger auch aus Asien, vor allem China, an.
- Auf dem Weg nach Indien wickeln europäische Investoren ihre Transaktionen immer öfter über Mauritius ab.

Wie Mauritius haben sich beispielsweise auch die Niederlande als reine Durchgangsoase für Kapitalflüsse (conduit havens) spezialisiert (s.o.). Hier werden Identität und Eigenschaften von Vermögenswerten über Offshore-Gesellschaften verändert, bevor diese dann rund um den Globus für Geschäfts- oder Investitionszwecke weitergeleitet werden. Auch in den Heimatländern der Vermögensinhaber selbst, wie das Beispiel Zypern – Russland zeigt. Dabei wird das in Offshore-Gesellschaften in Zypern eingebrachte Geld über London von einer anderen Offshore-Gesellschaft als Kredit zurück nach Zypern und von dort nach Russland geleitet. Ähnlich arbeiten chinesische Investoren, indem sie für Investitionen in der Heimat den Umweg über die British Virgin Islands machen. Die Inseln in der Karibik sind mit 60 Prozent mittlerweile größter Investor in China.

Während Vermögende bei ihren Offshore-Aktivitäten zur Verschleierung von Vermögenswerten häufig Stiftungen und Trusts einsetzen, haben sich für unternehmensbezogene Offshore-Aktivitäten über alle Steueroasen hinweg Holdingstrukturen durchgesetzt.

| Ausgewählte Steueroasen | Zahl der dort registrierten Offshore-Gesellschaften |
|---|---|
| Delaware | über 1 Million |
| Hongkong | über 1 Million |
| British Virgin Islands | 600 000 |
| Panama | 200 000 |
| Bahamas | 176 000 |
| Cayman Islands | 100 000 |
| Gibraltar | 90 000 |
| Channel Islands | 60 000 |
| Isle of Man | 50 000 |
| Zypern | 40 000 |

| Seychellen | 35 000 |
|---|---|
| Bermuda | 30 000 |
| Turks & Caicos Islands | 30 000 |
| St. Kitts & Nevis | 25 000 |

## BRIEFKASTENFIRMEN – FIRMEN OHNE GESCHÄFTSBETRIEB

Briefkastenfirmen sind globalisierter Kapitalismus in Reinkultur. Das Geschäft mit dem unsichtbaren Geldverkehr funktioniert von jedem Ort der Welt aus. Es überwindet dabei Staatsformen, Wirtschaftssysteme und Gesetze. Die Steuer-Leaks der vergangenen Jahre offenbaren die gigantische Dimension des Offshore-Geschäfts. Die dabei eingesetzten Gesellschaften sind in vielen Staaten – natürlich auch in Steueroasen – legal. Doch was ist legal, was ist moralisch legitim, was ist illegal?

Die Legalisten nennen als Beispiel gern den deutschen Reeder, der sein Schiff in Liberia oder Panama ausflaggen will und deshalb vor Ort eine Offshore-Gesellschaft gründet. So etwas sei »*doch nicht von vorneherein anrüchig*«, erklärte Anfang 2016 ein Vertreter des deutschen Bankenverbands. Auch würden, sagt ein Wirtschaftsprüfer, schon mal Offshore-Gesellschaften zur Vermeidung von Doppelbesteuerungsabkommen eingesetzt. Selbst staatliche Förderbanken machten das.

Als Gegner von Offshore-Gesellschaften brachten sich zur gleichen Zeit Bundeswirtschaftsminister Sigmar Gabriel und Entwicklungsminister Gerd Müller in Stellung. Sie forderten ein weltweites Verbot solch undurchsichtiger Finanzkonstruktionen. Weltweit werden in solchen Offshore-Gesellschaften schätzungsweise 7 bis 10 Billionen Euro geparkt – unversteuert.

Die Auswertung von aufgeflogenen Offshore-Fällen durch Finanzbehörden in Nordrhein-Westfalen und anderen Institutionen wie die der Weltbank zeigen, dass in etwa 90 Prozent der untersuchten Fälle der Fiskus über den Einsatz von Offshore-Gesellschaften betrogen worden war. Aktuell gewinnt die Diskussion, was beim Einsatz solcher juristischen Strukturen legal und was illegal ist, angesichts der weltweiten Untersuchungen über Offshore-Gesellschaften an Bedeutung. Zumindest bei denen, die selbst keine Offshore-Gesellschaft in einer Steueroase haben.

Die international unterschiedliche Besteuerung führt dazu, dass es Hochsteuer- und Niedrigsteuerländer (Steueroasen) gibt. Dabei ist die Steuerpflicht national an den Sitz bei Unternehmen oder Wohnsitz bei natürlichen Personen geknüpft (Wohnsitzlandprinzip). Um Vermögen oder Einkommen nicht in einem Hochsteuerland der Steuerpflicht zu unterwerfen, versuchen Steuerpflichtige durch Vertragsgestaltung, ihre Vermögen und/oder Einkommen in Niedrigsteuerländern zu dort ansässigen Firmen zu verlagern. Da diese Firmen nach dem Wohnsitzlandprinzip steuerpflichtig sind, unterliegen sie der Steuerpflicht in der Steueroase.

Offshore-Gesellschaften sind häufig nur im örtlichen Handels- oder Firmenregister meist in der Rechtsform einer Kapitalgesellschaft eingetragen. Sie erfüllen damit die Anforderungen an die Rechtsfähigkeit. Darüber hinaus nehmen diese Gesellschaften aus betriebswirtschaftlicher Sicht jedoch keine betrieblichen Funktionen oder Servicefunktionen wahr. Ihre Geschäftsführung wird durch Strohmänner ausgeübt, auch fehlen Geschäftsräume, Personal und Kommunikationszugänge. Da die Postanschrift bei der Registereintragung hinterlegt werden muss, begnügen sich die Gesellschaften mit einem Postfach oder Briefkasten, weshalb sie in Deutschland auch unter dem Begriff Briefkastenfirma oder Basisgesellschaft und in der Schweiz und Liechtenstein unter Domizilgesellschaft laufen.

Briefkastenfirmen sind eine juristische Verpackung für Geschäfte aller Art. Juristisch handelt es sich dabei im Einzelfall um eine Personengesellschaft, eine Körperschaft, eine Personenvereinigung, eine Kapitalgesellschaft oder um eine Vermögensmasse. Mit Briefkastenfirmen kann man legale und illegale Geschäfte machen. Wegen der möglichen totalen Anonymität ist der Anreiz für kriminelle Aktivitäten jedoch groß. Deswegen sind Briefkastenge-sellschaften weltweit im Visier. In Steueroasen sind diese Gesell-schaften legal, teilweise schützen die lokalen Gesetze solche Kons-truktionen auch besonders, damit sie im Wettbewerb mit anderen Steueroasen attraktiver werden. Und kauft jemand eine Vorratsge-sellschaft, kann er so tun, als betreibe er sein Geschäft schon seit Jahren.

Ob auf den British Virgin Islands, den Bahamas, in Panama, Hongkong oder auf den Cook Islands – in den Steueroasen sind Millionen Offshore-Gesellschaften registriert. Nach außen sind sie meist nur als Name an einem Briefkasten bei einer Anwaltskanzlei ersichtlich. Bei mancher Kanzlei geht die Zahl der Namen in die Hunderttausende. Etwa beim Corporate Trust Center in der North Orange Street in Wilmington, der Hauptstadt des US-Bundesstaats Delaware. Hier ist die Postadresse für über 250 000 in Delaware registrierte Offshore-Gesellschaften. Man kann dort also lange klin-geln – kein Eigentümer wird aufmachen. Weil er dort kein Büro hat.

Doch es kann gute Gründe geben, dort oder in einer anderen Steueroase eine Firma zu gründen, weil beispielsweise eben die-se Steueroase das Eigentum besser zu schützen verspricht als das Heimatland. Nicht jeder Staat, der sich Rechtsstaat nennt, verhält sich danach. Dabei muss es nicht immer gleich die brutale Enteig-nung sein, die in Nichtrechtsstaaten droht. »Kapitalverkehrskont-rolle« ist nur ein milderes Wort für Enteignung. Wenn der Staat das reale Vermögen schrumpft, um sich zu Lasten seiner Bürger von drückenden Staatsschulden zu befreien – und jeden Ausweg versperrt. Wenn hier die Reichen ihr Geld rechtzeitig in Sicherheit und in Offshore-Gesellschaften im Ausland einbringen, spricht das weniger gegen Offshore-Gesellschaften und Steueroasen als gegen Kapitalverkehrskontrollen.

In Delaware beispielsweise haben auch über die Hälfte aller bör-sennotierten US-Firmen sowie viele Tausende ausländische Kon-zerne einen Sitz. Darunter auch Daimler, VW oder die Deutsche Bank. Dabei ist Delaware nicht einmal eine klassische Steueroa-se wie etwa die Cayman Islands. Die Steuersätze sind in Delaware nicht niedriger als andernorts in den USA. Doch Geld sparen können die Unternehmen dennoch – und zwar kräftig:

Delaware verlangt auf einige Einkunftsarten gar keine Steuern. Das gilt für Gewinne aus Patenten, Lizenzen, Urheber- und Markenrechten sowie für Gewinne, die nicht vor Ort erzielt wurden.

Damit eröffnet der Bundesstaat konzerninternen Geldverschiebereien Tür und Tor – Offshore-Gesellschaften braucht es dazu.

Doch nicht nur für die Konzerne, auch für Delaware rechnet sich das. Denn wegen der Vielzahl der gemeldeten Firmen – insgesamt über 1 Million – kommt eine gewaltige Summe an sogenannter »Franchise Tax« zusammen. Pauschal jährlich 175 Dollar für kleine, maximal 180 000 Dollar für große Offshore-Gesellschaften. Der zweitkleinste US-Bundesstaat kann es sich deshalb leisten, die Einkommensteuer für seine Bürger niedrig zu halten und auf eine Mehrwertsteuer ganz zu verzichten.

In den meisten Fällen von Finanzmarktmanipulationen, die das FBI in den letzten Jahrzehnten untersucht hat, spielen US-Offshore-Gesellschaften eine Rolle. »*Diese Gesellschaften sind attraktive Vehikel für Leute, die vorhaben, Geld zu waschen, Steuern zu hinterziehen, Terrororganisationen zu finanzieren, oder die im Schutz der Anonymität anderen illegalen Tätigkeiten nachgehen wollen*«, heißt es dazu von der Behörde. »*Hinter der Geheimhaltung ist die Täuschung nicht auszumachen.*« Das alles und noch mehr gibt es in Delaware, Nevada oder Wyoming schon für weniger als 1000 Dollar.

Eine Delaware-Gesellschaft mit beschränkter Haftung (Limited Liability Corporation, LLC) verfügt zwar über Passkopien der Direktoren. Das macht einen seriösen Eindruck. Aber auch Kopien gültiger Pässe liefern keinerlei Hinweise auf die wirklichen Eigentümer der Gesellschaft oder ihrer Vermögenswerte. Denn die Direktoren sind mit hoher Wahrscheinlichkeit professionelle Strohmänner, die für Hunderte oder gar Tausende solcher Offshore-Gesellschaften arbeiten. In der Regel leitet der »Scheindirektor« alle Anfragen an einen Anwalt weiter, der mit den tatsächlichen Eigentümern in Kontakt steht. Und sollte es ernst werden, wird sich der Anwalt hinter seinem Berufsgeheimnis verstecken und behaupten, er dürfe keine Informationen preisgeben. Diese Anwaltskanzleien sind Verdunklungsoasen für sich. Die Anwälte sind noch schlimmer als die beteiligten Banken.

Mit Delaware, Nevada und Wyoming stehen Unternehmen mitten in den USA Steueroasen zur Verfügung, ohne Einkommensteuer, mit anonymen Besitzverhältnissen, Inhaberaktien, Vorratsgesellschaften und LLCs. *»Anonyme Gefäße, bei denen Ihr Name nirgendwo eingetragen ist. Diese Gesellschaften existieren bereits und sind komplett ausgestattet mit Satzung, Bundessteuer-ID und eingetragenen Direktoren. Wenn Sie möchten, kann Ihnen eine solche Gesellschaft schon morgen gehören«,* heißt es dazu von einer Corporation-Service-Kanzlei in Delaware. Und falls der neue Eigentümer *»planen sollte, eine Corporation mit einem bankähnlichen Namen neu zu gründen, ist zu beachten, dass es nicht mehr möglich ist, die Neugründung einer Corporation mit einem bankähnlichen Namen wie ›Bank, Banking, Bancorp, Bankers ...‹ ohne Banklizenz bewilligt zu bekommen. Diese Einschränkung trifft allerdings auf die auf unserer Liste aufgeführten Corporationen mit bankähnlichem Namen nicht zu, da diese bereits handelsgerichtlich eingetragen und bewilligt sind.«*

## US-Corporations im Angebot, Stand Ende 1999

**Credit & Guarantee Corporation of North America:** $ 500 Millionen (gegründet 5/98), Handelsregisternummer 606628-80, U. S. Steuernummer 93-1233675. Konto 5 100 088 672 bei Pacific One Bank. Hat Genehmigung für Vorzugsaktien und darf 500 000 Aktienanteile à $ 100 ausgeben. Restgebühren = $ 19 600 (Inklusive der Sonderdienstleistungen spart man fast $ 30 000)

**New York Credit & Commerce Institute:** Inc. $ 350 Millionen (gegründet 6/98), Handelsregisternummer 886356, U. S. Steuernummer 84-1443150. Konto 673 813 138 bei Western Bank. Hat Genehmigung für Vorzugsaktien und darf 100 000 Aktienanteile à $ 3 500 ausgeben. Restgebühren = $ 14 900 (Inklusive der Sonderdienstleistungen spart der neue Besitzer fast $ 40 000)

**North American Investment Banking Center:** Inc. $ 500 Millionen (gegründet 5/97), Handelsregisternummer 557029-80, U. S. Steuernummer 91-1774752. Konto 2 140 101 277 bei der Bank of America. Darf 500 000 Aktienanteile à $ 1 000 ausstellen. Restgebühren = $ 29 800 (Inklusive der aufgeführten Sonderdienstleistungen spart der neue Besitzer fast $ 50 000)

**San Francisco-Seattle Commerce & Credit Corporation:** $ 300 Millionen (gegründet 6/98), Handelsregisternummer 343254, U. S. Steuernummer 84-5547152. Konto 677 013 153 bei Western Bank. Hat Genehmigung für Vorzugsaktien und darf 300 000 Aktienanteile à $ 100 ausstellen. Restgebühren = $ 14 800 (Inklusive der Sonderdienstleistungen spart man fast $ 30 000)

**Swiss-American Capital Management Trust:** Inc. $ 700 Millionen (gegründet 6/98), Handelsregisternummer 889357, U. S. Steuernummer 84-1941165. Konto 644 713 203 bei West America Bank. Hat Genehmigung für Vorzugsaktien und darf 70 Millionen Aktienanteile à $ 10 ausstellen. Restgebühren = $ 26 400 (Inklusive der Sonderdienstleistungen spart der neue Besitzer fast $ 50 000)

**Tyrolia Sparkasse:** Inc. $ 300 Millionen (gegründet 9/96), Handelsregisternummer 2246879, U. S. Steuernummer 81-85423964. Konto 0 601 004 378 bei West America Bank. Darf 75 000 Aktienanteile à $ 4 000 ausstellen. Restgebühren = $ 18 900 (Inklusive der aufgeführten Sonderdienstleistungen spart der neue Besitzer fast $ 30 000)

**United American Investment Trust & Guarantee:** $ 500 Millionen (gegründet 3/98), Handelsregisternummer 348567, U. S. Steuernummer 91-1788780. Konto 602 013 553 bei West America Bank. Darf 3 000 000 Aktienanteile à $ 100 ausstellen. Restgebühren = $ 29 100 (Inklusive der Sonderdienstleistungen spart der neue Besitzer fast $ 50 000)

**U. S. Investment Banking Corporation:** $ 750 Millionen (gegründet 3/98), Handelsregisternummer 557029-80, U. S. Steuernummer 91-1774752. Konto 2 140 101 227 bei der Bank of America. Darf 750 000 Aktienanteile à $ 1 000 ausstellen. Restgebühren = $ 32 800 (Inklusive der Sonderdienstleistungen spart der neue Besitzer fast $ 60 000)

Die US-Steueroasen bieten eine preiswerte und überaus robuste Form der Geheimhaltung an. Im Gegensatz etwa zur Schweiz, wo Informationen über Offshore-Gesellschaften vorhanden sind, haben die US-Steueroasen keinerlei Vorschriften, diese Informationen überhaupt zu sammeln. Alle Unterlagen zu den registrierten Gesellschaften werden möglichst außerhalb des jeweiligen Bundesstaats aufbewahrt – also etwa bei einer Kanzlei in Panama. Die sich das natürlich fürstlich honorieren lässt.

## Briefkastenfirmen brauchen keine Schlote

Briefkastenfirmen sind nichts als eine Rechtskonstruktion. Sie brauchen keine Schlote, Büros und Angestellte, um gewinnbringend zu wirtschaften. Steuerfahnder vergleichen das Wesen der Briefkastengesellschaften mit der Eigenart von Nummernkonten oder der Eigenschaft von Stiftungen. Nummernkonten sind in vielen Ländern erlaubt, Stiftungen lassen eigentlich Edles erwarten.

Doch warum braucht jemand, der Legales vorhat, eine Gesellschaft mit Strohmännern und Scheindirektoren?

Warum müssen Täuschungsmanöver gemacht werden, wenn alles legal ist?

*»Wenn alles egal sei, müsse man nicht solchen Aufwand betreiben«*, sagt dazu ein Steuerfahnder.

Er vergleicht eine Offshore-Gesellschaft mit einer Schusswaffe. Die dürfe man auch nicht so einfach erwerben. Auch dann nicht, wenn man behaupte, sie nicht einsetzen zu wollen.

Doch diese Scheinfirmen funktionieren, weil man sie walten lässt – auch in Deutschland. So kann eine Offshore-Gesellschaft hierzulande problemlos eine Immobilie kaufen. Es gibt keine funktionierenden Kontrollmechanismen und kein zentrales Immobilienregister. In der Beziehung ist Deutschland ein Entwicklungsland. So mancher Russe hat sich das in den letzten beiden Jahrzehnten bei Immobilienkäufen in Ostdeutschland zunutze gemacht.

Immobilien, Yachten, Flugzeuge werden von den Millionären und Milliardären dieser Welt gerne in Offshore-Gesellschaften eingebracht. Das erleichtert nicht nur einen späteren Verkauf, da nur die Gesellschaftsanteile übertragen werden, darüber lassen sich auch erhebliche Steuern sparen. Etwa dann, wenn es um das Übertragen von Erbvermögen geht. Denn im Grundbuch bleibt die Gesellschaft auch nach einem Verkauf oder einer Übertragung an Erben als Eigentümerin eingetragen. Eventuelle Erbschaftsteuern beispielsweise können so leicht umgangen werden.

Wie Offshore-Gesellschaften auch von deutschen Unternehmen eingesetzt werden, zeigt der Windturbinenhersteller Enercon im ostfriesischen Aurich. Das Milliarden-Unternehmen gibt sich verschlossen. In wessen Besitz sich der Konzern eigentlich befindet, ist Privat- bzw. geheime Kommandosache. Das Firmengeflecht erinnert an die Schattenwelt, die die Panama Papers offenbaren. *»Die Firmenstruktur wurde im Rahmen der Nachfolgeplanung gewählt«*, heißt es dazu von Enercon:

2012 hatte der Inhaber Aloys Wobben die Aloys-Wobben-Stiftung gegründet, in der er die UEE Holding (Unendliche erneuerbare Energien) überführte. In ihr sind mehr als 400 Firmen erfasst, darunter die Enercon GmbH, die der Gruppierung ihren Namen gab. So weit, so unübersichtlich.

Doch zur Gruppe gehören auch Betriebe, bei denen sich keine Verbindungen zur UEE nachweisen lassen. Es handelt sich um mindestens 17 Unternehmen mit insgesamt mehr als 3 000 Mitarbeitern und einem Umsatz von 300 Millionen Euro. Diese Einheiten, die Bauteile exklusiv für Enercon herstellen oder Anlagen bauen und warten, sind heute im Besitz von fünf Zwischenholdings in den Niederlanden. Diese wiederum sind im Besitz von Offshore-Gesellschaften auf der Kanalinsel Jersey, auf den Bahamas und den British Virgin Islands. Enercon teilt dazu mit, dass *»dieses Gefüge, ausgearbeitet zwischen 2003 und 2005, die Eigentumsverhältnisse nicht verschleiern soll.«*

Die niederländischen Zwischenholdings nehmen nicht viel Platz in Anspruch, sie sind alle unter derselben Adresse erreichbar: Hemonystraat 11 in Amsterdam, klingeln bei Mulberry International BV. Mulberry führt, dem örtlichen Handelsregister zufolge, die

Geschäfte der fünf besagten Firmen. Mulberry beschäftigt dazu nur drei Mitarbeiter für »*Beratung und Umsetzung bei der Gründung von Unternehmen*«, wie es auf der firmeneigenen Internetseite heißt.

Unter Steuervermeidern sind die Niederlande eine Attraktion, denn der dortige Fiskus besteuert einige im Ausland erzielte Einkünfte kaum oder gar nicht. Zinsen und Dividenden zum Beispiel oder Erträge aus Lizenzen und Patent- und Markenrechten. Mehr als 12 000 nahezu mitarbeiterlose Finanzfirmen hat die niederländische Zentralbank registriert.

Die aggressive Steuergestaltung ist zwar anrüchig, aber (noch) rechtmäßig: Gesetzt den Fall, irgendeine ostfriesische Firma braucht Geld, dann könnte sie sich dieses von ihrer Tochtergesellschaft in Holland leihen. Dafür zahlt sie Zinsen. Diese Zinszahlungen wiederum schmälern den Gewinn in Ostfriesland – und damit die Steuerlast. Die Steuern, die in den Niederlanden auf Zinserträge erhoben werden, sind so gering, dass sie kaum der Rede wert sind.

Über Amsterdamer Offshore-Gesellschaften kann auf diese Weise jedweder Gewinn, der in Europa erwirtschaftet wird, nahezu unversteuert den Kontinent verlassen. Enercon wird schon wissen, warum es Unternehmensteile in die Niederlande ausgelagert hat.

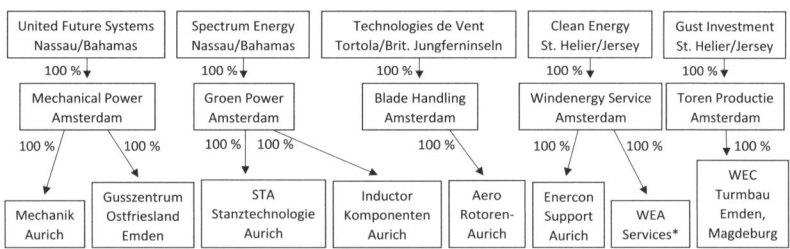

**\* Neun Gesellschaften in Deutschland**
**Abb. 16: Enercon-Offshore-Struktur**
**Datengrundlage: BILANZ**

Kein Einzelfall, auch die BAUHAUS-Gruppe verwaltet die Markenrechte über eine Gesellschaft in den Niederlanden und finanziert die Unternehmensgruppe über eine Tochter in Luxemburg:

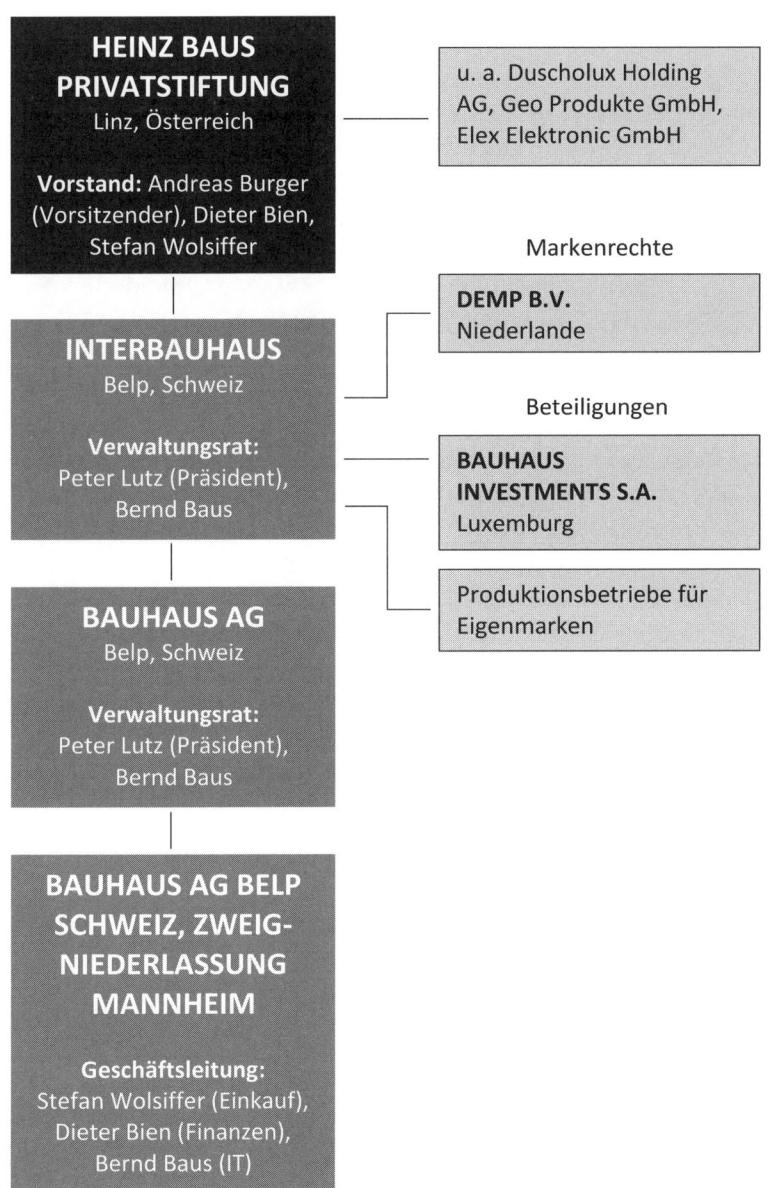

Abb. 17: Gut getarnt – das verschachtelte BAUHAUS-Imperium

Schon seit einiger Zeit sind Steuerverwaltungen in Europa dazu übergegangen, nach Entdeckung einer Offshore-Gesellschaft die Erträge der Firma, die meist in einer Kaskade von Konstrukten versteckt sind, dem enttarnten wirtschaftlich Berechtigten zuzurechnen. Das ist dann der sogenannte Beneficial Owner. Die Steuerleute behandeln die Offshore-Gesellschaft nicht als Unternehmen, sondern gehen davon aus, dass es sich um verstecktes Vermögen des Begünstigten handelt. Der häufig kunstvoll geschneiderte juristische Mantel des Finanzkonstrukts wird einfach ignoriert.

Ob Vermögensinhaber, Unternehmer oder Krimineller – jeder kann innerhalb weniger Stunden über Offshore-Agenturen, Vermittler, Steuer- oder Anwaltskanzleien im Ausland schon für 1 000 Dollar eine anonyme Offshore-Gesellschaft registrieren lassen – und dabei sein Inkognito wahren. Dafür wird heute im Internet massenhaft geworben. Und da solche Offshore-Gesellschaften nur entstehen, wenn sie auch amtlich registriert sind, ist auch immer die öffentliche Hand des jeweiligen Staats involviert. Übermäßige Kontrollen beim Einrichten der hilfreichen Offshore-Gesellschaften braucht kaum jemand zu befürchten. Wären es nur exotische Staaten, die anonyme Gesellschaften zulassen, läge die Erklärung auf der Hand: Sie sind skrupellos genug, ihre marginale Souveränität als Geschäftsmodell für Schwarzgeld, Geldwäsche und Steuerhinterziehung zu kommerzialisieren.

Doch die Mehrzahl der Offshore-Gesellschaften wird in Steueroasen errichtet, die eng mit den westlichen Industriestaaten verbunden sind. An der Spitze registrierter Offshore-Gesellschaften liegt neben Hongkong und den British Virgin Islands der US-Bundesstaat Delaware.

Doch in welcher Steueroase auch immer Offshore-Gesellschaften angesiedelt sind:

- Höchstens 10 Prozent werden – etwa bei der Verwaltung großer Vermögen – legal eingesetzt.
- 50 Prozent sind rein kriminell, dienen der Geldwäsche oder dem Drogenhandel.

- 10 bis 15 Prozent unterstützen die Aktivitäten von Diktatoren, zum Beispiel Import-Export-Geschäfte, die häufig illegal sind.
- Weitere 10 Prozent sind Steuerhinterzieher und Oligarchen, die ihr Vermögen aus Angst vor ihren Heimatländern ins Ausland schaffen. Oft auch aus undurchsichtigen Quellen – etwa aus dem Diamantenhandel.

So die Analyse des führenden Schwarzgeld-Ökonomen Friedrich Schneider von der Johannes-Kepler-Universität Linz.

## Briefkastenfirmen im Einsatz

Beim Einsatz von Briefkastenfirmen wird nicht selten mit verdeckten Karten gespielt – etwa im Bereich der Kunst. Da werden Kunstinvestments bekannter Millionäre und Milliardäre häufig mit steueroptimierten Geldern über Gesellschaften in Steueroasen getätigt. Zu diesem Zweck übertragen Sammler das Eigentum und den Handel ihres Kunstbesitzes auf eine Briefkastenfirma, wie das Beispiel des in der Schweiz ansässigen Milliardärs Friedrich Christian Flick zeigt:

Seine in Zürich domizilierte Flick Kunstverwaltung GmbH wurde 1999 für den »*Handel mit eigenen und fremden Kunstwerken*« gegründet. Geschäftsführer war der heutige Star-Galerist Ivan Wirth, alleiniger Gesellschafter waren Flick sowie ein Unternehmen namens Contemporary Art Limited in St. Peter Port, auf der britischen Kanalinsel und Steueroase Guernsey. Heute wird die Flick Kunstverwaltung GmbH von der Contemporary Art Limited auf Guernsey beherrscht, Flick war 2001 ausgeschieden. Statt seiner trat die Pilatina Consultancy Inc. als Gesellschafterin ein. Eine Firma, deren Adresse sich in einer weiteren Steueroase befindet, den British Virgin Islands.

Die Flick Kunstverwaltung kaufte und verkaufte im Laufe der Jahre für unzählige Millionen Kunst auf und baute eine der weltweit angesehensten Sammlungen für Gegenwartskunst auf: die Flick Collection – wohl ohne dafür irgendwo auf diesem Globus Steuern zu zahlen.

Aber auch beim Bieten und Kaufen von Kunstauktionen kommen häufig Offshore-Gesellschaften zum Einsatz. Auf großen Auktionen ist dadurch die Grenze zwischen Bieter, Käufer und Verkäufer nur schwer zu durchschauen. So wie beispielsweise bei der New Yorker Christie's-Auktion im November 1997, in der Kunstwerke des Sammler-Ehepaars Victor und Sally Ganz zur Versteigerung kamen:

Werke von Rauschenberg, Frank Stella, Jasper Johns, Eva Hesse und Pablo Picasso kamen damals für insgesamt 200 Millionen Dollar unter den Hammer. Darunter das Bild »Le Rêve« von Picasso zum Preis von 48,4 Millionen Dollar. Ein anonymer Telefonanbieter erhielt den Zuschlag für das Bild, das das Ehepaar seinerzeit für nur 7 000 Dollar gekauft hatte.

Was die Bieter bei Christie's an diesem Abend nicht wussten: Eine Offshore-Gesellschaft namens Simsbury International Corp. hatte die Werke der Kollektion bereits Monate vor der Auktion für 168 Millionen Dollar gekauft. Das enthüllten erst im März 2016 Dokumente aus den Panama Papers der Kanzlei Mossack Fonseca. Danach wurde die Offshore-Firma Simsbury International Corp. im April 1997 auf der südpazifischen Koralleninsel Niue gegründet. Zum alleinigen Zweck, die Bilder der Sammlung Ganz vorab zu erwerben.

Im Mai 1997 kaufte Simsbury die wertvollsten Bilder der späteren Ganz-Auktion für 168 Millionen Dollar unter Zwischenschaltung von Spink & Son, einem Londoner Auktionshaus, das zu jener Zeit Christie's gehörte. Im Katalog der Ganz-Auktion war zwar zu lesen, dass Christie's ein direktes finanzielles Interesse am Verkauf der Bilder habe. Die Details des spektakulären Verkaufs wurden jedoch nie offengelegt.

Erst die Panama Papers enthüllen, wer damals eine Vollmacht über die Offshore-Firmen besaß:

Der Milliardär Joseph Lewis, der damals reichste Mann Großbritanniens – und der größte Anteilseigner von Christie's.

Genauer betrachtet hat Lewis gleich doppelt von der Auktion der millionenschweren amerikanischen Kunstkollektion profitiert:

Nicht nur über die 32 Millionen Dollar, die er über den vorzeitigen Kauf der Bilder von Ganz verdient hat, sondern – als Anteilseigner des Auktionshauses Christie's – auch durch die Versteigerung selbst. Und ganz nebenbei waren die Gewinne der Offshore-Firma im Südpazifik steuerfrei.

Aber auch beim Verstecken und Anonymisieren von Kunstwerken werden häufig Offshore-Gesellschaften eingesetzt, um die tatsächlichen Besitzer und Hintermänner zu verschleiern:

So beispielsweise beim Bild »Homme assis« von Amadeo Clemente Modigliani, das sich seit etwa 1930 im Besitz des jüdischen Kunstsammlers und -händlers Oscar Stettiner in Paris befand.

Dessen Kunstwerke wurden 1943 und 1944 in mehreren Auktionen von den Nazis zwangsversteigert. Der damals für Modigliani erzielte Versteigerungserlös betrug läppische 16 000 Francs – sein heutiger Marktwert liegt im zwei- bis dreistelligen Millionenbereich.

Stettiners Versuche, das Bild nach Kriegsende gerichtlich zurückzubekommen, schlugen fehl. Er stirbt 1948.

1996 wird der »Homme assis« bei Christie's an einen unbekannten Käufer versteigert. Wie 20 Jahre später die Panama Papers belegen, war dieser unbekannte Käufer das International Art Center. Eine Offshore-Gesellschaft von Davide Nahmad, einem Mitglied der libanesischen Kunsthändlerfamilie Nahmad. Deren Wirtschaftsmacht schätzt das US-Wirtschaftsmagazin Forbes auf 3 Milliarden Dollar.

Wie es aus Insiderkreisen heißt, kaufen die Nahmads auf Auktionen selbst günstig ein, treiben Preise in die Höhe, halten und verkaufen erst, wenn das Timing stimmt. Als der jetzt wohl rechtmäßige Erbe des Bildes die Nahmad Gallery auf Herausgabe des Kunstwerks verklagt, widerspricht deren Anwaltskanzlei den vorgelegten Dokumenten. Sie erklärt, dass das International Art Center der einzige Besitzer des Modigliani sei. *»Niemandem sonst auf der Welt gehöre das Gemälde, auch nicht den Nahmads.«*

Hier kommen die Panama Papers ins Spiel. Im Fall des International Art Centers, des »Homme assis« und des Rechtsstreits um deren wahren Eigentümer gibt in den Unterlagen ein Ordner Aufschluss: Dort finden sich Daten, aus denen die Firmengeschichte des Offshore-Unternehmens ersichtlich wird. Demnach wurde die International Art Center S.A. am 31. August 1995 durch die panamaische Kanzlei Mossack Fonseca für Guiseppe Nahmad gegründet.

Bis zur endgültigen Klärung des Rechtsstreits ist das Bild von den Schweizer Behörden beschlagnahmt und sicher im Genfer Zollfreilager eingelagert worden.

Was den Fall des »Homme assis« kompliziert macht, ist nicht die historische Quellenlage. Es ist die Geheimniskrämerei der Akteure, und die hat System. Offshore-Gesellschaften helfen dabei, in ihnen lässt sich vieles verbergen.

Geschäfte über Offshore-Firmen sind in der Kunstwelt nicht selten. Auch in den Panama Papers tauchen etliche weltweit bekannte Kunstsammler und -händler auf: Darunter der spanische Thyssen-Bornemisza-Clan, der chinesische Magnat Wang Zhonjun oder die Picasso-Enkelin Marina Ruiz-Picasso. Nicht identifizierbare Offshore-Firmen sind bei manchen international agierenden Großsammlern beliebt, vor allem bei jenen, die Kunst als Spekulationsware begreifen.

Auch das Geschäft mit Fälschungen und Fehlzuschreibungen bedient sich der Briefkastenfirmen, wie der Prozess um den Kunstfälscher Wolfgang Beltracchi beispielhaft gezeigt hat.

Offshore-Gesellschaften kommen im Kunstbetrieb aber auch dann zum Einsatz, wenn es beispielsweise um Schenkungen deutscher Künstler an ein Museum geht. Denn auf sie entfällt, bemessen an deren Verkaufswert, Schenkungsteuer. *»Das klingt absurd, ist aber so. Wenn man das als Künstler nicht möchte, muss man komplizierte Wege gehen«*, meint dazu Georg Baselitz. Offshore-Gesellschaften gehören dazu.

Als Paradebeispiel für legal genutzte Offshore-Firmen muss besonders eine Branche herhalten: die Schifffahrtsbranche:

*»Reeder seien auf solche Briefkastenfirmen angewiesen«*, sagen Kenner der Szene. Tatsächlich nutzen auch viele deutsche Reedereien

tausendfach Offshore-Firmen zum sogenannten Ausflaggen ihrer Schiffe. Also dazu, die Nationalflagge zu wechseln, um Steuern und Kosten zu sparen. Das ist zwar legal, arbeitsrechtlich jedoch bedenklich. Zwar gilt für sie das internationale Abkommen für Seearbeitsrecht, doch die darin festgeschriebenen Mindeststandards können mit den Arbeitsbedingungen eines deutschen Seefahrers kaum mithalten. Die Löhne für einfache Crewmitglieder sind in Deutschland deutlich höher als im Ausland. Deutsche Seefahrer sind zudem nach Tarifvertrag zumeist unbefristet beschäftigt und dürfen je nach Reiseverlauf alle zwei bis drei Monate zu ihrer Familie. Ausländische Mitarbeiter hingegen hangeln sich von Zeitvertrag zu Zeitvertrag und sind sechs bis neun Monate am Stück auf See.

**Von den insgesamt rund 3 100 deutschen Handelsschiffen fahren 2016 gerade noch gut über 200 unter deutscher Flagge. Die Fahnenflucht gehört heute zum Geschäftsmodell der Reeder.**

Das gilt beispielsweise für die fünf Kreuzfahrtschiffe der Mein Schiff Flotte von TUI Cruises, die unter der Flagge Maltas fahren. Unter fremder Flagge sparen deutsche Eigner und Betreiber Steuern, und sie sparen Heuern. Sie können auf ihren Traumschiffen Menschen zu Niedriglöhnen und Arbeitsbedingungen beschäftigen, die unter deutscher Flagge undenkbar wären. Man mag das verwerflich finden. Doch nur so sind Kreuzfahrten auch für die Mittelschicht überhaupt erschwinglich geworden. 2016 stachen rund 2 Millionen Bundesbürger auf Kreuzfahrtschiffen in See. Es wären wohl noch mehr gewesen, gäbe es genug Schiffe. Allein bei europäischen Werften sind 48 neue Kreuzfahrtschiffe bis 2019 bestellt. Auch die werden wieder unter Billigflaggen auf den Weltmeeren fahren.

In keinem Land Europas sind mehr Kreuzfahrtschiffe registriert als in Malta. Der Inselstaat rangiert bei den weltweit fahrenden Kreuzfahrtschiffen auf Platz vier, hinter den Bahamas, Panama und dem britischen Überseegebiet Bermuda. Nimmt man weltweit alle Hochseeschiffe, rangiert Malta international auf Platz sechs, in Europa nimmt es unangefochten den Spitzenplatz ein. Auch bei den Superyachten liegt Malta an der Spitze, weltweit tragen über 450 Superyachten mit mehr als 24 Metern Länge das Malteserkreuz.

Ein Heer von Beratungsfirmen, Anwaltskanzleien und Vermittlern hat sich darauf spezialisiert, Reedern kostengünstige Flaggen zu vermitteln. Dabei werben sie vor allem mit den vielen Steuervergünstigungen. So dürften für die komplette Mein Schiff Flotte in Malta nach Berechnungen der Zeitung *Die Zeit* weniger als 50 000 Euro Steuern und Gebühren im Jahr anfallen. Kleingeld für den Betreiber TUI Cruises.

2014 machte TUI Cruises 435 Millionen Euro Umsatz. Der Gewinn lag bei über 63 Millionen Euro. In Deutschland bezahlte der Konzern für Steuern aus Einkommen und Ertrag nicht einmal 44 000 Euro – oder 0,07 Prozent.

Noch steueroptimierter ist TUIs Partnerunternehmen, die RCL Holdings Coöperatief, die am Prins Bernhardplein 200 in Amsterdam residiert. Im dortigen Amstelgebouw teilen sich mehr als 1000 multinationale Konzerne Anschrift und einige wenige Briefkästen. Hinter der RCL Holdings Coöperatief steht Royal Caribbean, einer der führenden Kreuzfahrtkonzerne der Welt.

Das Unternehmen hat seine operative Zentrale in Miami/USA, residiert aber offiziell im Billigflaggenstaat Liberia. Das hilft bei der legalen Steuervermeidung: auf 755 Millionen Dollar Nettoeinkommen wies Royal Caribbean im Geschäftsbericht 2014 gar keine Steuern aus.

Folgende steuergünstige Billigflaggen werden 2016 von der Internationalen Transportarbeiter-Föderation (ITF) geführt:

- Antigua & Barbuda – Äquatorialguinea – Bahamas – Barbados – Belize – Bermuda – Bolivien (Binnenstaat) – Cayman Islands – Deutschland (Internationales Zweitregister) – Färöer
- Frankreich (Internationales Zweitregister) – Georgien – Gibraltar – Honduras – Jamaika –Kambodscha – Komoren – Libanon – Liberia – Malta – Marshall Islands – Mauritius – Moldawien (Binnenstaat) – Mongolei (Binnenstaat) – Myanmar – Nieder-

ländische Antillen – Nordkorea – Panama (zurzeit die größte Handelsflotte weltweit) – Sao Tomé & Principe – Sri Lanka – St. Vincent and the Grenadines – Tonga – Vanuatu – Zypern

Auch Superreiche sind Menschen. Mehr als den Fiskus fürchten sie im Scheidungsfall die Ehefrau. Und je größer das angesammelte weltweite Vermögen dann ist, umso größer ist dann auch der Aufwand, wenn es am Ende der Beziehung um dessen Aufteilung geht. So wie beispielsweise beim russischen Oligarchen und Milliardär Dmitri Rybolowlew und dessen Ehefrau Jelena Rybolowlewa:

Die Geschichte der Rybolowlews ist ein Beispiel dafür, wie die reichsten Menschen ihr Geld und ihre Vermögenswerte in Briefkastenfirmen einbringen und auf Steueroasen verteilen.

Scheidungen sind in diesen Kreisen oft nur ein Kuhhandel, bei dem sich am Ende die Anwälte beider Seiten gegenübersitzen. Und wie immer sagt der Anwalt der Frau: »*Meine Mandantin ist bereit, sich mit 50 Prozent des Vermögens zufriedenzugeben.*« Doch die Vorausschauenden unter den Reichen lassen es erst gar nicht so weit kommen. Entweder schließen sie rechtzeitig einen Ehevertrag ab, der den »Schaden« von vornherein begrenzt. Oder aber sie wählen den kreativen Weg und sorgen mithilfe von Verschleierungsprofis dafür, dass 100 Prozent des Vermögens erst gar nicht zur Debatte stehen, weil ein Großteil davon in Stiftungen, Trusts und Offshore-Gesellschaften verschwunden ist.

Nicht selten werden vor einer Scheidung in diesen Kreisen Vermögenswerte über Tarnfirmen verschleiert. So war das auch im Fall Rybolowlew. Ihm konnte zwar kein Betrug nachgewiesen werden, aber auch hier stand das abgrundtiefe Misstrauen zwischen den Eheleuten und der Verdacht von Offshore-Scheinfirmen im Mittelpunkt. So soll der russische Oligarch lange vor der Scheidung einen Großteil seines Vermögens – darunter eine wertvolle Kunstsammlung – an Offshore-Konstrukte auf Zypern übertragen haben, um angeblich die Töchter zu versorgen. Im Scheidungsfall war dann unklar, ob dieses Vermögen zur Scheidungsmasse gehörte.

Vor allem aber fungierten als Eigentümer kostbarer Gemälde und der Yacht drei Briefkastenfirmen auf den British Virgin Islands.

Der Fall Rybolowlew beschäftigte nicht nur die Justiz auf den British Virgin Islands, sondern auch in einem knappen halben Dutzend anderer Länder, wie Schweiz, Großbritannien, Singapur, Zypern und die USA. Natürlich kann es Betrug und damit eine Straftat sein, Familienvermögen in Briefkastengesellschaften zu verstecken, um es bei der Scheidung nicht teilen zu müssen. Und natürlich müssten die Anwälte, die mit der Gründung und Verwaltung solcher Offshore-Gesellschaften Beihilfe zur Vermögensverschleierung ihrer Mandanten leisten, den Missbrauch von Firmen, die sie gründen, aufdecken oder beenden. Das passiert aber nicht. Wie immer wissen die Anwälte davon natürlich nichts.

Gegen gutes Honorar lassen sie die Eigentümer der Firmen einfach machen. Dass dabei im Einzelfall Ehepartner auch leer ausgehen können, interessiert sie nicht. Sie wissen, dass es ein Millionen-Vermögen kosten kann, im Ernstfall Licht hinter die Offshore-Konstruktionen zu bringen. Solche Anwälte, die das schaffen, muss man sich erst einmal leisten können. Dazu muss erst mal das entsprechende Bargeld vorhanden sein.

Im Scheidungsfall der Rybolowlews gab es zunächst ein Urteil in der Schweiz, das der Ehefrau 3,3 Milliarden Euro zusprach. Einige Jahre später gab es ein weiteres Urteil in Zypern mit einer halben Milliarde Euro. Die in diesem Scheidungsfall eingesetzten Offshore-Konstruktionen waren auch für beste Anwälte letztlich nicht zu knacken. Auf welchen Betrag man sich schließlich geeinigt hat, wurde nie bekannt.

Wie im Fall der Rybolowlews sind die Dienstleister in der Welt der Steueroasen immer die Gewinner. Für sie ist die Verhüllungsindustrie ein äußerst lukratives Geschäftsmodell.

**Briefkastenfirmen lassen sich für fast alle legalen und illegalen Geschäfte einsetzen und diese – falls erforderlich – auch verschleiern.**

# Anonymität muss sein – Scheindirektoren und andere Verschleierungsinstrumente

Doch eine Registrierung allein reicht für den Betrieb einer Off-shore-Gesellschaft nicht. Sie braucht auch einen Direktor, der die Gesellschaft nach außen vertritt. Der unterschreibt zwar wichtige Verträge, Dokumente etc., tatsächlich aber hat er nichts zu sagen. Da spielt es dann für die Direktoren auch keine Rolle, ob sie als Scheindirektor nur für eine oder gleich für Hunderte oder Tausende Gesellschaften ihre Unterschriften am Fließband liefern. Ihr Name erscheint auf Wunsch im Impressum eines Unternehmens, das nur als Briefkasten für Verträge dient, die niemand sehen soll. Mit solch einer Offshore-Gesellschaft in einer Steueroase kann derjenige, der sich hinter einem Scheindirektor versteckt, machen, was er will – und das unerkannt. Geld waschen, Steuern sparen, Waffen kaufen, mal eben Millionen verschieben. Was auch immer, der Scheindirektor zeichnet ab. Solche Scheindirektoren findet man in den Steueroasen zuhauf. Und man findet sie eben auch in den Registern.

Sie führen aus, was die tatsächlichen Eigentümer der Offshore-Gesellschaften ihnen auftragen. Und so zeichnen sie bei Hunderten, Tausenden, manchmal sogar Zehntausenden Gesellschaften, ohne es zu wissen, auch ab, was Autokraten, Steuerhinterziehern, Kriminellen oder Drogenbaronen nutzt, um ihre illegalen Geschäfte zu tarnen. Wer kann schon so viele Dokumente lesen. Scheindirektoren sind notwendig, damit die Schattenscharade funktioniert. Sie verleihen ihre Namen, damit die wahren Eigentümer nicht auftauchen.

Wenn Polizisten einen Räuber erwischen, können sie ihm seine Maske vom Gesicht ziehen. Wenn Steuerfahnder aber wissen wollen, wer hinter einer Offshore-Gesellschaft steckt, finden sie häufig nicht einmal einen Zipfel, nach dem sie greifen könnten. Das liegt nicht zuletzt am System der Scheindirektoren. Die Macher im Offshore-Gewerbe, die Anwälte und Kanzleien, nutzen dieses System. So erfährt niemand, wer in Wahrheit die Konten der Gesellschaft kontrolliert und wer die Geschäfte steuert. Denn auch für Fahnder und Ermittler sind nur die Daten einsehbar, die in staatlichen Registern hinterlegt sind. In den meisten Steueroasen sind diese Informationen sehr dürftig. Viele Register nennen neben dem Namen der Gesellschaft immerhin auch den des jeweiligen Direktors, der die Geschäfte führt. Allerdings nicht den des tatsächlichen Eigentümers.

Wer es gut meint, nennt diese Scheindirektoren »Treuhänder«. Das klingt nach einer ehrenwerten Rolle in der Finanzwelt. Tatsächlich sind Scheindirektoren aber die Fußsoldaten der Offshore-Industrie. Nichts geht ohne sie, und doch sind sie leicht austauschbar – und billig. In welcher Steueroase auch immer – bei der Auswahl der Scheindirektoren scheint es ein Muster zu sein, sich gezielt ungebildete Menschen zu suchen, die nicht verstehen und hinterfragen, was sie jeweils unterschreiben. Menschen also, die häufig aus der Unterschicht kommen und vielfach auch kein Englisch können. Englisch aber ist die »Amtssprache« im Offshore-Business.

## Scheindirektoren bei der Arbeit

In vielen Steueroasen ist Scheindirektor kein ungewöhnlicher Beruf, und vor allem: ein einfacher. Man braucht keine Ausbildung, nur einen Namen, der bisher nicht in Zusammenhang mit kriminellen Geschäften aufgetaucht ist. Das wichtigste Arbeitsinstrument von Scheindirektoren ist der Füller oder Kugelschreiber. Wird eine neue Offshore-Gesellschaft aufgesetzt, müssen die Scheindirektoren zunächst drei Dokumente unterschreiben, die an den wahren Eigentümer geschickt werden:

- In einer Erklärung sichern sie zu, keine Ansprüche gegen den wahren Eigentümer und gegen dessen Gesellschaft zu verfolgen.
- In einer Vollmacht übergibt der Scheindirektor die Kontrolle der Gesellschaft dann an den echten Chef.

• Drittens unterzeichnet der Scheindirektor seine Kündigung – allerdings ohne das Datum einzutragen. So kann sich der wahre Eigentümer jederzeit und auch rückwirkend von seinem Scheindirektor trennen.

Dazu kommen, je nach Wunsch des Eigentümers, beispielsweise Kontoeröffnungen oder Protokolle der jährlichen Hauptversammlungen. Denn auch Steueroasen verlangen solche Protokolle, obwohl alle wissen, dass sie letztlich nur Show sind. Scheindirektoren sind die äußerste Schicht der Geheimhaltung, gewissermaßen die Basisversion der Verschleierung. Dabei schrecken Vermittler-Kanzleien in den Steueroasen nicht davor zurück, im Einzelfall auch verstorbene Direktoren für Unterschriften auf Dokumenten und Protokollen weiterleben zu lassen. Hauptsache, die Kasse stimmt. Für ein gutes Honorar tun sie alles, die Identität der wahren Eigentümer der Gesellschaften zu verschleiern. Während die Direktoren mit 500 oder 1 000 Dollar im Monat abgespeist werden, wird den Eigentümern die Stellung des Direktors von der Kanzlei zwar mit nur 150 oder 250 Dollar pro Jahr in Rechnung gestellt. Wenn der dann aber für 3 000, 5 000 oder gar mehr als 10 000 Gesellschaften als Direktor seinen Namen gibt, rechnen sich die so erwirtschafteten Dollar für die Kanzlei.

Wer es mit der Verschleierung weitertreiben will, zieht eine weitere Schutzschicht ein. In Steueroasen, in denen es das System der sogenannten »Bearer Shares« gibt, ist das denkbar einfach. Dabei handelt es sich um anonyme Inhaberaktien, auf denen kein Name steht. Wer alle Inhaberaktien einer Firma in der Hand hält, also als Stück Papier, dem gehört auch die Firma. Es ist das ideale Instrument für jene Art von Geschäften, die spurlos verlaufen sollen:

Geld auf den Tisch, Inhaberaktien herüberschieben, Transaktion abgeschlossen. So geschehen beispielsweise Mitte der 1990er-Jahre in Liechtenstein:

Eine dort von Russen registrierte Offshore-Gesellschaft in der Rechtsform einer Aktiengesellschaft hatte bei einer Bank in Vaduz einen Safe angemietet, in den etliche Pilotenkoffer gefüllt mit russischen Edelsteinen eingelagert wurden. Diese Steine im hohen zweistelligen Millionenwert wurden auf dem internationalen Markt zum Kauf angeboten. Ein Käufer wurde durch Mittler schnell gefunden: Ein Drogenbaron aus Südamerika, der auch gleich eine Schweizer Bank »im Gepäck« hatte, die sich auf das Beleihen von Edelsteinen spezialisiert hatte. Nach eingehender Prüfung der Steine durch Gutachter der Bank konnte der Deal über die Bühne gehen.

Im ersten Schritt wurden die Inhaberaktien der Gesellschaft, die den Safe angemietet hatte, mit dem Safe-Schlüssel gegen einen hohen Cash-Millionenbetrag an den Südamerikaner ausgehändigt. Die Russen hatten das Geld, der Südamerikaner die Aktien der Gesellschaft und die Steine – und gleichzeitig sein illegales Geld gewaschen.

Im zweiten Schritt wurden die Steine von der Schweizer Bank beliehen, der Kredit dem Südamerikaner in Zürich für neue geschäftliche Aktivitäten zur Verfügung gestellt. Als Sicherheit für den Kredit dienten die Steine im Safe, die Bank bekam als Sicherheit die Aktien der Gesellschaft und den Schlüssel zum Safe.

Außer dem Austausch von Papier (Aktien) und Safe-Schlüssel fanden keine weiteren physischen Transaktionen statt.

Heute wäre das kaum noch möglich, denn Inhaberaktien wurden in den letzten Jahren in den meisten Steueroasen abgeschafft. Was, wie das Beispiel Bahamas zeigt, für die Steueroasen gravierende Folgen hatte:

Die Zahl der Registrierungen brach ein (siehe Seite 76).

Zu groß war der internationale Druck und zu schwach waren die Argumente, warum man dieses ideale Geldwäschemittel weiter erlauben sollte. Offshore-Gesellschaften sind heute daher häufig wie Matroschka-Figuren aufgebaut:

Sie haben als Shareholder andere Firmen – und wer in die Besitzverhältnisse dieser Firmen reinschaut, stößt wieder auf neue Firmen. So lässt sich das unendlich fortsetzen.

## Die Rolle der Scheinanteilseigner

Ein weiteres Instrument zur Verschleierung sind die Scheinanteilseigner. Das sind Menschen oder Briefkastenfirmen, die treuhänderisch die Aktien halten, also im Auftrag von anderen. Das ist meist legal, im Gegensatz zu einem Service, den Offshore-Dienstleister in den Steueroasen aber auch anbieten:

Den Service eines echten Menschen, der sich als wahrer Eigentümer einer Gesellschaft ausgibt – ohne es tatsächlich zu sein.

Denn es gilt die Regel: Egal, ob man Strohmänner als Direktoren einsetzt oder Offshore-Gesellschaften als Anteilseigner, am Ende einer Verschleierungskette muss immer ein echter Mensch stehen – der letztgültige Eigentümer.

Das verlangen die Anti-Geldwäsche-Gesetze. Alle halbwegs seriösen Banken richten inzwischen nur noch Konten für Offshore-Gesellschaften ein, wenn ihnen der letztgültige Eigentümer genannt wird. Ihn muss die Bank dann überprüfen, um sicher zu sein, mit wem sie Geschäfte macht. Der ein oder andere Offshore-Dienstleister in Steueroasen bietet seinen Kunden daher an, diesen Bank-Überprüfungsmechanismus auszuschalten: Für eine in der Regel fünfstellige Summe offerieren sie, einen echten Menschen einzusetzen, der anstelle des tatsächlichen wahren Eigentümers als Eigentümer auftritt.

Die Offshore-Welt kann nur funktionieren, weil es einen unerschöpflichen Pool an Menschen gibt, die als Strohleute ihre Namen für allerlei dubiose Geschäfte hergeben. Und das, obwohl sie für Rechtsverstöße jener Firmen, die sie auf dem Papier leiten, zur Rechenschaft gezogen werden können. Im Zweifel drohen ihnen Schadenersatzforderungen in Millionenhöhe. Wenn diese Scheindirektoren nur für das Treiben auch nur einer einzigen Gesellschaft vor Gericht müssten, dürfte das ihr Ruin sein:

In Neuseeland wurde 2010 eine Scheindirektorin verurteilt. Zuvor waren auf dem Flughafen Bangkok Panzerbüchsen, Raketenwerfer und Flugabwehrsysteme in einem Flieger gefunden worden, der eigentlich Ölbohrausrüstung transportieren sollte. Die Waffen kamen aus Nordkorea und sollten wohl in den Iran. Ein illegales Geschäft.

Verurteilt wurde aber nur eine Chinesin, die als Austauschstudentin nach Neuseeland gekommen war. Für 20 neuseeländische Dollar hatte sie sich von einem Offshore-Dienstleister als Scheindirektorin von Offshore-Firmen eintragen lassen. Am Ende war sie laut einem neuseeländischen Richter die einzige echte Person, die die Ermittler im internationalen Firmengeflecht finden konnten. Alle anderen Spuren führten ins Leere.

## VERKEHRTE WELT – WIE DAS GESCHÄFT ÜBER STEUEROASEN FUNKTIONIERT

Ob Bananen aus Honduras, Textilien aus Bangladesch, Edelhölzer aus Indonesien, Autos aus Korea oder Fernsehgeräte aus Taiwan – ein Großteil unserer Nahrungsmittel, unserer Kleider, Möbel, Autos oder Elektroartikel hat eine Reise durch die Welt der Steueroasen hinter sich, wenn sie bei uns angeboten werden. Zwei Drittel des weltweit grenzüberschreitenden Handels erfolgt durch multinationale Unternehmen, die mit Niederlassungen rund um die Welt vor allem in Steueroasen vertreten sind. Das Zauberwort für sie heißt »Transfer Pricing«. Dazu bieten sich Steueroasen an. Denn über den Umweg über sie lässt sich die Steuerbelastung am eigentlichen Sitz der Unternehmen in den meisten Fällen auf null herunterfahren. Transfer Pricing ist der Grund, warum Unternehmen so international aufgestellt sind – und weshalb diese in der Regel schneller wachsen als die nationale Konkurrenz.

Attraktiv für Unternehmen ist es beispielsweise, Einnahmen aus Lizenz-, Patent- oder Markenrechten durch Steueroasen zu schleusen. Wichtig dabei ist das Doppelbesteuerungsnetzwerk zwischen verschiedenen Ländern. Dabei kommt es darauf an, wie die Abkommen im Einzelfall den Quellensteuersatz begrenzen, den ein Land erheben kann, wenn der Empfänger in einem anderen Land Erträge/Tantiemen erhält:

Diese Kenntnis vorausgesetzt kann man etwa Einnahmen, die im Land A entstehen, durch Land B schleusen, um sie von dort nach Land C zu transferieren. Erhebt dann Land A hohe Quellensteuern auf Zahlungen an Land C, jedoch nur geringe oder gar keine Steuern auf Zahlungen an Land B, kann der Umweg über Land B für das Unternehmen geldwert sein.

Dieses System funktioniert durch Zwischenschalten zusätzlicher Gesellschaften – auch Offshore-Gesellschaften –, siehe das Beispiel Apple.

Damit das so bleibt, entwickeln international operierende Steuer- und Wirtschaftsprüfungskanzleien immer neue Steuersparkonstrukte, die dann liebevoll Double Irish oder Dutch Sandwich etc. genannt werden. Liebevolle Konstrukte, über die Multis Jahr für Jahr Milliarden an Steuern einsparen. Wer will es Unternehmenslenkern schon verdenken, wenn sie sich bei ihrem Ziel, Gewinne für ihre Aktionäre zu optimieren, Steuerunterschiede zwischen einzelnen Ländern zunutze machen. Sind ihre Unternehmen dann börsennotiert und zahlen sie mehr Steuern als notwendig, müssen sie sich sogar vor ihren Aktionären rechtfertigen. Im Extremfall machen sie sich sogar schadensersatzpflichtig.

Bei aller Kritik am Geschäftsgebaren von Steueroasen und Offshore-Finanzzentren – das Festsetzen von Steuern und Steuersätzen ist nun mal nationales Recht. Solange es also zwischen Ländern Steuerunterschiede gibt, werden diese auch von Unternehmen und Investoren genutzt werden. Doppelbesteuerungsabkommen helfen ihnen dabei, über das sogenannte Treaty Shopping die Steuerlast bei Investitionen in anderen Ländern zu optimieren, s.o. das Beispiel Mauritius/Indien. Dem deutschen Fiskus gehen dadurch auch infolge der Praktiken deutscher Unternehmen Jahr für Jahr Milliardenbeträge verloren.

Etwa über das sogenannte Coordination Center in Belgien. Vor allem deutsche Unternehmen nutzen dieses steuergünstige Konstrukt (10 Prozent und weniger), um darüber ihre internationalen Aktivitäten zu finanzieren und zu koordinieren. Die dann in Belgien erzielten Gewinne können aufgrund des Doppelbesteuerungsabkommens zwischen Belgien und Deutschland steuerfrei in die Heimat transferiert werden. Wie das in der Praxis funktioniert, zeigt das Beispiel BASF:

Der größte Chemiekonzern der Welt produziert seine jährlichen Milliardengewinne nicht nur aufgrund seiner Innovationen. Der Konzern unterhält auch eine große Steuerabteilung. Deren Aufgabe besteht u.a. darin, Gelder zwischen Niederlassungen in unterschiedlichen Ländern und Kontinenten hin und her zu schieben. Im Coordination Center der BASF in Antwerpen arbeiten nur rund 200 Mitarbeiter, deren Hauptaufgabe es ist, für den Konzern weltweit ganz legal Steuern zu sparen. Mit Erfolg: Der Steuersatz auf die hohen dreistelligen Millionengewinne lag 2011 bei nur 2,6 Prozent.

Doch das Coordination Center bietet BASF weitere Steuersparmöglichkeiten: Das Center wurde finanziell mit rund 14 Milliarden Euro ausgestattet, um damit internationale Aktivitäten zu finanzieren. Dabei lassen sich in Belgien hohe fiktive Zinsen geltend machen. So konnte das Coordination Center im gleichen Jahr rund 116 Millionen Euro an die Schwesterfirma BASF in Antwerpen überweisen. Dort blieb die Dividende nach belgischem Steuerrecht zu 95 Prozent steuerfrei. Völlig steuerfrei blieb im gleichen Jahr auch der Erlös von 488 Millionen Euro, der der belgischen BASF-Niederlassung aus dem Verkauf eines Tochterunternehmens zufloss.

Durch das Konstrukt »Zinsen auf das Eigenkapital des Unternehmens« besteht gerade für deutsche Unternehmen ein Anreiz, möglichst viel Eigenkapital – s.o. BASF – in eine unternehmenseigene Finanzierungsgesellschaft mit Sitz in Belgien zu verlagern. Dies geschieht in der Regel in der Form eines Coordination Centers, da es dort Abgaben mindert. Später können die aus den Finanztransaktionen generierten Gewinne aufgrund des Doppelbesteuerungsabkommens Belgien/Deutschland dann steuerfrei in die Heimat transferiert werden. Während der »normale« Unternehmensteuersatz in Belgien bei 33,99 Prozent liegt, lag die Steuerlast über den »Umweg Belgien« beispielsweise bei der dort ansässigen Volkswagen Group nach Berechnungen der Belgischen

Nationalbank durch derartige Aktivitäten im Jahr 2011 bei 0 Prozent. Was Irland aus steuerlicher Sicht für US-Unternehmen ist, ist Belgien für deutsche Konzerne – ganz legal.

## Warum denn in die Ferne ziehen – auch in Europa lassen sich Steuern sparen

Um als Unternehmen Steuern zu sparen, muss man also nicht erst in entfernte Steueroasen ziehen. Denn die gibt es auch vor der Tür in Europa. Auch haben einige EU-Staaten historisch direkte Verbindungen zu Steueroasen in Europa, die sich von Unternehmen – im Einzelfall aber auch von Privatpersonen – steuersparend nutzen lassen:

- Madeira und die Azoren sind autonome portugiesische Provinzen und als solche integraler Bestandteil der EU. Sie erhalten staatliche Beihilfen und Steuervergünstigungen, um die wirtschaftliche Entwicklung auf den Inseln zu fördern. Dort ansässige Privatpersonen und Unternehmen – auch aus dem Ausland – profitieren davon.
- Die Kanarischen Inseln haben einen ähnlichen Status, da sie zu Spanien und somit zur EU gehören.
- Für Gibraltar regelt Art. 28 des Beitrittsabkommens, dass es »nicht dem Gemeinsamen Zolltarif, der Gemeinsamen Agrarpolitik und der Harmonisierung der Umsatzsteuern unterliegt«. In Gibraltar gibt es keine Mehrwertsteuer.
- Gleiches gilt für Åland, eine halbautonome Inselprovinz Finnlands.
- Die Channel Islands und die Isle of Man, die im Rahmen der Zollunion nur dem gemeinsamen Außenhandelszoll und bestimmten Agrarabgaben unterliegen, müssen gemäß Art. 299 der Römischen Verträge keine Mehrwertsteuer erheben. Auch sind sie nicht an britische Steuergesetze gebunden.
- Andorra gehört nicht der EU an, ist also nicht an EU-Vorgaben gebunden. Es hat sich dadurch seit den 1990er-Jahren zu einem

mehrwertsteuerfreien Einkaufsparadies entwickelt. Mit der EU besteht lediglich eine Zollunion.

- Monaco regelt seine äußeren Angelegenheiten selbst, wird aber dem EU-Zollgebiet zugerechnet. Das Fürstentum am Mittelmeer erhebt keine Mehrwertsteuer. Mit Frankreich besteht ein Steuerabkommen.
- Die Republik San Marino hat ein Zollabkommen mit der EU. Vom umgebenden Italien ist sie steuerlich jedoch abgekoppelt.
- Campione gehört zum Zollgebiet der Schweiz, ist aber ein Teil der EU. Es gelten die italienischen Steuergesetze und -abkommen.

Eine Lizenz zum Steuersparen für Unternehmen sind die sogenannten »Patentboxen«. Statt Schlupflöcher zu schließen, haben einige EU-Länder in den vergangenen Jahren neue Privilegien geschaffen, um ausländische Unternehmen anzulocken. Selbst Deutschland überlegt, eine Patentbox einzuführen. Dahinter verbirgt sich die Möglichkeit für Unternehmen, Einnahmen aus der Vergabe von Lizenzen oder der Nutzung von Patenten zu einem deutlich geringeren als dem regulären Satz zu versteuern. Die Unterschiede sind enorm: Während auf Malta die normale Unternehmensteuer 35 Prozent beträgt, sind Einnahmen der Patentbox steuerfrei. In Belgien sind 6,8 Prozent statt regulär 34 Prozent fällig. In den Niederlanden beträgt der reduzierte Satz 5 Prozent statt normalerweise 25 Prozent. Insgesamt haben 12 EU-Staaten eine derartige Regelung, zuletzt sind Portugal, Großbritannien und Zypern dazugestoßen. Das Nicht-EU-Land Schweiz bereitet eine derartige Regelung vor.

Durch die zunehmende Zahl von Patentbox-Regelungen kommt es auch zwischen den europäischen Hochsteuerländern zu einem Steuerwettbewerb, der das Besteuerungsniveau insbesondere für international operierende Unternehmen deutlich absenkt.

Und dann gibt es da noch die Flat Tax. Zu Beginn in den 1990er-Jahren hoch gepriesen, scheint diese jetzt immer mehr aus der Mode zu kommen. Die Modelle weisen große Unterschiede auf. In manchen Ländern gilt der Einheitssteuersatz für alle Ein-kommensarten, in anderen gilt er nur für unselbstständig Beschäf-tigte. Sonderregeln variieren von Land zu Land. 1994 führte Estland (18 Prozent) eine Flat Tax ein. Es folgten Lettland (26), Litauen (15), Russland (13), Serbien (15), Georgien (20), Rumänien (16), Tsche-chien (15), Weißrussland (12), Albanien (10), Bulgarien (10), Maze-donien (10) und Ungarn und Island (18). Die Flat Tax war nötig, um ausländische Investoren anzulocken. Sie wird aber wohl nur einen temporären Charakter haben. Auch ist es häufig kompliziert, die Bemessungsgrundlage für den dann einfachen Steuersatz zu er-mitteln. Die Slowakei hat das Steuermodell zwischenzeitlich schon wieder abgeschafft.

## DIE MACHER DER STEUEROASEN-INDUSTRIE – BANKEN, JURISTEN, WIRTSCHAFTSKANZLEIEN, REGIERUNGEN UND PROVIDER

Die Hauptakteure in den Steueroasen sind Banken, Juristen, Wirt-schaftskanzleien, Regierungen und eine Schar von Vermittlern. Die schmieden die Steuerkonstrukte, die es Vermögenden und Unter-nehmen möglich machen, über das Ausland in der Heimat Steuern zu vermeiden. Die zunehmende Globalisierung und der technische Fortschritt erleichtern das. Die steuerlichen Rahmenbedingungen dazu haben Regierungen geschaffen. Sie haben in den letzten Jahr-zehnten die Steuern in ihren Ländern bewusst gesenkt, um mit ge-zielten Steuervorteilen ausländisches Kapital und ausländische In-vestitionen anzulocken. Was Irland, Belgien oder Luxemburg für Unternehmen bedeutet, heißt Großbritannien, Schweiz oder USA für Vermögende. Indem sie in den 1980er-Jahren auf die Erhebung von Quellensteuern auf Kapitalerträge bei Ausländern verzichteten, förderten sie aktiv die Kapitalflucht aus anderen Ländern.

Solange zwischen Ländern Steuerunterschiede bestehen und solange es Staaten gibt, die den internationalen Steuerwettbewerb anheizen und Anreize für Investitionen und zur Kapitalflucht aus anderen Ländern bieten, solange wird es auch Steueroasen geben. Doch damit das dann auch funktioniert und sich Vermögende und Unternehmen aus dem Ausland in der jeweiligen Steueroase gut aufgehoben fühlen, braucht es dort eine funktionierende Infrastruktur sowie spezialisierte und eingespielte Akteure:

**Vermittler (Provider):** Der Weg zu einer Offshore-Gesellschaft führt in der Regel über einen Vermittler. Ohne ihn käme das Offshore-Geschäft schnell zum Erliegen. Heute sind das zum Teil große Kanzleien, die Steueroasen-übergreifend arbeiten. Sie verwalten mit mehr oder weniger großen Mitarbeiterstäben häufig Zigtausende, in Einzelfällen auch Hunderttausende Offshore-Gesellschaften. Sie wenden sich an die örtlichen Behörden, erledigen den wenigen Papierkram zur Registrierung, zahlen die nötigen Gebühren und holen sich die Registrierungsstempel ab. Bei den Bahamas-Leaks beispielsweise tauchen allein 539 Vermittler auf. Gemessen an der Zahl der gegründeten Offshore-Gesellschaften auf den Bahamas ist der größte unter den Vermittlern die Firma Mossack Fonseca mit 15 915 Eintragungen. Jene Beratungsfirma, die auch im Mittelpunkt der Panama Papers steht. Unter den wichtigsten Vermittlern in der Welt der Steueroasen zählen aber auch die Schweizer Großbanken UBS und Credit Suisse sowie die unten aufgeführten Wirtschaftsprüfungsunternehmen.

Einer der weltweit größten Vermittler ist die Kanzlei Mossack Fonseca in Panama. Dahinter stehen der Deutsche Jürgen Mossack und sein Partner Ramón Fonseca aus Panama. Sie helfen reichen Kunden, ihr Geld zu verstecken. Darunter sind Diktatoren, Drogenbarone, Mafiosi, Waffendealer – und natürlich auch Fifa-Funktionäre. Der Job der Kanzlei ist es, bei der Verschleierung von Geschäften zu helfen.

Jürgen Mossack stammt aus Fürth und verließ mit seinen Eltern Deutschland Anfang der 1960er-Jahre Richtung Panama. Er ging dort zur Schule, studierte Jura und arbeitete nach dem Examen bei Kanzleien in London und Panama. 1977 gründete er dort seine eigene Kanzlei, die Jürgen Mossack Lawfirm. Schon früh spezialisiert sich Mossack auf Offshore-Gesellschaften. 1986 steigt der panamaische Anwalt und Präsidenten-Flüsterer Ramón Fonseca Moro als Partner ein. Dritter im Bunde wird der Schweizer Christoph Zollinger. Dieser behauptet heute – nach 35 Jahren bei Mossack Fonseca –, mit dem Offshore-Geschäft nichts mehr zu tun zu haben.

Mossack Fonseca hat aber viel damit zu tun, dass die Steueroase Panama auf der schwarzen Liste der EU steht. So mancher im Land ist stolz darauf. Die Elite Panamas ist eine eingeschworene Gemeinschaft, Jürgen Mossack eine Autorität. Er war im »nationalen Rat für Außenbeziehungen« der Regierung, ist Mitglied bei den Rotariern, besitzt mehrere Helikopter und eine Yacht. Die Kanzlei Mossack Fonseca vermehrt sogar Geld, das es gar nicht gibt. Sie allein hat in den letzten Jahrzehnten rund 215 000 Offshore-Gesellschaften und Stiftungen in 21 Steueroasen rund um den Globus gegründet. Zum überwiegenden Teil betreut sie diese heute noch. Die meisten Firmen befinden sich in bzw. auf:

- den British Virgin Islands: 113 648
- Panama: 48 360
- Bahamas: 15 915
- Seychellen: 15 182
- Niue/Pazifik: 9 611

Um seine weltweite Klientel bestmöglich zu bedienen und die engen Verbindungen zu wichtigen Playern in der Finanzwelt zu pflegen, ist die Kanzlei in über drei Dutzend Ländern – vornehmlich Steueroasen – mit eigenen Repräsentanzen vertreten. Rund um den Globus gibt es viele solcher Kanzleien. In der Übersicht sind wichtige Player im Offshore-Firmengründungsgeschäft, dem »Offshore Magic Circle law firms«, aufgelistet. Die Übersicht zeigt, wo diese Kanzleien ihren Hauptsitz haben und in welchen Steueroasen sie Offshore-Gesellschaften im Einzelfall registrieren lassen.

| Firma | Anwälte (2016) | Ber-mudas | British Virgin Islands | Cayman Islands | Dublin | Guern-sey | Jersey | Mau-ritius | Andere | »Heimat«-Juris-diktion |
|---|---|---|---|---|---|---|---|---|---|---|
| Appleby | 210 | Ja | Ja | Ja | | Ja | Ja | Ja | Isle of Man, Seychellen | Bermuda |
| Bedell Cristin | 67 | | Ja | Ja | Ja | Ja | Ja | Ja | | Jersey |
| Carey Olsen | 188 | | Ja | Ja | | Ja | Ja | | | Channel Islands |
| Conyers | 128 | Ja | Ja | Ja | | | | Ja | Anguilla | Bermuda |
| Harneys | 139 | Ja | Ja | Ja | | | | Ja | Anguilla, Zypern | British Virgin Islands |
| Maples | 291 | | Ja | Ja | Ja | | | | | Cayman Islands |
| Mourant Ozannes | 186 | | Ja | Ja | | Ja | Ja | | | Channel Islands |
| Ogier | 154 | | Ja | Ja | | Ja | Ja | | Luxemburg | Jersey |
| Walkers | 180 | Ja | Ja | Ja | Ja | | Ja | | | Cayman Islands |

**Übersicht: Offshore Magic Circle law firms**
**Quelle: The Cayman Islands Journal**

**Banken:** Steueroasen und der damit einhergehende Steuerentzug sind ohne Banken nicht denkbar. Dabei tendieren die Finanzinstitute dazu, sich in Steueroasen und Offshore-Finanzzentren anzusiedeln, die in geografischer Nähe zu den Gebieten liegen, in denen sie selbst aktiv sind. So ziehen beispielsweise die Cayman Islands vor allem Finanzhäuser aus Lateinamerika an; auf Bermuda und den Bahamas sind US-Banken präsent; auf den Channel Islands haben vor allem britische und europäische Geldhäuser Niederlassungen. Nach Luxemburg zieht es vor allem deutsche Banken; in der Pazifikregion sind es Banken aus Australien und Neuseeland. Denn es hat sich gezeigt, dass Ausländer ihr Geld in Steueroasen vorrangig bei Banken anlegen, die sie von zu Hause bereits kennen. Banken sind aber auch dafür verantwortlich, steuerpflichtigen Ausländern überhaupt erst Möglichkeiten und Wege aufzuzeigen und zu öffnen, um dann mithilfe ihrer Steuersparkonstrukte in der Heimat Steuern zu sparen. Stiftungen, Trusts und Briefkastenfirmen gehören dazu. Davon sind die großen deutsche Banken – auch öffentliche und private – mit ihren Niederlassungen im Ausland nicht ausgenommen.

**Juristen:** Sie nehmen bei der Entwicklung von Steuerkonstruktionen häufig Schlüsselpositionen ein. Sie sind in Ministerien und Behörden tätig, wo Gesetze und Vorschriften formuliert werden. Manche dieser Gesetze schaffen bewusst eine Steuerungerechtigkeit, um dadurch dem jeweiligen Land im internationalen Steuerwettbewerb einen Vorsprung zu verschaffen. Immer mit dem Ziel, Investoren und Kapital aus dem Ausland anzuziehen. Daneben sind Juristen von Unternehmen und großen Anwaltskanzleien ständig darum bemüht, unter Ausnutzung aller legalen Möglichkeiten Steuern zu minimieren. Und sie agieren häufig als Strohmänner bei Offshore-Gesellschaften, um die Funktionen der Direktoren und Anteilseigner auszufüllen.

**Wirtschaftsprüfer:** Sie müssen in der Lage sein, internationale Konzerne nach den Vorschriften und Gesetzen unterschiedlicher Länder zu prüfen. Sie haben sich u.a. deshalb in den letzten beiden Jahrzehnten zu global tätigen Unternehmen zusammengeschlossen. Weltweit führend – auch im Geschäft mit den Steueroasen –

sind PricewaterhouseCoopers (Pwc), Deloitte Touche Tohmatsu, KPMG sowie Ernst & Young. Alle vier Wirtschaftsprüfungsunternehmen sind in den wichtigsten Steueroasen und Offshore-Finanzzentren vertreten.

Jedes Unternehmen hat in den letzten Jahrzehnten massiv zur Förderung und Entwicklung der Steueroasen-Welt beigesteuert. Ihre Experten dominieren die Fachverbände der Steuerberater und Wirtschaftsprüfer. Es ist daher nicht verwunderlich, dass bislang keiner dieser Fachverbände die Nutzung von Offshore-Finanzplätzen und Steueroasen, die aggressive Steuervermeidung oder die Unterstützung regelwidriger Steuervermeidungsmaßnahmen durch Verbandsmitglieder und ihrer Beratungsunternehmen verurteilt hat.

**Regierungen:** Die Regierungen der Steueroasen tragen einen Teil der Verantwortung für die weltweite Steuerungerechtigkeit. Sie alle haben auf ihre Art zur Schaffung eines Systems beigetragen, das eine ungleiche Vermögensverteilung in der Welt fördert. Auf den Cayman Islands, den British Virgin Islands oder auf den Channel Islands hängt heute mehr als die Hälfte der Wirtschaftsleistung vom Finanzdienstleistungs- und Steuerspargewerbe ab. Mit den dabei erzielten Gebühren etwa für die Registrierung von Offshore-Gesellschaften kann man bei Steuern schnell großzügig sein. Einkommen-, Gewinn- und Erbschaftsteuern werden dann beispielsweise wie auf den British Virgin Islands nicht erhoben. Müssten diese und andere Destinationen ihre Offshore-Tätigkeit einstellen, würde ihre Wirtschaft innerhalb kurzer Zeit kollabieren.

Nicht jede Offshore-Gesellschaft ist illegal, nicht in jeder steckt Schwarzgeld. Aber jeder Steuerbetrüger, jeder Geldwäscher, jeder Korrupte liebt Briefkastenfirmen. Rund um den Globus gibt es viele Banken und Kanzleien, die bei der Gründung behilflich sind. Viele Steueroasen mit Gesetzen, die nur der Förderung solcher Geschäfte dienen. Kaum vorzustellen, was wäre, wenn es in allen Steueroasen, in allen involvierten Banken und Kanzleien Datenlecks wie bei der Credit Suisse, bei Julius Bär, bei der HSBC, auf den Bahamas, in Luxemburg oder in Panama gäbe. Wenn alles ans Licht käme.

# IV.
## DIE WELT DER STEUEROASEN

### DER MENSCH, EIN STEUERFLÜCHTLING

Solange es Steuern gibt, wird es auch Möglichkeiten geben, sie zu umgehen. Das war schon im 18. Jahrhundert so, als die Begriffe Briefkastenfirma oder Offshore-Gesellschaft noch gar nicht erfunden waren. Dennoch kannten die Menschen schon damals Wege, sich ihre Steuern klein zu tricksen. Zu jener Zeit mussten beispielsweise Franzosen und Engländer eine Abgabe für die Anzahl der Fenster in ihren Häusern zahlen. Je mehr Fenster es gab, desto höher fiel die Steuer aus. Um Geld zu sparen, mauerten viele Hausbesitzer nachträglich Fenster zu. Bis heute sind die Überbleibsel dieser Zeit in vielen britischen und französischen Städten zu sehen: Sogenannte Blindfenster ohne Glas, bei denen die Öffnung in der Fassade einfach wieder verstopft wurde.

Heute, im 21. Jahrhundert, hat sich die Welt zwar grundlegend verändert, die Abscheu vieler Menschen vor dem Steuerzahlen ist aber geblieben. Millionen Briefkastenfirmen und Billionen auf den Konten dieser Gesellschaften scheinen der Beweis zu sein. Rund um den Globus haben sich vermögende Privatpersonen und Unternehmen in den letzten Jahrzehnten mithilfe von Banken, Anwälten, Offshore-Helfern und komplizierten Firmengeflechten in Steueroasen arm gerechnet, um in der Heimat Steuern zu sparen.

Der derzeitige öffentliche Ärger ist umso größer, da die Praktiken dieser Steueroasen per se nicht verboten sind. Es geht eher um die Moral in einem Wirtschaftssystem, dessen Kapital längst keine Grenzen mehr kennt, dessen Steuern aber an Länder gekettet sind.

- Wieso wurden Steueroasen wie die Cayman Islands, die Bahamas oder Panama nicht schon längst ausgetrocknet, wenn ein Großteil der Bürger solche Steuerschlupflöcher offensichtlich für Betrug hält?
- Was ist so schwierig daran, eine solche Steuervermeidung zu verhindern?

Das Problem beginnt bereits damit, das genaue Ausmaß der Offshore-Welt zu beziffern. »Millionen« Offshore-Gesellschaften – das scheinen viele zu sein. Allerdings lässt das keine Rückschlüsse darauf zu, wie viel Kapital sich dort wirklich befindet. Wie viel davon legal oder illegal ist, wie viel davon versteuert oder nicht versteuert ist. Tatsächlich finden sich in den bisherigen Leaks wenig konkrete Zahlen hierüber, wie viel Geld hinter diesen Offshore-Gesellschaften steht. Es gibt zwar viele Indizien, aber wenig konkrete Belege.

Clemens Fuest, Präsident des Münchner Ifo Instituts, schätzt, dass aktuell rund 8 Prozent des weltweiten Finanzvermögens in Steueroasen geparkt sind. Das entspricht etwa 5,8 Billionen Euro. Andere Untersuchungen konzentrieren sich auf einzelne Unternehmen: Konzerne wie Apple, Google, Ikea oder Starbucks stehen seit Langem in der Kritik, da sie mit Gewinnverschiebungen gezielt Steuerschlupflöcher in Ländern wie Irland, den Niederlanden oder in Steueroasen in der Karibik nutzen. Dadurch entgehen ihren Heimatländern jährlich Milliardenbeträge an Steuereinnahmen. Alles ganz legal.

Im letzten Jahrhundert haben sich Niedrig- und Hochsteuerländer mit mehr oder weniger attraktiven Steuersystemen entwickelt. Und mit gesellschaftsrechtlichen Konstrukten, um diese Steuersysteme bestmöglich nutzen zu können. Sicherlich gibt es Fälle, in denen Schwarzgeld über solche Konstrukte gewaschen oder kriminelle Gelder auf ihren Konten versteckt werden. Andere Personen und Unternehmen haben aber lediglich die legalen Angebote von Staaten angenommen. Juristisch ist ihnen somit nichts vorzuwerfen. Schließlich ist es eine politische Aufgabe, die Steuersysteme besser aufeinander abzustimmen und transparenter zu machen. Stattdessen aber verharrt die Politik noch immer im Wettstreit um die niedrigsten Steuersätze.

Ein faires Steuersystem ohne Schlupflöcher lässt sich nur auf internationaler Ebene beschließen. Vereinbarungen innerhalb Europas oder auf G20-Ebene sind ein Schritt in die richtige Richtung. Es funktioniert aber nicht, wenn Länder wie die Bermudas, die British Virgin Islands oder Panama außen vor bleiben. Eine Reform oder gar Abschaffung der Steueroasen ist nur durch langfristigen politischen Druck möglich. Letztlich aber wird es wohl immer Anreize für einzelne Staaten geben, Unternehmen und Privatpersonen mit Steuervergünstigungen zu sich zu locken. Die Geschichte der Fenstersteuer zeigt das: Die Engländer hörten erst auf, ihre Fenster zuzumauern, als die Abgabe wieder abgeschafft wurde.

**Solange es auf unserem Globus also Steuerwüsten gibt, solange wird es auch Steueroasen geben. Panama ist eine davon.**

## STEUEROASE PANAMA

2016 boomt die Wirtschaft, die Banken florieren und vom Wirtschaftswachstum mit rund 8 Prozent können europäische Länder nur träumen. Von den Nullsteuern, dem Bankgeheimnis und der Anonymität auch. Keine internationalen Abkommen zum Informationsaustausch steuerrelevanter Daten und weder eine Anerkennung von Gläubigerforderungen und Gerichtsurteilen anderer Länder noch namenlose Aktien bei Gesellschaften, damit die Eigentümer anonym und geschützt bleiben ... All das hat die Republik Panama in den letzten 20 Jahren zu einer der attraktivsten Steueroasen weltweit gemacht. »*Pro Mundi Beneficio – Für das Wohl der Welt*«, heißt es im Staatswappen Panamas.

Das haben sich in der Vergangenheit nicht nur Drogenbarone aus Südamerika und Kriminelle aus dem Rest der Welt, sondern in den letzten Jahren auch immer mehr vermögende Privatpersonen und Unternehmen aus Hochsteuerländern zunutze gemacht. Das mittelamerikanische Land hat also mehr zu bieten als tropische Regenwälder, Arten- und Pflanzenvielfalt, Traumstrände, Hunderte noch unbewohnte Inseln oder den Panamakanal.

Dabei haben der massive Eingriff des Kanalbaus und seine über ein Jahrhundert dauernde Nutzung offenbar bislang weder dem Dschungel noch den dort lebenden Menschen geschadet, im Gegenteil: Sie haben die Bäume in Ruhe gelassen und zum Beispiel die Embera-Indianer im Soberanía-Nationalpark in der Mitte Panamas vor den Belästigungen durch eingeflogene Holzfäller der großen Konsortien geschützt, die für die indigenen Völker Amazoniens oder des Kongobeckens in Afrika zur tödlichen Bedrohung geworden sind. Selbst Touristen kommen erst seit ein paar Jahren in den Nationalpark.

Das hat etwas mit der Kanalvertragskonstruktion zu tun: Die USA besaßen bis 1999 die Hoheit über den Panamakanal und einen schmalen Landstreifen an dessen beiden Seiten. An dem Dschungel dagegen hatten die Amerikaner kein wirtschaftliches Interesse, sie haben die Pflanzen dort einfach wachsen lassen. Und daran hat sich auch seit der Übernahme des Kanals durch Panama und trotz der Erweiterungsarbeiten am Kanal, die Mitte 2016 vollendet wurden, nichts geändert. 100 Jahre lang konnten nur Schiffe mit einer Breite von 32 Metern die 82 Kilometer lange Wasserstraße durchqueren, die Mittelamerika durchschneidet und den Atlantik mit dem Pazifik verbindet. Nun ist der Weg frei für Schiffe mit bis zu 14 000 Containern. Die Schleusen lösen eine Welle des Größenwachstums auf den Weltmeeren aus. Und sie könnten Reeder dazu bewegen, wichtige Routen umzulegen. Rund 1 Milliarde Dollar steuern die Kanalgebühren aktuell zum Staatshaushalt bei. Durch den Ausbau soll sich die Summe verdreifachen.

Erhöhen soll sich auch die Zahl der erstmals 1927 registrierten Handelsschiffe, die auf den Weltmeeren unter der Billigflagge Panamas fahren. Aktuell sind es rund 11 500. Panama führt damit das weltweite Ranking der Billigflaggen vor Liberia, Malta, den Bahamas und Singapur an.

Erhöhen sollte sich auch die Zahl der in Panama registrierten Offshore-Gesellschaften – über 200 000 waren es Anfang 2016. Doch seit der Veröffentlichung der Panama Papers sieht die Welt in der Steueroase Panama plötzlich anders aus. Dabei stand deren Weltoffenheit seit Mitte der 1980er-Jahre vor allem für ausländisches Kapital. Damals entstand das legendäre panamaische Finanzsystem.

## Oh, wie schön ist Panama

Das System basiert im Wesentlichen darauf, ausländische Banken und Investoren mit möglichst wenig Regeln und Steuern zu belästigen. Sie sollen in aller Ruhe und Diskretion ihre Geschäfte machen können. Damals wurde auch das Bankgeheimnis eingeführt, das in seinen Grundzügen bis heute gilt. Um das Gesetz zusammenzufassen: Tobt euch hier aus! Das ist gut für Panama und gut für die Welt. Bis zur Veröffentlichung der Panama Papers hätte man vielleicht sagen können, das Finanzmodell stimmt. Denn das Geschäft mit den Briefkastenfirmen war neben dem Kanal über viele Jahre die wichtigste Stütze der panamaischen Wirtschaft. Doch jetzt sind die Offshore-Geschäfte enttarnt und der Ruf des mittelamerikanischen Staates ist ruiniert.

»Finanzgeschäfte«, so sagte Präsident Juan Carlos Varela anlässlich seines Deutschlandbesuchs in einem Interview mit der Süddeutschen Zeitung (SZ vom 24.10.2016), »werden an vielen Standorten getätigt, in Luxemburg, auf den Bahamas, in Delaware. Ich bin ein Kämpfer gegen Steuerhinterzieher und Geldwäscher.« Früher, also unter seinem Vorgänger Ricardo Martinelli oder dem Autokraten Manuel Noriega, habe es fragwürdige Geschäfte gegeben. »Damit ist aber Schluss.« Die Zukunft Panamas läge nicht im Geld aus frag-

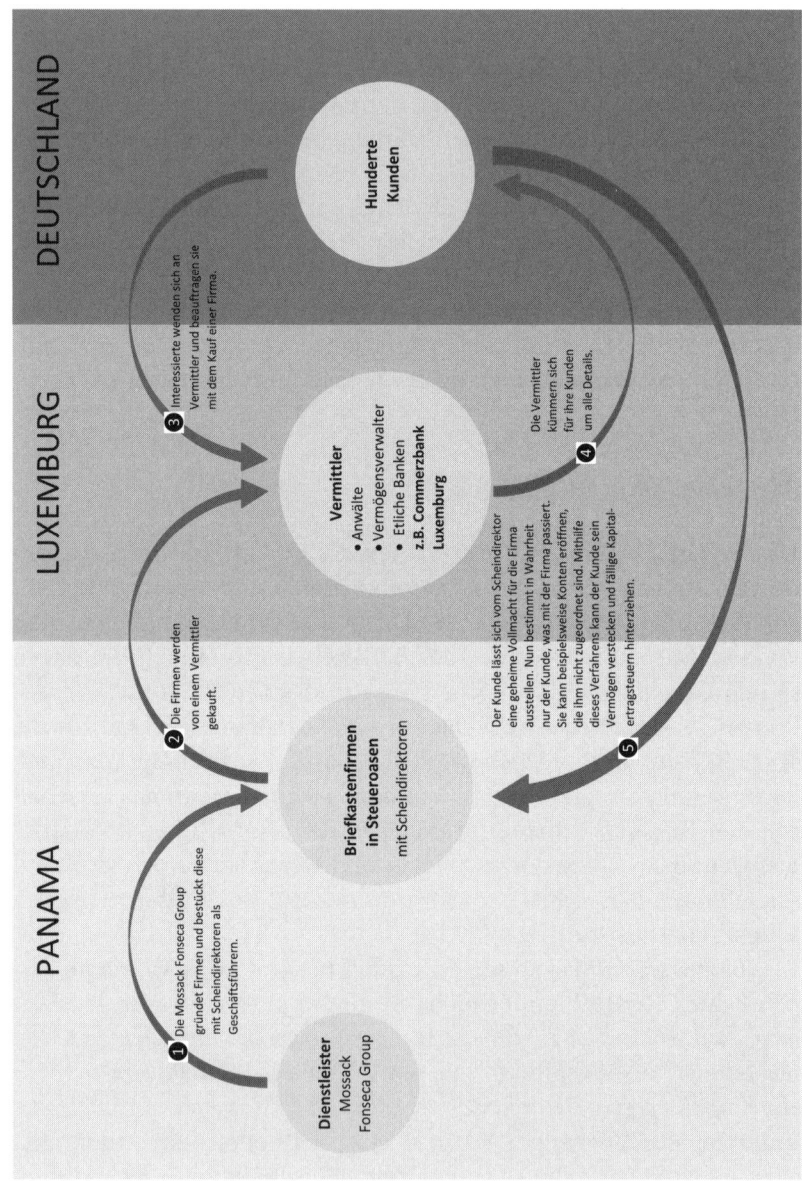

**PANAMA**

**LUXEMBURG**

**DEUTSCHLAND**

**Dienstleister**
Mossack
Fonseca Group

**Briefkastenfirmen
in Steueroasen**
mit Scheindirektoren

**Vermittler**
- Anwälte
- Vermögensverwalter
- Etliche Banken
  z.B. **Commerzbank
  Luxemburg**

**Hunderte
Kunden**

① Die Mossack Fonseca Group gründet Firmen und bestückt diese mit Scheindirektoren als Geschäftsführern.

② Die Firmen werden von einem Vermittler gekauft.

③ Interessierte wenden sich an Vermittler und beauftragen sie mit dem Kauf einer Firma.

④ Die Vermittler kümmern sich für ihre Kunden um alle Details.

⑤ Der Kunde lässt sich vom Scheindirektor eine geheime Vollmacht für die Firma ausstellen. Nun bestimmt in Wahrheit nur der Kunde, was mit der Firma passiert. Sie kann beispielsweise Konten eröffnen, die ihm nicht zugeordnet sind. Mithilfe dieses Verfahrens kann der Kunde sein Vermögen verstecken und fällige Kapitalertragsteuern hinterziehen.

**Abb. 18: Wie das Geschäft mit einer Briefkastenfirma in Panama läuft**

166

würdigen Quellen, sondern im Kanal, dem Tourismus und in Investoren aus Deutschland. Panamas Außenministerin Isabel Saint Malo sagte dazu: »*Die Panama Papers beschreiben nicht das Land. Sie beschreiben die Kanzlei Mossack Fonseca, die zwar ihren Sitz in Panama-Stadt hat, aber Niederlassungen auf der ganzen Welt ... Ich glaube, die Dokumente heißen Panama Papers, weil unser Land einen so tollen Namen hat.*«

Während die Außenministerin das sagte, warteten die Spezialisten des Bundesfinanzministeriums seit Monaten vergeblich auf die bislang geheimen Informationen über Firmen und Konten. Panama ist für sie immer noch ein schwarzes Loch. Ein früheres Steuerabkommen trat nie in Kraft, ein neues wurde beim Besuch des Präsidenten 2016 in Deutschland nicht unterschrieben. »*Die Unterzeichnung ist eine Frage von Monaten*«, sagt der Präsident. »*Es ist außerdem nur ein erster Schritt. Auch den automatischen Austausch von Steuerdaten mit allen Ländern der Welt wird es geben ... Allerdings kann das noch dauern.*« In der Tat hat es auch in Liechtenstein und der Schweiz Jahre gedauert, bis die Mauern der Steuertrutzburgen eingerissen waren. »*Spätestens von 2018 an*«, sagt der Präsident, »*wird es den internationalen Datenaustausch aber geben. Auch ein Register sogenannter letztgültiger Eigentümer, also jener Leute, die sich hinter der Fassade undurchsichtiger Offshore-Gesellschaften verstecken, wird es geben*« (SZ Langstrecke, Ausgabe IV/2016), sagt er.

Das sei ein entscheidender Schritt, um den Nebel zu lichten, der das Geschäft der Offshore-Kanzleien in Panama-Stadt versteckt. Sollte Panama etwa zum Modell für Steuerehrlichkeit werden?

**Bis es tatsächlich so weit ist, bleibt Panama ein Paradies für Geldwäscher und Kartelle, für Steueroptimierer und -betrüger. Die letzte große Bastion für Steuerflüchtlinge.**

Wie heißt es doch noch in Panamas Staatswappen? »Pro Mundi Beneficio – Für das Wohl der Welt«.

So brummen die Geschäfte in Panama auch Anfang 2017 wie in den Jahrzehnten zuvor. Auf der Calle 50, der Hauptstraße durchs Zentrum von Panama-Stadt, reihen sich die Hochhäuser der Banken aneinander. Ein seelenloses Spalier aus Beton und Spiegelglas. Zwischen den Geldhäusern haben sich Shoppingmalls, Spielcasinos, Autohäuser und Fast-Food-Ketten geklemmt. Und irgendwo am Horizont sind auch einige Bäume zu sehen. Für Fußgänger ist dieses Zentrum ein Unort, man stottert hier zur Mittagszeit in klimatisierten Karossen von klimatisierten Büros zu klimatisierten Restaurants und wieder zurück. Die einstmals attraktive Stadt sieht aus wie ein amerikanischer Abklatsch. Es sieht aber nicht nur so aus. Das Gesetz zu den »sociedades anónimas«, den Offshore-Firmen, ist eine Kopie des Gesetzes der US-Steueroase Delaware. Und das panamaische Stiftungsrecht entspricht dem des Fürstentums Liechtenstein.

Auf den ersten Blick passt das eigentlich nicht zum Selbstverständnis Panamas als Musterland Lateinamerikas. Aber vielleicht trägt es zum besseren Verständnis des erstaunlich stabilen Wirtschaftswachstums in den vergangen 15 Jahren bei. Sicherlich, da ist der Panamakanal, durch den sich die global verkehrenden Containerschiffe zwängen und dafür ordentlich zur Kasse gebeten werden. Da sind die kräftigen Investitionen in die Infrastruktur – und da ist der wachsende Tourismus. Schwer zu leugnen ist aber, dass der wirtschaftliche Aufschwung auch der boomenden Schattenwirtschaft zuzuschreiben ist. Politiker aus aller Welt, südamerikanische Baulöwen und Drogenkartelle, allerlei Geldwäscher und Steuerbetrüger haben ihre Geschäfte über Offshore-Gesellschaften abgewickelt, die von den großen Kanzleien in Panama-Stadt vermittelt wurden und werden. Statt hoher Steuerbelastungen in der Heimat gilt für ihre Offshore-Gesellschaften eine Steuerpauschale von 300 Dollar. Neben der führenden Offshore-Kanzlei Mossack Fonseca sind das in Panama vor allem folgende Gesellschaften:

- Morgan & Morgan
- Quijano & Associates
- Icaza
- Gonzalez-Ruiz & Aleman
- Owens & Owens
- Sucre Arias & Reyes

- Rosas & Rosas
- Molina & Co.
- Lombardi Aguilar Group

Letztere sind aber etwas kleiner. Anwaltskanzleien, die immer wieder neue Tricks und Techniken kreieren, um Steuergebeutelten aus aller Welt gegen gutes Honorar das Leben über Offshore-Gesellschaften in Steueroasen steuerfreundlicher und angenehmer zu gestalten. Ihr Credo dabei: Wir halten alles geheim.

So hat Panama mit seiner laschen Gesetzgebung, seiner Nullsteuerpolitik und seinen Offshore-Kanzleien in den letzten Jahrzehnten manche ehrliche, in der Hauptsache aber wohl zwielichtige Geschäftsleute und Vermögende angelockt. Immer nach dem Motto:

**Wer legales Business anlockt, der lockt eben auch illegales Business an.**

Die Banken und Immobilienmakler sind auf die Geldwäsche-Touristen bestens vorbereitet. In Panama ist heute also nicht nur auf den Straßen die Hölle los. Hier, wo sich die Luxuskarossen zu manchen Stunden des Tages Stoßstange an Stoßstange stauen, pulsiert der panamaische Immobilienmarkt. Dabei hat sich das kleine mittelamerikanische Land für eine ganz besondere Klientel aufgerüstet: Für all jene, die nicht mehr wissen, wohin mit ihrem Schwarzgeld.

Für sie entstehen in Panama-Stadt und an der Punta Pacifica immer neue Hochhäuser mit Luxusappartements. Zehntausende hochpreisige Wohnungen, ideal, um sie als offiziellen ersten oder zweiten Wohnsitz anzumelden. Auch der US-Milliardär und jetzige Präsident der Vereinigten Staaten Donald Trump bietet hier in seinem Luxushotel »Residences« zum Kauf an. Die Immobilienpreise befinden sich in einem dauerhaften Höhenrausch. Und Gewinne aus Immobilienverkäufen sind steuerfrei. So ist in Panama in den letzten Jahren eine Symbiose für Menschen mit viel Geld entstanden, die Diskretion, Luxus und die Internationalität eines Offshore-Platzes suchen. Rauschende Poolpartys mit körperdesignten und silikonverstärkten Models vor allem aus Kolumbien und Venezuela, die als teuer, legendär und verwegen verschrien sind, gehören dazu. Das liegt vor allem daran, dass sich auch Lateinamerikas Drogenbosse intensiv für den Finanzplatz Panama interessieren. Immer an ihrer Seite die »Finanzexperten«, die das Geld verpacken und mal wieder sicher in irgendeiner Offshore-Gesellschaft parken.

Und dann ist die Steueroase Panama auch noch eines der großzügigsten Einwanderungsländer der Welt. Wer einreist, bekommt am Internationalen Flughafen Tocumen einen Stempel in den Pass, der ein mehrmonatiges Bleiberecht garantiert. Kurz bevor es abläuft, fährt man mal kurz über die Grenze nach Costa Rica, um bei der erneuten Einreise einen neuen Stempel mit derselben Wirkung zu bekommen. Wer es amtlicher will, kann zwischen mehreren Einwanderungsvisen wählen. Bei einem genügt es beispielsweise, regelmäßige Einkünfte von monatlich 1 000 Dollar, bei Kauf eines Eigenheims 750 Dollar, nachzuweisen. Eine andere Visumsvariante sieht ein Monatseinkommen von 2 000 Dollar vor, das über die Nationalbank laufen muss. Damit verbunden ist, dass auch der Ehepartner und etwaige Kinder sofort Anspruch auf eine panamaische Permanencia haben.

Noch existiert keine Registrierstelle, in der das Firmeneigentum oder die Finanzen einer Offshore-Gesellschaft erfasst werden. Nicht einmal der Name des Eigentümers muss an irgendeiner Stelle stehen. Denn der hat immer noch die Möglichkeit, seine Aktivitäten über einen Treuhänder abzuwickeln. Und im Sinne eines Vermögensschutzes lassen sich über Offshore-Gesellschaften auch Haftungsansprüche und Gläubigerforderungen aus dem Ausland aushebeln. Dazu kommt ein wasserdichtes Bankgeheimnis.

## Oh, wie krass ist Panama

Und das soll nun wirklich bald Geschichte sein? Kaum waren die Panama Papers einige Tage veröffentlicht, setzte die panamaische Regierung eine Expertenkommission ein, die die Vorgänge der vergangenen zehn Jahre aufarbeiten und Vorschläge erarbeiten sollte, wie illegale Geschäfte in der Steueroase Panama verhindert werden könnten. Zu den Mitgliedern der Kommission gehörten der US-Ökonom und Nobelpreisträger Joseph Stiglitz sowie der Schweizer Antikorruptionsexperte Mark Pieth. Doch nur wenige Wochen später beendeten Stiglitz und Pieth ihre Arbeit in der Kommission und bezichtigten die panamaische Regierung der Zensur: Sie wolle die alleinige Entscheidungshoheit darüber, ob und wenn ja, welche Ergebnisse der Arbeitsgruppe veröffentlicht würden.

Anfang 2017 ist von Fortschritt zu mehr Steuerehrlichkeit in der Steueroase Panama keine Spur. Versprechen von Regierungsseite hat es in der Vergangenheit viele gegeben, gehalten wurden bislang keine. Den automatischen weltweiten steuerrelevanten Informationsaustausch hat Panama zugesagt, zwischenzeitlich aber schon wieder zurückgezogen. Angeblich, weil die Informationen in falsche Hände geraten könnten.

Was ist so besonders an Informationen aus Panama, muss man sich da fragen. Ist die Situation in der Steueroase Panama in Wirklichkeit noch viel schlimmer als von den Panama Papers aufgedeckt wurde? Wie viele Offshore-Gesellschaften wurden von den anderen Großkanzleien in Panama-Stadt gegründet – und für wen? Wie viele Milliarden wurden in diesen Gesellschaften vor Finanzbehörden, Gläubigern oder Ehefrauen versteckt? Und wie oft und zu welchem Zweck wurden auch diese Kanzleien von den Besitzern der von ihnen gegründeten Offshore-Gesellschaften missbraucht?

Die meisten Offshore-Firmengründungen gab es in Panama rund um das Jahr 2005. Kein Wunder: Am 1. Juli 2005 trat die *Europäische Zinsrichtlinie* in Kraft. Wer sein Geld auf ausländischen Konten parkt, muss seitdem Steuern auf Zinserträge zahlen. Die Richtlinie gilt aber nur für Konten natürlicher Personen, nicht für Firmen. Das wirkte als Anreiz für Europäer, ihr Vermögen in Offshore-Gesellschaften zu stecken, um es weiter vor dem Fiskus zu verstecken. Die Firmen wurden dann von europäischen Banken (darunter auch deutsche Banken) verwaltet. Neben der Vermittlung von Offshore-Firmen verdienten die Banken auch damit Geld, die Konten von Offshore-Gesellschaften zu führen. Zahlreiche deutsche Banken haben in dieser Zeit ihre Sorgfaltspflichten sträflich vernachlässigt. Darunter auch das älteste deutsche Bankhaus Berenberg (1590), dessen Töchter (in Luxemburg und der Schweiz) Kunden für die Gründung von Offshore-Gesellschaften nicht nur zur Kanzlei Mossack Fonseca in Panama vermittelt haben. Die Bank hat auch Konten für Briefkastenfirmen eingerichtet, über die in den vergangenen Jahren Umsätze in Milliardenhöhe liefen. Manche dieser Geschäfte rücken die Bank in unangenehme Nähe zu Skandalen. In den Panama Papers wird die Bank beim Installieren von Offshore-Gesellschaften immer wieder als »besonders schnell und effizient« beschrieben. An manchen Tagen sollen von der Bank Dutzende Konten für Briefkastenfirmen eröffnet worden sein.

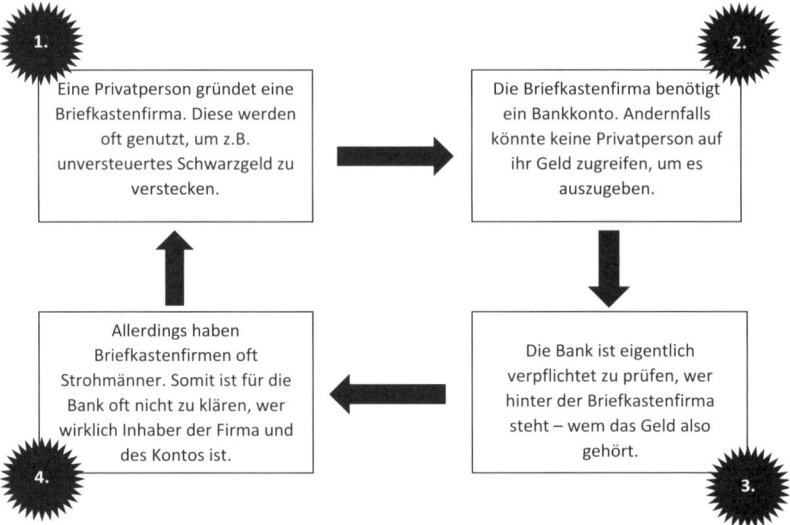

**Abb. 19: Konten für Offshore-Firmen**

Daneben machten deutsche Banken aber auch Offshore-Geschäfte mit anderen Banken: Zum Beispiel über sogenannte Korrespondenzbank-Beziehungen. Unter Experten gilt das als Hochrisikogeschäft. Anhand des folgenden fiktiven Beispiels wird ersichtlich,

wie leicht das Korrespondenzbank-System etwa für Geldwäsche-
zwecke missbraucht werden konnte:

1. Ein Drogenboss in Slowenien möchte Geld an einen Lieferanten
   in Kolumbien transferieren.
2. Seine slowenische Bank jedoch hat keine Niederlassung in Kolumbien. Um das Geld zu überweisen, wählt die Bank den Weg
   über ihr eigenes Konto bei einer zwischengeschalteten deutschen Korrespondenzbank, die auch ein sogenanntes Korres-
   pondenzkonto der kolumbianischen Bank führt.
3. So kann Geld zwischen unterschiedlichen Währungsräumen
   bewegt werden – nicht von Auftraggeber an Empfänger, sondern über die zwischengeschalteten Banken.
4. So kann Schwarzgeld gewaschen und, ohne Aufsehen zu erre-
   gen, z.B. in Luxusgütern angelegt werden.
5. Denn die deutsche Korrespondenzbank sieht in aller Regel
   mit der Überweisung zwischen den Banken nur einen Teil der
   Transaktion. Woher das Geld kommt und wohin es geht, ist für
   die Bank nicht nachvollziehbar, trotzdem hat sie bei der Geldwäsche unterstützend mitgewirkt.

Von den einschlägigen Anwaltskanzleien werden also auch 2017
weiter Offshore-Gesellschaften gegründet. Und wie in anderen
Steueroasen auch brauchen die Besitzer dieser Gesellschaften dazu
nicht persönlich nach Mittelamerika zu reisen. Was noch vor zwei,
drei Jahren bei Schweizer Banken gängige Praxis war, für Kunden
in Panama mithilfe eben dieser Kanzleien Offshore-Gesellschaften
oder Stiftungen zu installieren, erledigen die Kunden heute über
das Internet auf direktem Wege. Doch wer sich dann irgendwann
doch mal in den Flieger setzt, um vor Ort nach dem Rechten zu sehen, wird das kleine Panama auch von einer anderen Seite erleben.
Neben der Wolkenkratzer-Skyline von Panama-Stadt, schicken
Straßencafes und Restaurants, dem Charme von Kolonialstädten,
feinsandigen Buchten und Inseln, üppiger Flora und Fauna und
noch fast unberührten Dschungelregionen gibt es auch Stadtteile

mit Gewaltkriminalität. Vor allem in San Miguelito, Tocumen, Juan Díaz, 24 Decembre, El Chorrillo, Santa Ana, Curundu, Calidonia und Pacora. Auch in der zweitgrößten Stadt Panamas Colón ist es gefährlich, auch tagsüber. Wer nach Einbruch der Dunkelheit zu Fuß geht, setzt sich einem Risiko aus. Auch besteht die Gefahr, zufälliges Opfer von Auseinandersetzungen krimineller Banden zu werden. Waffen sind verbreitet und kommen bei Raubüberfällen ohne Vorwarnung zum Einsatz. Widerstand ist zwecklos. Vom Täter geforderte Wertgegenstände sollte man besser direkt herausgeben.

Wer mit dem Taxi unterwegs ist, sollte nur registrierte Funktaxis anfordern. Ein Taxi auf der Straße anzuhalten birgt Risiken. Im Osten und Süden der Urwaldprovinz Darién, insbesondere im Grenzgebiet zu Kolumbien, bestehen hohe Sicherheitsrisiken. Das Auswärtige Amt rät dringend davon ab, sich dort aufzuhalten. In dem Gebiet operieren auch heute kriminelle Organisationen. Und immer wieder gibt es dort Überfälle von bewaffneten Gruppen aus Kolumbien.

Und dann gibt es in Panama auch noch ein großes Gefälle zwischen Arm und Reich. Über 80 Prozent des BIP konzentriert sich in der Transitregion Panama-Stadt und dem Kanalgebiet. Nur gut 15 Prozent werden im Landesinnern erzeugt, ohne die fünf Indigenen-Comarcas und Darién, die zusammen nur einen Anteil von 3 Prozent haben. Die enorme soziale und regionale Kluft ist eine große Herausforderung für die panamaische Politik, Wirtschaft und Gesellschaft. Das Durchschnittseinkommen der Bevölkerung liegt zwar im Ländervergleich an der Spitze der Region, die Ungleichheit im Land selbst ist aber beachtlich.

| Wahlspruch im Staatswappen: | Pro Mundi Beneficio – Für das Wohl der Welt |
|---|---|
| Lage: | Mittelamerika zwischen Costa Rica im Westen und Kolumbien im Osten, zwischen Karibik im Norden und Pazifischem Ozean im Süden |

| | |
|---|---|
| Fläche: | 75 517 km² |
| Küstenlänge: | 1 915 km |
| Einwohner: | 3,864 Millionen |
| Bevölkerungsdichte: | 44 Einwohner/km² |
| Hauptstadt: | Panama City |
| Sprache: | Spanisch |
| Währung: | Balboa (PAB) |
| Inflationsquote: | 1,0 |
| Staatsform: | Republik |
| Regierungssystem: | Präsidialdemokratie |
| BIP: | 52,1 Milliarden US-Dollar |
| BIP je Einwohner: | 13 515 US-Dollar |
| Staatsverschuldungsquote: | 38,8 |
| Arbeitslosenquote: | 4,3 |
| Wirtschaftswachstum: | 8,4 |
| Länge Panamakanal: | 82 km |
| Schiffskapazität: | 14 000 Container |
| Jahreseinnahmen: | 1 Milliarde USD |
| Anteil an Staatseinnahmen: | 40 Prozent |
| Registrierte Schiffe: | über 11 500 |
| Höchster Berg: | 3 477 m Volcán Barú |
| Küstenlänge: | 1 915 km |
| Naturparks: | 15 (29 % der Landfläche) |
| Bankgeheimnis: | Ja |
| Banken: | 125 |
| Darunter deutsche Banken: | 28 |
| Offshore-Gesellschaften, Stiftungen, Trusts: | über 200 000 |
| Offshore-Gesellschaften der britischen Bank HSBC: | über 2 300 |
| Offshore-Gesellschaften von Credit Suisse und UBS: | über 2 200 |

| Offshore-Gesellschaften deutscher Banken: | 1 245 |
|---|---|
| Größter Vermittler von Offshore-Gesellschaften: | Mossack Fonseca |
| Von FM weltweit vermittelte Gesellschaften insgesamt: | 214 000 |
| Registrierte Anwälte insgesamt: | 22 000 |
| davon auf Offshore-Gesellschaften spezialisiert: | ein Dutzend |
| Gründungskosten: | 1 000 bis 1 500 USD |
| Stellung eines (Schein-)Direktors: | 1 000 USD |
| Informationsmenge der Panama Papers: | 2,6 Terabyte |

Steueroase Panama – Daten & Fakten

| | Panama | Deutschland |
|---|---|---|
| Mehrwertsteuer | 0 | 19 |
| Einkommensteuer | 0 | 14–45 |
| Vermögensteuer | 0 | 0 |
| Kapitalertragsteuer | 0 | 15 |
| Erbschaftsteuer | 0 | 7–30 |
| Körperschaftsteuer | 0 | 15 |
| Unternehmensteuern insgesamt | 0 | 36 |

Vergleich der Steuersätze in Prozent

Panama ist seit den Panama Papers zwar in aller Munde, der Nabel der Offshore-Welt ist das kleine mittelamerikanische Land deshalb aber nicht. Nur wenige 100 Kilometer weiter wetteifern in der Karibik weitere Steueroasen um die Gunst der Reichen und um internationale Unternehmen, Steuersünder und Kriminelle.

## STEUERWELT KARIBIK – WO STEUEROASEN NEBEN NULLSTEUERN AUCH DAS PARADIES VERSPRECHEN

Wer Nullsteuern mit Lebenslust verbinden will, findet sich auf den Inseln der Karibik natürlich besser aufgehoben. Von Venezuela bis Florida spannen Hunderte von Inseln zwischen Aruba und Kuba einen rund 3 500 Kilometer weiten Bogen. Wegen der Sonne, ihrer schneeweißen Strände und des warmen saphirfarbenen Karibischen Meeres sind sie insbesondere in den Wintermonaten Treffpunkt kältegeplagter Mitteleuropäer. Die Antillen bieten aber nicht nur optimale Bedingungen für Sonnenhungrige, sie haben sich in den letzten beiden Jahrzehnten auch zunehmend zum Fluchtpunkt steuergestresster Europäer und Asiaten entwickelt. Neben Luxushotels, Jetset-Wohnanlagen und exklusiven Golfplätzen schätzen diese dort vor allem Nullsteuern, die gute Offshore-Infrastruktur und die internationalen Verkehrsanbindungen.

Einige der Karibikoasen sind echte Renner. Von den tatsächlichen Steueroasen aber, die weder Einkommensteuern für natürliche Personen und Unternehmen noch Kapitalertrag- oder Erbschaftsteuern erheben, gibt es nur drei: Anguilla, die Cayman Islands sowie die Turks & Caicos Islands.

Auf massiven Druck der Industriestaaten habe viele Steueroasen in der Karibik 2009/2010 die Übernahme der OECD-Vorschriften zur Bekämpfung von Steuerhinterziehung und -betrug zugesagt. Mit Deutschland und anderen westlichen Staaten wurden zudem seit 2011 von vielen Karibikstaaten Abkommen auf den Gebieten der Rechts- und Amtshilfe sowie zum steuerrelevanten Informationsaustausch geschlossen. Großbritannien hat zudem 2013 sowohl die britischen Steueroasen in der Karibik – Anguilla, Antigua & Barbuda, die British Virgin Islands, die Cayman Islands, Montserrat und die Turks & Caicos Islands – als auch das nördlich im Atlantik gelegene Bermuda verpflichtet, künftig automatisch Details zu den Inhabern von Bankkonten sowie zum Umgang damit bereitzustellen. Darüber sollen künftig auch die tatsächlichen Besitzverhältnisse von Offshore-Gesellschaften in nationalen Unternehmensregistern offengelegt werden. Davon betroffen sind allein in den britischen Steueroasen der Karibik fast 2 Millionen Offshore-Gesellschaften. Doch sollten die Register tatsächlich kommen, wird man in ihnen nur Namen von neuen Scheinfirmen oder Strohmännern finden. Man muss sich doch fragen, wie offensiv die britischen Steueroasen in der Karibik mit einem Geschäft aufräumen wollen, das ihr Überleben sichert. Was kommt danach, happige Steuern für die Einwohner oder Subventionen von der britischen Krone?

Mehr Transparenz stößt vor allem auf den British Virgin Islands auf Widerstand. Rund 60 Prozent der Inseleinnahmen stammen von Gebühren, die Steueroptimierer aus aller Welt bezahlen, um Briefkastenfirmen zu errichten und um sie über Strohmänner betreiben zu lassen. Im Gegenzug wurden Steuern abgeschafft. Die British Virgin Islands hängen am Tropf eines moralisch fragwürdigen Geschäfts. Die Regierung befürchtet, dass so viel Transparenz Investoren verschreckt. Diese würden ihre Briefkastenfirmen dann in anderen Steueroasen ansiedeln, welche die Namen der Besitzer weiter geheim halten. Handelsregister werden wohl auch künftig ein Fremdwort auf den Inseln bleiben. Es geht eben nichts über Diskretion.

Das Geld, das dieser umstrittene Wirtschaftszweig bringt, hat die Lebensverhältnisse in den Steueroasen der Karibik in den vergangenen Jahrzehnten stark verbessert. »*Die Steueroasen erfüllen eine wichtige Rolle*«, erläutert Benito Wheatley vom Londoner Office der Jungferninseln. »*Sie bieten politische Stabilität und Rechtssicherheit. Etwas, das in manchen Schwellenländern fehlt. Wer in solchen Ländern investieren wolle, lasse das gerne über eine Gesellschaft auf den Jungferninseln laufen. Das liefert dem Unternehmer die nötige Rechtssicherheit – und den Schwellenländern die Investitionen, die diese brauchen.*« Asiaten sind auf den British Virgin Islands die bedeutendste Kundengruppe für Offshore-Gesellschaften, sie stehen für 40 Prozent der Firmenanmeldungen.

Das lukrative Geschäft, über Briefkastenfirmen zur Beihilfe bei Steuerhinterziehung und -betrug, Geldwäsche oder dem Umgehen von Gesetzen beizutragen, soll bald der Vergangenheit angehören. Wie Liechtenstein und der Schweiz in Europa soll es auch den Oasen in der Karibik an den Kragen gehen.

Höchste Zeit für die Akteure vor Ort, sich neue Geschäftsmodelle einfallen zu lassen, um auch künftig die Gelder der Reichen und die Gewinne internationaler Unternehmen anzulocken. Statt Steuerminimierung sind künftig der Schutz und die Sicherung internationaler Vermögen angesagt. Der Einsatz von Briefkastenfirmen, Stiftungen und Trusts gehört dazu.

| Staat | Vorteile | Nachteile | Steuern |
|---|---|---|---|
| Bahamas | EU-Standard; entsprechend ist der Finanzsektor reguliert; EU-Geldwäsche-Richtlinie entsprechende Sorgfalts- und Meldepflichten; hohe Stabilität; kürzeste Flugverbindung; hohe Lebensqualität | Seit 2006 Rechtshilfe in Steuersachen, allerdings nicht spontan und automatisch, sondern nur auf Anfrage; DBA-Rechts- und Amtshilfe und Auskunftsaustausch, OECD-Informationsaustausch; Bankgeschäfte sind nicht mit steuerbegünstigter IBC möglich; bei Wohnsitznahme müssen mindestens 150 000 B$ im Land investiert werden | Keine Einkommen-, Körperschaft-, Veräußerungsgewinn-, Quellen-, Schenkung- oder Erbschaftsteuer für dort ansässige Personen und Gesellschaften |
| Barbados | Keine Devisenbeschränkungen, umfangreiche Zollvergünstigungen | Informationsaustauschabkommen mit der OECD seit 2006, DBA-Amtshilfe und Auskunftsaustausch, Erfassung anfänglich eingeführter Gelder erforderlich | Non-Residents zahlen eine Einkommensteuer von 1–2,5 %; keine Kapitalertrag-, Erbschaft-, Schenkung-, Grund- oder Quellensteuer auf Dividenden und Zinsen. Eine IBC zahlt, sofern sie zu 100 % einem Nichtansässigen gehört, 2,5 % Körperschaftsteuer; Firmen, die auf Barbados produzieren, sind davon befreit |

| Bermuda | Klassisches Offshore-Zentrum für Gesellschaften; steuerbefreite Trusts dürfen während 100 Jahren ihre Erträge/ Einkommen kumulieren | Mitglied der OECD-Gruppe »Global Forum Working Group on Effective Exchange of Information«; DBA-Amtshilfe und Auskunftsaustausch, OECD-Informationsaustausch, Devisenkontrollen; praktisch keine Aufenthaltsgenehmigung für Ausländer; Immobilienerwerb praktisch unmöglich, extrem hohe Lebenshaltungskosten | Keine Einkommen-, Körperschaft- oder Quellensteuer; Veräußerungsgewinne bleiben steuerfrei |
|---|---|---|---|
| British Virgin Islands | Keine Devisenrestriktionen; gesetzlich verankertes Bankgeheimnis; führender Offshore-Standort unter den IBCs; Anti-Money-Laundering-Gesetzgebung nach EU-Standard; einfache Firmengründung | »all crimes legislation«, DBA-Amtshilfe und Auskunftsaustausch, OECD-Informationsaustausch; Lebenshaltungskosten entsprechen US-Niveau bei reizlosem Ambiente | Einkommensteuer zwischen 3 und 20 %, Körperschaftsteuer 15 % für auf den BVI generierte Erträge; Auslandseinkünfte bleiben steuerfrei |

| Cayman Islands | Höchste Bonitätsstufe; fünftgrößter Bankenplatz weltweit; EU-Standard entsprechende Regulierung des Finanzsektors; hohe politische Stabilität; keine Kontrollen ausländischer Bankenaufsichtsbehörden; höchstes BIP in der Karibik | Informationsaustausch-Agreement in Steuersachen mit OECD, Steuerstrafsachen seit 2004, Besteuerungsverfahren seit 2006; Mitglied der OECD-Gruppe »Global Forum Working Group on Effective Exchange of Information«; bei Wohnsitznahme ist ein Investment von mindestens 180 000 USD fällig, Lebenshaltungskosten 20 % über US-Niveau | Echter Offshore-Platz |
|---|---|---|---|
| Niederländische Antillen, Aruba und Curaçao | DBA mit den Niederlanden erlaubt die steuergünstige Verlagerung von Gewinnen auf die Antillen, einfache Gründung der Rechtsform N.V.; Vielzahl steuerrechtlicher Gesellschaftskonstruktionen | Informationsaustauschabkommen mit der OECD seit 2006, Mitglied der »Global Working Group on Effective Exchange of Information«, kein gesetzlich geregeltes Bankgeheimnis, hohe Besteuerung ansässiger juristischer Personen | Non-Residents zahlen für auf den NL-Antillen generierte Einkünfte 2,4 bis 3 % Einkommensteuer. Keine Vermögen-, Erbschaft-, Schenkung- sowie Quellensteuer auf Dividenden und Zinsen. Offshore-Gesellschaften bis 2020 5,5 %; »Besonders Freigestellte Gesellschaften« zahlen weder Körperschaft- noch Kapitalertragsteuer, Gesellschaften, die auf den NL-Antillen investieren, zahlen 2 % Ertragsteuern; die zur Vermögensverwaltung eingesetzte »Stichting« ist steuerbefreit |

**Vor- und Nachteile ausgewählter Finanz- und Steuerplätze in der Karibik und auf den Bermudas**

Und dann ist da noch die Nullsteueroase der Bahamas mit Zig-tausenden von eingetragenen Briefkastengesellschaften. Mit ihren Nullsteuern und Offshore-Instrumenten haben die Inseln in den vergangenen Jahren rund 250 Milliarden Dollar Auslandskapital angezogen. Wie viele andere einschlägige Steuerparadiese fehlen auch die Bahamas auf der schwarzen Liste der EU.

## Steueroase USA – Land der unbegrenzten Steuerersparnisse

Rund 250 Seemeilen nordwestlich von Kuba liegt Miami, die Hauptstadt des US-Bundestaats Florida. Hier, im Finanzviertel Brickell, liegt die neue »Zürcher Bahnhofstraße«. Denn was von den USA in den letzten Jahren in der Schweiz massiv bekämpft wurde, floriert hier bei den rund 300 Banken:

**Das Geschäft mit der Geldwäsche und der Steuerhinterziehung.**

Den dabei involvierten Banken ist es in der Regel egal, aus welchen Quellen die bei ihnen geparkten und von ihnen verwalteten Gelder stammen. Solche Informationen werden von den Banken erst gar nicht gesammelt. Auch 2017 steht es ihnen immer noch frei, wissentlich Gelder aus einer ganzen Reihe von Straftaten anzunehmen, die außerhalb der USA verübt wurden – beispielsweise gestohlenes Eigentum. Die USA öffnen damit schmutzigem Geld Tür und Tor.

Nicht nur die Drogenbarone aus Südamerika wissen das seit den 1980er-Jahren zu schätzen – 40 Prozent der Einlagen von Ausländern bei Miamis Banken stammen vom südamerikanischen Kontinent. Auch so mancher Steuersünder aus Europa, der in den letzten Jahren seine Schwarzgeldkonten in Liechtenstein oder der Schweiz wegen der Weißgeldstrategie auflösen musste, hat bei den Banken im US-Sonnenstaat eine neue und über Offshore-Gesellschaften sichere Bleibe gefunden.

Heute gehört die Hälfte aller Immobilien in Miami Offshore-Firmen, und die größten Yachten sind in den Steueroasen der benachbarten Karibik registriert.

Dass ausgerechnet Miami in den letzten Jahren zum Mekka beratungsresistenter Steuersünder aus Europa mutiert, entbehrt nicht einer gewissen Ironie. Denn während die USA maßgeblich das Ende des Bankgeheimnisses in Europas Steueroasen durchgesetzt und beim Kampf gegen Steuerhinterziehung zur Einführung des automatischen Informationsaustausches über Kontendaten beigetragen haben, sieht es beim Lüften von Steuergeheimnissen in den USA selbst ganz anders aus. Die Vereinigten Staaten haben sich bisher nicht zum automatischen Informationsaustausch über Finanzkonten bekannt. Auf der OECD-Liste der bisher an diesem Austausch teilnehmenden 101 Länder (Stand Ende 2016) werden sie lediglich in einer Fußnote genannt. Alle bisherigen Versuche, die USA zur Vertragsunterschrift zu bewegen, sind gescheitert. Das FACTA-Abkommen von 2010 diente letztlich nur dazu, dass die Vereinigten Staaten über ihre Steuerpflichtigen von den anderen Ländern Informationen bekommen.

Auch erfüllt das US-Gesellschaftsrecht nicht einmal die Transparenzanforderungen der FATF, die Länder dazu verpflichten, die wirtschaftlichen Eigentümer einer Gesellschaft zu identifizieren. Geheimhaltung ist nur eines von vielen Lockmitteln, mit denen die US-Steueroasen Finanzkapital ködern – Nullsteuern sind ein anderes. Für das Transfer Pricing stehen Unternehmen damit alle Wege offen. Kein Wunder also, dass hier viele der weltweit größten Konzerne mit Tochterfirmen angesiedelt sind.

Während die Vereinigten Staaten die Praktiken anderer Steueroasen kritisieren, zählen sie selbst mit ihren Steueroasen, den Bundesstaaten Delaware, Nevada und Wyoming, zu einer der größten und mächtigsten Steueroase weltweit. Über 1,1 Millionen Offshore-Gesellschaften sind aktuell allein in Delaware registriert. Nach Schätzungen der britischen Steuerrechtsgruppe Netzwerk für Steuergerechtigkeit sind 3,5 Billionen Dollar bei den Banken der drei steuerfreundlichen Bundesstaaten geparkt. Neben Anonymität und generösen Steuergesetzen bietet Delaware beispielsweise Unternehmen ein sehr wirtschaftsfreundliches Unternehmensrecht. Es schützt Manager und Aktionäre weitgehend davor, für Schulden ihrer Firma haftbar gemacht zu werden. Auch das Gerichtssystem ist interessant, denn juristische Streitigkeiten werden nicht wie sonst fast überall in den USA üblich von Laien-Jurys, sondern von speziell ausgebildeten, tendenziell unternehmensfreundlichen Fachrichtern entschieden.

Es gibt Briefkastenfirmen, die sich in den US-Steueroasen schon für 1 000 Dollar problemlos über das Internet bei den einschlägigen Kanzleien vor Ort gründen. Delaware verlangt von den Unternehmen zwar Steuern auf ihre Gewinne, allerdings nicht auf sogenannte intangible assets, also auf immaterielle Vermögenswerte wie Patente, Lizenzen und Markenrechte. In Delaware sind deshalb mehr Patente eingetragen als sonst in den ganzen USA. Delaware profitiert von diesem System, weil für eingetragene Offshore-Firmen jedes Jahr eine kleine Gebühr zu entrichten ist. Sie liegt bei 175 Dollar für kleine und bis zu 180 000 Dollar für große Firmen. Diese erzielen dann über Delaware ihre Milliardengewinne steuerfrei. Leidtragende sind die übrigen US-Bundesstaaten, denen die entsprechenden Einnahmen entgehen – bis zu 9,5 Milliarden allein zwischen 1995 und 2009. US-Unternehmen, die in Delaware eingetragen sind, haben eine zwischen 15 und 24 Prozent niedrigere bundesstaatliche Steuerlast.

## Was Delaware zu bieten hat

Nicht nur Geldwäscher, Kriminelle oder Steuerhinterzieher machen sich das unkomplizierte Gesellschaftsrecht und die niedrige Konzessionssteuer der US-Steueroasen zunutze. Es sind vor allem Unternehmen und Banken aus aller Welt, die hier mit Tochterfirmen und Briefkästen präsent sind. Darunter auch deutsche Banken, so beispielsweise die Deutsche Bank:

Die war nach einer Attac-Recherche 2012 allein in Delaware an mehr Offshore-Gesellschaften beteiligt als an Unternehmen in Deutschland zusammen. 51,35 Prozent ihrer Tochter- und Zweckgesellschaften sowie assoziierten Unternehmen waren zu diesem

Zeitpunkt in Steueroasen angesiedelt. Gefolgt von der heute zum Deutsche-Bank-Konzern gehörenden Postbank (22,33 Prozent) sowie der Commerzbank (23,43 Prozent), die noch wenige Jahre zuvor die Finanzkrise nur mit massiver Unterstützung von Steuergeldern hatte überleben können.

Vor der Finanzkrise 2007/2008 waren Banken besonders geschickt, ihr Wachstum über Steueroasen und Offshore-Finanzplätze anzuheizen:

Indem sie sich vor Steuern drückten, Mindestreservevorschriften und andere Regulierungsbestimmungen Offshore umgingen und dort mehr Kredite aufnahmen, als es ihnen in der Heimat erlaubt war.

Nach Berechnungen der Bank of England erzielten sie so zwischen 1986 und dem Beginn der Finanzkrise jährliche Renditen von durchschnittlich 16 Prozent. Einige besonders geschickt operierende Finanzhäuser wie etwa die Deutsche Bank sogar 25 und mehr Prozent. Die »Zusatzerträge« aus dem Offshore-Geschäft kamen vor allem von den Investmentdeals und den Hedge- und Offshorefonds. Allein auf den Cayman Islands waren zu dieser Zeit rund 11 000 Hedgefonds registriert. Dieses durch die Offshore-Welt begünstigte Wachstum der Banken hatte während der Finanzkrise zur Folge, dass die Finanzinstitute groß genug waren, um uns alle zu erpressen. »Too big to fail« – wenn ihnen Politiker und Steuerzahler nicht geben, was sie wollen, werden sie ins finanzielle Unglück stürzen. Die zum Überleben der Institute seit Beginn der Finanzkrise gezahlten Milliardenhilfen aus Steuergeldern müssten dann endgültig abgeschrieben werden.

Banken und Unternehmen nutzen die US-Steueroasen u.a., weil es hier keine Unternehmensbesteuerung gibt. Das gilt auch für US-Unternehmen: So nutzt beispielsweise Apple, das seinen Hauptsitz in Cupertino im US-Bundesstaat Kalifornien hat, die US-Steueroasen. Mit einem kleinen Büro und rund 20 Beschäftigten in Reno in der Steueroase Nevada vermeidet der Konzern in Kalifornien und 20 weiteren US-Bundesstaaten jährliche Steuerzahlungen in dreistelliger Millionenhöhe.

Ein wesentlicher Grund, weshalb auch US-Unternehmen innerhalb der Vereinigten Staaten ihre Steuerlast drastisch offshore senken können, ist, dass diese Unternehmen Einnahmen aus Rechten, Patenten und Lizenzen erzielen. Die fallen vertraglich versteuert in Steueroasen an – auch in Nevada.

Und »*was die US-Bundesstaaten Delaware, Nevada und Wyoming für Steuerhinterzieher aus Hochsteuerländern so attraktiv macht, ist ein Informationsgeheimhaltungs-Agreement mit der US-Steuerbehörde IRS*«, stellte die Weltbank Anfang 2012 in ihrem Schwarzgeldbericht fest. Die USA bieten finanzielle Geheimhaltung jedoch nicht nur in diesen Bundesstaaten an, sondern auch auf Bundesebene. Auch sind die USA bei der Praxis tolerant, Strohmänner bei Offshore-Gesellschaften einzusetzen, um die Identität der wahren Eigentümer zu verschleiern. Delaware, Nevada und Wyoming tauschen mit der Bundesregierung keine Informationen über Firmengründungen oder Steuern aus. Auch müssen Unternehmen nicht offenlegen, wo sie ihre Geschäfte tätigen.

Amerikaner waren es, die in den 1960er-Jahren das sogenannte Transfer Pricing groß machten. Dabei kanalisieren Unternehmen ihre Geschäfte durch Steueroasen, um Gewinne in Tief- oder Nullsteuerländern, Kosten dagegen in Hochsteuerländern abzurechnen, ohne dabei bestehende Gesetze zu brechen:

Standard Oil in New Jersey (heute Teil des ExxonMobil-Imperiums) etwa verkaufte damals sein Rohöl billig an eine eigene Schifffahrts-Tochtergesellschaft, die im steuerfreien Liberia oder Panama registriert war. Die verkaufte das Rohöl dann knapp unter dem Einzelhandelspreis weiter an eine unternehmenseigene Raffinerie mit Sitz in einem Hochsteuerland, wo das Öl produziert und konsumiert wird. Während die Tochterunternehmen in den Hochsteuerländern kaum Gewinn machten, fiel der Profit bei den Unternehmen steuerfrei in Liberia oder Panama an. Bis heute ermöglichen US-Bilanzrichtlinien solche Steuertricks.

Doch wie in den USA können auch in vielen anderen Ländern Unternehmen Bilanzen von Tochtergesellschaften aus verschiedenen Ländern zusammenfassen. Dadurch wird nicht klar, wer genau wo welche Gewinne gemacht hat und wo die zu besteuern sind. In den 1960er-Jahren waren Offshore-Lecks dieser Art verglichen mit der aktuellen Situation noch relativ klein. Im Gegensatz zu damals können von Unternehmen heute Milliardengewinne über Steueroasen wie Irland, die Niederlande oder die Bermudas gesteuert werden, um letztlich unversteuert zu bleiben. OECD, G20 und EU arbeiten daran, die Besteuerung internationaler Unternehmen neu zu regeln und Gewinne künftig dort zu besteuern, wo sie auch tatsächlich anfallen. Bis das aber Praxis wird, wird es wohl noch Jahre dauern.

## Warum Unternehmensgewinne im Ausland lagern

Zusätzlich profitieren US-Unternehmen steuerlich aber auch davon, dass es ihnen seit Mitte der 1960er-Jahre erlaubt ist, Gewinne im Ausland steuerfrei anzulegen. Dieses Modell nennt sich Steuerabgrenzung (deferred tax) und ist ein zentrales Element des Offshore-Systems:

Konzerne halten ihre Gewinne auf unbestimmte Zeit offshore, erst wenn sie diese in die USA schaffen, um sie beispielsweise als Gewinne an die Aktionäre auszuschütten, werden diese besteuert.

Solche aufgeschobenen Steuern werden von Experten als »steuerfreier Regierungskredit ohne Rückzahlungstermin« bezeichnet. Das senkt die Kapitalkosten für große Unternehmen beträchtlich und stärkt gleichzeitig deren Wettbewerbssituation – vor allem gegenüber kleineren Konkurrenzunternehmen.

**Aktuell parken US-Konzerne schätzungsweise bis zu 2 Billionen Dollar unversteuerte ausländische Gewinne in Steueroasen.**

Den Steueroasen brachte diese Regelung einen immensen Schub. Vor allem, weil die US-Banken die wundersame Welt der Steueroasen für sich entdeckten und plötzlich jedes größere US-Unternehmen ein Offshore-Konto führte. Die wurden vor allem bei Banken in London, dem damaligen Zentrum des Euromarkts, aber auch bei Finanzinstituten auf den Bahamas und in Panama gehalten. Von nun an überschnitten sich zunehmend die Interessen von US-Unternehmen, reichen US-Bürgern und Kriminellen in der Steueroasen-Welt. Das trieb zwei Entwicklungen gleichzeitig an:

1. Es half kriminellen Unternehmen, legitime Firmen nachzuahmen.
2. Es ermunterte legitime Unternehmen dazu, verstärkt wie kriminelle Firmen zu agieren.

Während die Kriminellen über den politischen Schutzschirm erfreut waren, verschaffte die Geheimhaltung den Managern großer Konzerne neue Möglichkeiten für Bestechung, Insidergeschäfte und Betrug. Das amerikanische Offshore-System funktioniert in drei Stufen:

- Auf Bundesebene bieten die USA eine Reihe von Steuerbefreiungen, Geheimhaltungsklauseln und Gesetzen an, die darauf abzielen, in bester Offshore-Manier ausländisches Geld anzulocken.
- Die zweite Stufe besteht aus einzelnen Bundesstaaten, die eine Reihe von Offshore-Ködern im Angebot haben.
- Die dritte Offshore-Stufe besteht aus einem kleinen Netz von Überseesatelliten. Die US Virgin Islands, die Marshall Islands, Liberia und vor allem Panama als größte Steueroase im amerikanischen Einflussgebiet.

Während Liberia 1948 vom ehemaligen US-Außenminister Edward Stettinius als »Billigflagge« etabliert wurde, begann Panama 1919 mit der Registrierung ausländischer Schiffe, um Standard Oil dabei zu helfen, sich der amerikanischen Besteuerung und Regulierung zu entziehen. 1927 folgten Offshore-Finanzgesellschaften, als Interessenvertreter der Wall Street dem Land bei der Einführung einer lockeren Gesetzgebung zur Gründung von Briefkastengesellschaften halfen. Jeder, der wollte, kann seitdem von Rechts wegen eine steuerbefreite, anonyme Gesellschaft gründen – ohne dass große Fragen gestellt werden. Panama entwickelte sich zur Freihandelszone und dem weltweit größten Geldwäschebecken.

Ende der 1960er-Jahre kam es dann in den USA zu einer neuen Offshore-Einrichtung, der International Banking Facility (IBF), eine Art Softversion der Euromärkte. Sie ermöglichte es US-Banken, das zu tun, was ihnen zuvor nur über den Umweg London, Zürich oder Nassau erlaubt war:

- Ausländern Geld zu leihen, ohne Mindestvorschriften beachten zu müssen und ohne hohe Steuerbelastung.
- Damit wurden für die Banken die bislang erforderlichen trickreichen Buchungen über Steueroasen überflüssig. Die Offshore-Geschäfte konnten direkt in New York abgewickelt werden. Innerhalb von drei Jahren schossen in den USA über 500 IBFs aus dem Boden, die vor allem den Steueroasen in der Karibik viel Geld abschöpften, um es als Kredite in die US-Wirtschaft zu pumpen.

## Blinder Fleck auf der Weltwirtschaftskarte

Als damals die Offshore-Zentren »an Land kamen«, wurde es immer schwieriger, zwischen onshore und offshore zu unterscheiden. Das führte zu einem »blinden Fleck«, der bis heute besteht: den Schattenfinanzzentren.

Eine Verankerung der Offshore-Welt in der globalen Wirtschaft. Zu dieser Entwicklung haben die USA maßgeblich beigetragen:

- Es wird höchste Zeit, die Offshore-Praktiken der USA zu hinterfragen. OECD, G20 und EU sollten hier endlich Flagge zeigen und gegen das Steueroasen-System der USA angehen.
- Die USA sollten in die Liste der Steueroasen aufgenommen werden, solange diese sich nicht zur wirksamen Registrierung der Eigentümer von Offshore-Gesellschaften und zu einem gleichberechtigten Datenaustausch verpflichten.
- Sanktionen wie eine Abgeltungsteuer in Höhe von 30 Prozent für alle Überweisungen aus der EU sollten eingeführt werden, wenn eine US-Bank sich der Bereitstellung von Daten zu den Auslandskonten von EU-Steuerpflichtigen widersetzt. Mit einer entsprechenden Drohung hatten die USA 2010 andere Länder wie die Schweiz massiv unter Druck gesetzt, am Datenaustausch im Rahmen von FACTA mitzuwirken.
- Es darf nicht länger tabuisiert werden, dass die USA für Offshore-Gesellschaften und Trusts Steueroasen bleiben. Das dort angelegte ausländische Vermögen beläuft sich aktuell auf rund

17 Billionen Dollar, was einem Fünftel der weltweit von Anlegern außerhalb der eigenen Grenzen angelegten Gelder entspricht.

Mit der Regierungsübernahme von Donald Trump soll die Abgabenlast für US-Unternehmen von 35 auf 15 Prozent herabgesetzt werden. Damit würden die USA über Nacht von einem der unattraktivsten zu einem der attraktivsten Steuerstandorte der Welt werden. Darüber hinaus ist eine Steueramnestie für US-Unternehmen geplant, um rund 2 Billionen im Ausland gelagerte Gewinne in die Heimat zurückzuholen. Dafür spricht, dass Trumps Wirtschaftskonzept von Stephen Moore, einem Ökonomen der Heritage Foundation, stammt. Der behauptet, dass nach der Weltfinanzkrise 2007 mehr Jobs in jenen US-Bundesstaaten entstanden seien, die besonders niedrige Steuersätze haben. Allein die 30 größten US-Konzerne haben in Steueroasen aktuell 1,65 Billionen Dollar geparkt, weil der US-Fiskus bislang eine Steuer von fast 40 Prozent für jeden auch im Ausland verdienten Dollar verlangt.

| | |
|---|---|
| Apple | 214,9 |
| Pfizer | 193,6 |
| Microsoft | 124,0 |
| General Electric | 104,0 |
| IBM | 68,1 |
| Merck | 59,2 |
| Google | 58,3 |
| CISCO | 58,0 |
| Johnson & Johnson | 58,0 |
| ExxonMobil | 51,0 |

**In ausländischen Steueroasen angesammelte Gewinne ausgewählter US-Konzerne in Milliarden Dollar (Ende 2015)**
**Quelle: Citizens for Tax Justice**

Die genannten US-Konzerne sollen bei einer Amnestie pauschal mit nur noch 10 Prozent besteuert werden. Gleichzeitig ist zu erwarten, dass das US-Offshore-System der Bundesstaaten Delaware, Nevada und Wyoming weiterhin Bestand haben wird.

Aktuell werden in den Schattenfinanzzentren nach Recherchen der Boston Consulting Group rund 8,8 Billionen Dollar gelagert, rund 8 Prozent des privaten Finanzvermögens auf der Welt. Neben der Schweiz ziehen vor allem Singapur und Hongkong ausländisches Vermögen an.

**Schattenfinanzindex – die Top-15 – Stand 2016**

(Dieser wird seit 2009 alle zwei Jahre vom Tax Justice Network erstellt):

**Schweiz:** Aufgrund des starken internationalen Drucks musste das Land in den letzten Jahren Zugeständnisse bei seiner eisernen Verschwiegenheit machen. Doch im Vergleich etwa zu Luxemburg bleibt die Schweiz ein Nachzügler in Sachen Transparenz von Finanz- und Steuerdaten.

**Hongkong:** Ein Schattenfinanzplatz von großer und wachsender Bedeutung. Die Kontrolle Chinas ermöglicht es Hongkong, sich weitgehend von den globalen Transparenzinitiativen abzuschirmen.

**USA:** Die Vereinigten Staaten sind zwar ein Vorreiter, wenn es darum geht, ihre eigenen Interessen gegenüber ausländischen Steueroasen durchzusetzen. Sie selbst übermitteln im Gegenzug sowohl auf Bundes- als auch auf Landesebene wenige bis gar keine Informationen an andere Länder.

**Singapur:** Ähnlich wie in Hongkong gibt es einen Mangel an ernsthaften Reformen im Bereich der Unternehmenstransparenz. Zudem hat der Stadtstaat weder ein Interesse an länderweiser Berichterstattung für Firmen noch daran, öffentliche Register für Wirtschaftseigentum zu schaffen.

**Cayman Islands:** Die Cayman Islands verfügen nach wie vor über einen riesigen Offshore-Finanzsektor und einen hohen Geheimhaltungswert.

**Luxemburg:** Nachdem das Land 2013 noch ein »schwarzes Loch« war, hat es sich im aktuellen Ranking leicht verbessert.

**Libanon:** Der Libanon hat es konsequent versäumt, dem sich schnell wandelnden internationalen Klima für mehr Transparenz Rechnung zu tragen. Es verweigert die Teilnahme am automatischen Informationsaustausch.

**Deutschland:** Auf Deutschland entfallen 6 Prozent des globalen Marktes für Offshore-Dienstleistungen. Das Land ist ein sicherer Hafen für Schwarzgeld aus der ganzen Welt und pflegt einen keinesfalls strengen Umgang mit dunklen Finanzströmen.

**Bahrain:** Bahrain ist neben den Cayman Islands das einzige Land unter den ersten zehn, das keine Einkommensteuer kennt und somit eine starke Anziehungskraft für schamlose Offshore-Geschäfte besitzt.

**Dubai:** Seit Langem werden in Dubai steuerfrei große Summen an kriminellem Geld aus Asien, Afrika und anderen Gebieten angelegt.

**Macao:** Auf Macao entfallen knapp 0,2 Prozent des Weltmarkts für Offshore-Finanzdienstleistungen. Im Vergleich zu anderen ist die »Zocker-Metropole« ein kleiner Player. Besonders schlecht schneidet Macao in Sachen Unternehmenstransparenz ab.

**Japan:** Japans äußerst schwache Bestimmungen für Transparenz und Informationsaustausch – kombiniert mit seiner steuerfreien Behandlung verschiedener Formen ausländischer Investitionen und der Befreiung von Finanzvorschriften – haben es zu einem bedeutenden Ziel für illegale Finanzströme gemacht.

**Panama:** Auch vor der Panama-Paper-Enthüllung galt Panama als eine der bekanntesten Steueroasen in ganz Amerika. Geldwäsche ist an der Tagesordnung, das Geld stammt häufig aus Lateinamerika und den USA.

# City of London – Major Player im globalen Offshore-System

Rund 3 000 Seemeilen östlich der USA liegt auf der anderen Seite des Atlantiks die City of London, das Zentrum der britischen Steueroasen-Zone. Ein Netz, das die ganze Welt umspannt und sich lose entlang des ehemaligen Britischen Weltreichs erstreckt. Kaum jemand weiß, dass die City of London mit ihren Banken und Finanzdienstleistern exterritoriales Gebiet ist und nicht zu Großbritannien gehört. Britische Gesetze greifen in der City of London nicht. Sie hat eine eigene Staatlichkeit, eigene Gesetze und überwacht sich selbst. Ihre Banker handeln mit Devisen, Gold und Wertpapieren über alle Grenzen hinweg, kein Gericht kann sie belangen, keine Regierung ihre Geschäfte kontrollieren. Milliardenschwere Devisen-, Gold- und Zinsmanipulationen waren die Folge.

Das Offshore-Netz der City umfasst drei Zonen:

- Die beiden inneren Zonen, die Kronbesitzungen Jersey, Guernsey, die Isle of Man sowie 14 Überseegebiete, darunter einige der weltweit wichtigsten Steueroasen wie die Cayman Islands, Bermuda, die British Virgin Islands und die Turks & Caicos Islands, werden im Wesentlichen von Großbritannien aus kontrolliert. Wenn sich jedoch andere Länder über Missbräuche beschweren, die in diesen Steueroasen stattfinden, verfügen Letztere über genügend Unabhängigkeit, dass Großbritannien sagen kann: »Dagegen können wir nichts ausrichten.«
- Die äußere Zone ist eine Ansammlung von Steueroasen, wie beispielsweise Hongkong, die sich außerhalb der direkten britischen Kontrolle befinden, aber dennoch enge Verbindungen zu Großbritannien und der City of London pflegen.
- Experten schätzen, dass in dieser britischen Gruppierung insgesamt weit mehr als ein Drittel aller internationalen Bankvermögen liegen. Zählt man die City of London dazu, ist es mehr als die Hälfte.

Die britischen Kronbesitzungen Jersey, Guernsey und die Isle of Man in der Irischen See bilden den inneren Ring des britischen Offshore-Netzes. Sie konzentrieren sich hauptsächlich auf Europa. Wichtigste Einnahmequelle ist mit einem Anteil von 49 Prozent am BIP die Finanzwirtschaft. Trusts machen das Hauptgeschäft aus. Kopfschmerzen bereitet den Finanzjongleuren derzeit die neue EU-Richtlinie, die besagt, dass künftig auch Trusts Informationen über Guthaben und Erträge von EU-Bürgern melden müssen. Damit wird das Geschäftsmodell der britischen Steueroasen-Inseln, die zu den verschlossensten Finanzplätzen weltweit gehören, infrage gestellt. Offen bleibt jedoch, ob diese Regelung auch nach dem Brexit noch gelten wird.

Jersey, die wichtigste der Kronbesitzungen, hat schon lange vom Offshore-Geschäft profitiert:

Bereits im 18. Jahrhundert diente es als eine Art Steueroase, als reiche ausländische Kaufleute sich die Insel im Ärmelkanal zunutze machten, um englische Zollabgaben zu umgehen und anderen anrüchigen Tätigkeiten nachzugehen. Und nach den Napoleonischen Kriegen zogen britische Offiziere hierher, um die Einkommensteuern auf ihre Pensionen zu vermeiden. Auch britische Beamte, die aus den Kolonien zurückgekehrt waren, ließen sich hier nieder. Banker auf Jersey benutzten deren koloniale Beziehungen, um nach neuen Geschäftsmöglichkeiten in Übersee zu suchen. Zuerst waren es meist britische Kolonialisten aus Afrika sowie dem Nahen und Fernen Osten, die ihr Vermögen sicher, aber in der Nähe von Großbritannien aufbewahren wollten. Als die Kolonien dann unabhängig wurden, zogen die Leute entweder nach Jersey oder sie blieben in den Exkolonien und transferierten lediglich ihre Vermögen zu den Banken auf Jersey. Aus Besorgnis über politische Instabilität oder Erbschaftsteuern. Wenn damals jemand im Nahen oder Fernen Osten lebte und ein Grundstück in London kaufen wollte, wickelte er das Geschäft nicht in seinem eigenen Namen ab – nach seinem Tod hätten ja Erbschaftsteuern entrichtet werden müssen. Stattdessen investierte er über eine Gesellschaft auf Jersey. In der Regel über einen Trust.

## Trust

Mit dem Rechtsinstrument des Trusts lassen sich nicht nur Steuern sparen. Darüber kann auch Vermögen zugunsten begünstigter Personen oder für bestimmte Zwecke abgesondert und der gebundenen Verwaltung eines sogenannten Trustees unterstellt werden. Heute gehört der Einsatz vor allem in den angloamerikanischen Ländern zum Standardrepertoire einer internationalen Vermögensplanung.

Bei einem Trust sind mindestens drei Personen beteiligt: Der »Settlor« (Errichter), der »Trustee« (Verwalter) und der »Beneficiary« (Begünstigte). Der Errichter überträgt dem Verwalter Eigentum mit einer Zweckbindung, an die er gebunden ist. Die rechtliche Konstruktion eines Trusts ist dem deutschen Rechtssystem fremd, er ähnelt dem deutschen Treuhandverhältnis. Dabei ist der Trust im Gegensatz zur Treuhand kein Vertrag, sondern eine einseitige Handlung des Vermögensinhabers. Für Deutsche kommt ein Trust nur in Betracht, solange kein in Deutschland belegenes Vermögen erfasst wird. Das hat zur Folge, dass in Deutschland belegene Vermögenswerte nicht durch einen Trust geschützt werden.

Wie in der Karibik blühte das Offshore-Bankgeschäft auf Jersey ab den 1960er-Jahren auf, als Handelsbanken in die Vermögensverwaltung einstiegen. Reisen ins Ausland wurden damals einfacher, und so eröffneten immer mehr Auslandsbriten Konten auf Jersey, wo die Banken verlässlich und britisch waren – die Zinsen dagegen anonym und steuerfrei. Viele von ihnen deklarierten ihre Einkommen nicht in ihren Aufenthaltsländern, weil sie wussten, dass sie dort vom Fiskus nicht erwischt wurden. Und wie auf den Cayman Islands gab sich Großbritannien alle Mühe, seine Kontrollfunktion zu verschleiern.

Als die Briten in den 1960er-Jahren ihre Verhandlungen über einen Beitritt zur Europäischen Gemeinschaft (EG) begannen, versuchten sie mit allen Kräften zu verhindern, dass die Bestimmungen des Vertrags von Rom auch auf Jersey gelten. Die EG-Richtlinien bezüglich der Steuerpolitik sollten nicht umgesetzt und die fiskalische Autonomie der Channel Islands sollte garantiert werden. So bleibt Jersey auch heute außerhalb der Europäischen Union. Aber es pickt sich diejenigen europäischen Gesetze heraus, die der Regierung passen, sowie einige jener Bestimmungen, für die sich die regelmäßigen britischen Untersuchungskommissionen einsetzen. Der Rest wird über Bord geworfen. Und wenn Jersey etwas unternahm, das Großbritannien in Erklärungsnot brachte, wurde die Macht der Briten verschleiert. »*Jersey ist politisch autonom, wir können da nichts machen*«, hieß es dann in London.

Etwas Ähnliches geschah in den 1960er-Jahren auch in Asien: Hongkong sollte aus britischer Sicht das neue asiatische Offshore-Juwel werden. Eine Steueroase, die als Einfallstor nach China und in die umliegende Region Reichtum anzieht. Großbritannien steuerte den Prozess, gab jedoch den Bankern freie Hand. Als China 1978 mit Marktreformen begann und seine Wirtschaft nach außen öffnete, wuchs Hongkong rapide. Die Briten hatten die Kolonie als Null-Regulierungs-Zone errichtet, in der nichts verboten war. Unternehmen, die in China Geschäfte machten, gründeten in Hongkong Offshore-Gesellschaften mit geheimen Besitzverhältnissen. Heute findet der Großteil der chinesischen Korruption in Hongkong statt. Als Großbritannien 1997 Hongkong an die Chinesen zurückgab, behielten diese das Offshore-Zentrum als Sonderverwaltungszone bei. Im Grundgesetz steht, dass diese Zone in allen Bereichen außer der Verteidigungs- und Außenpolitik »*ein hohes Maß an Autonomie*« behalten soll. Die Ähnlichkeit zur Beziehung zwischen Jersey und Großbritannien oder den Cayman Islands und Großbritannien ist kein Zufall. Die chinesischen Eliten wollen ihr eigenes Offshore-Zentrum, mitsamt politischer Kontrolle und separater Rechtsprechung. Als sich die G20-Staaten 2009 auf eine schwarze Liste der Steueroasen einigen wollten, rang der chinesische Premierminister Hu Jintao unnachgiebig, um Hongkong und Macau – ein weiterer asiatischer Offshore-Knotenpunkt – von der Liste zu streichen. Sie wurden schließlich in eine Fußnote verbannt. Trotz chinesischer Kontrolle bleiben die Interessen der

City of London stark vertreten, nicht zuletzt durch die größte britische Bank, HSBC, die Hongkong & Shanghai Banking Corporation. Das Geldhaus verlegte den Sitz seines CEO 2010 von London nach Hongkong, um zu verdeutlichen, wo sein neuer Schwerpunkt liegt.

Singapur errichtete sein Finanzzentrum 1968, als es noch zum britischen Sterlingblock gehörte:

Der Stadtstaat verdankt seinen Erfolg vor allem seiner Funktion als Geldwäschezentrum für korrupte indonesische Geschäftsleute und Regierungsbeamte. Zur Stützung seiner Wirtschaft baute Singapur Casinos, um korruptes Geld aus China anzulocken. Auch akzeptierten Einleger aus diesen Ländern hier Zinsen unter Marktwert, weil ihnen dafür Geheimhaltung geboten wurde. Kaum verwunderlich, dass sich die Banken in Singapur zunehmend für das Offshore-Private-Banking interessierten.

## Ausbau des britischen Offshore-Systems

In den 1960er- und 1970er-Jahren drängten britische Interessenvertreter, angeführt von der Bank of England, auf die Ausweitung eines neuen Offshore-Netzes. Steuerexperten aus der ganzen Welt kamen auf die Insel, um Seminare zu geben: »*Das sind die Schlupflöcher in eurem System*«, dann wurden die Gesetze entsprechend entworfen. Britische Anwälte behielten derweil die Entwicklungen in anderen Steueroasen im Auge und passten die Gesetzgebung an, um anderen Steueroasen einen Schritt voraus zu bleiben. Die Briten konkurrierten mit Liechtenstein, der Schweiz, den Bahamas und Panama. Die Cayman Islands machten sich daran, die Lücken zu schließen. Die Banken dort sammelten daraufhin viel Geld aus Zentral- und Südamerika ein. Bei den Transaktionen aus Lateinamerika verstießen sie in der Regel gegen staatliche Devisenkontrollen. Großbritannien duldete das. Genau wie die Bank von England die Entwicklung des Eurodollarmarktes ab 1955 offiziell tolerierte, insgeheim jedoch vorantrieb, verfolgte Großbritannien gegenüber diesem neuen geheimen Offshore-Weltreich eine Politik der offiziellen Tolerierung und unterschwelligen Förderung:

- 1976 erfuhr die Offshore-Industrie auf den Cayman Islands einen Schub. Sie entwarfen das berüchtigte Confidential Relationships Law, das die Offenlegung von Finanz- und Bankangelegenheiten unter Gefängnisstrafe stellte. US-Amerikaner kamen daraufhin mit Koffern voller Bargeld. Auch hier unternahm Großbritannien nichts dagegen.
- Zu Beginn der 1980er-Jahre war die Karibik zum wichtigsten Offshore-Umschlagplatz für den Drogenhandel geworden. Von den Bahamas aus wurde Kokain aus Südamerika in die USA geschmuggelt. Von Florida kam im Gegenzug Bargeld auf die Cayman Islands. Großbritannien tolerierte das und konnte sich dadurch die Entwicklungshilfe sparen.

Das Netz von Offshore-Satelliten hatte mehrere Aufgaben:

- Erstens verschaffte es der City einen globalen Einflussbereich. Verteilt auf die weltweiten Zeitzonen ködern die britischen Steueroasen mobiles internationales Kapital aus nah gelegenen Ländern. Ein Großteil des Geldes, das in diese Finanzzentren gelockt wurde, sowie die Geschäfte, die mit dem Geld angestellt wurden, wurden nach London weitergeleitet.
- Zweitens gab dieses Netz der City of London die Möglichkeit, sich an Geschäften zu beteiligen, die in Großbritannien verboten waren. Es schuf eine Distanz, die den Bankern in London eine plausible Grundlage gab, um jegliche Vergehen zu bestreiten.

Die äußeren Zonen des Netzes waren häufig weniger »hygienisch« als die inneren. Es war teilweise ein System zur Geldwäsche. Wenn das Geld in London ankam, oft über den Weg mehrerer Steueroasen, war es reingewaschen. Das Netz diente aber auch als Aufbewahrungsmechanismus. Denn wären die Offshore-Vermögen direkt nach London geflossen und dort geblieben, hätte das massive negative Auswirkungen auf den britischen Wechselkurs gehabt.

Die dritte Zone des britischen Netzes umfasst Hongkong, Singapur, die Bahamas, Dubai und Irland. Diese Steueroasen sind zwar alle selbstständig, aber sehr eng mit der City of London verbunden. Daneben gibt es viele kleinere Steueroasen, etwa Vanuatu im Südpazifik, dessen kleines Offshore-Zentrum von der britischen Regierung 1971 errichtet wurde. Also neun Jahre bevor es unabhängig wurde.

Die Regierung in London hat Gründe, das Geschäftsmodell der Steueroasen vor allem in der Karibik trotz aller gegenteiligen Beteuerungen nicht zu zerschlagen:

- Die Inseln sollen eine eigenständige Einkommensquelle behalten, damit der britische Staat nicht für sie zahlen muss. In einem Regierungsbericht zu den britischen Überseegebieten vom Juni 2012 wird gelobt, dass Bermuda, die Cayman Islands und die British Virgin Islands »wichtige Nischenpositionen in internationalen Finanzmärkten« besetzen. Stolz wird vermerkt, dass sich die Cayman Islands zum fünftgrößten Finanzzentrum der Welt entwickelt hätten – und zur ersten Adresse für Hedgefonds. Man werde sich dafür einsetzen, dass sie auch weiterhin »ohne Diskriminierung« im internationalen Wettbewerb mitmachen können.
- Die Offshore-Zentren sind ein wichtiger Teil der britischen Finanzindustrie. Sie fungieren als Filialen der City of London und bringen zusätzliche Einnahmen. In vielen Unternehmen sind sie selbstverständlicher Teil der Unternehmenskultur. Dutzende Unterhausabgeordnete und Lords sind Aufsichtsratsmitglieder in Firmen mit Offshore-Konten und Offshore-Töchtern. Das einzigartige Netzwerk der Steueroasen gilt als nationaler Standortvorteil.

Eine Meinung, die sich nach dem Brexit sicherlich noch verstärken wird. Um damit drohende Unternehmensabwanderungen abzuwenden, plant die britische Regierung für 2017/18 den mit 15 Prozent niedrigsten Unternehmensteuersatz der 20 größten Industrienationen (G20) einzuführen. Schon jetzt haben Ausländer nach Regierungsangaben über Briefkastenfirmen in London 122 Milliarden Pfund in Immobilien angelegt. Ihnen gehören die meisten Villen in Reichenvierteln wie Chelsea.

Die subtil ausgeübte Macht Großbritanniens bildet die Stütze, die flüchtigem globalem Kapital Sicherheit gibt und die Offshore-Sektoren der britischen Offshore-Überseegebiete stärkt. Die meisten ehemaligen britischen Kolonien in Afrika, Indien oder anderswo sind heute zwar unabhängig, hinter den Kulissen hat Großbritannien aber immer noch ein hohes Maß an Kontrolle über die riesigen Geldströme, die in diesen Ländern transferiert werden. Illegale Kapitalflucht aus Afrika etwa bleibt in der Regel im britischen Netz hängen. Dort wird es von Interessenvertretern verwaltet, die von der City of London aus kontrolliert werden. Das britische Offshore-System wickelt riesige Ströme illegaler Geldtransfers ab.

**Abzuwarten bleibt, wie sich der Brexit auf die künftige Steuerpolitik Großbritanniens und die der Satelliten Channel Islands und Isle of Man auswirken wird. Die Versuchung ist groß, hier für den Rest Europas neue attraktive Steuerlecks zu schaffen.**

## Irland – Steueroase für Unternehmen

Von der Isle of Man zum irischen Dublin beträgt die Fahrzeit mit der Fähre knapp drei Stunden. Die Zeiten, als Irland eines der ärmsten Länder Europas war, sind längst vorbei. Das Irland des neuen Jahrtausends ist eine moderne, progressive europäische Nation, deren Wirtschaft boomt. Der wirtschaftliche Absturz 2007 scheint trotz hoher Schulden 2017 überwunden. Das Platzen einer gewaltigen Spekulationsblase am Immobilienmarkt hatte mit Beginn der Finanzkrise erst den aufgeblähten Bankensektor, dann das ganze Land an den Rand der Pleite gebracht. Die Gesamtschulden sind heute vier Mal so hoch wie die gesamte irische Wirtschaftsleistung – ein Spitzenwert im EU-Vergleich. Der attraktive Steuersatz von 12,5 Prozent für Unternehmen musste im Gegenzug zu den

Hilfskrediten in Höhe von rund 70 Milliarden Euro nicht geopfert werden. Auch andere Steuersparmöglichkeiten für ausländische Unternehmen blieben den Iren erhalten.

Die Steuersparmöglichkeiten sind der Grund, weshalb die grüne Insel derzeit unter Beschuss der EU-Kommission steht. Wenn Milliardengewinne mit nur 0,035 Prozent besteuert werden, ist der Aufschrei in den Hochsteuerländern natürlich hoch. Umso mehr, wenn das Land dann auch noch Steuernachzahlungsforderungen in zweistelliger Milliardenhöhe wie bei Apple ablehnt. Um Steuern zu sparen, nutzen viele internationale Unternehmen mit irischen Niederlassungen den Double-Irish-Trick:

Sie gründen zwei Tochterfirmen, beide nach irischem Recht, von der jedoch nur eine ihren Sitz in Irland, die andere den Sitz in einer Steueroase – etwa den Bermudas – hat. Die Tochter mit irischem Sitz sammelt beispielsweise Gebühren aus Marken- und Namensrechten oder die Gewinne anderer europäischer Tochtergesellschaften ein und leitet diese an die Bermuda-Schwester weiter. Dort sind die Gewinne steuerfrei. Dieses Modell ist auch nach dem Aufschrei 2016 weiter für ausländische Unternehmen möglich.

Irland ist der Auffassung, dass das Land zu Unrecht als Steueroase gebrandmarkt wird. Denn im Unterschied zu den Offshore-Zentren in der Südsee oder in der Karibik mit Tausenden Briefkastenfirmen beschäftigen die auf der grünen Insel ansässigen Unternehmen tatsächlich jede Menge Mitarbeiter. Fast 200 000 insgesamt. Das ist der Grund für die lockeren irischen Steuergesetze aus den späten 1950er-Jahren:

Damals war das Land bitterarm und hoffte, mit geringen Steuersätzen internationale Konzerne auf die Insel locken zu können. Viel wichtiger als sprudelnde Steuereinnahmen war damals, für die Bevölkerung attraktive Jobs zu schaffen, um sie von der Auswanderung abzuhalten. Was dann auch gelang.

Daneben hat sich der Offshore-Finanzplatz Dublin in den letzten beiden Jahrzehnten zu einem der größten Schattenfinanzplätze weltweit entwickelt. In Dublins International Financial Service Center (IFSC) werden heute fast 13 000 Investmentfonds und

40 Prozent aller Hedgefonds weltweit verwaltet. Seit 2007 haben sich deren Einlagen auf rund 3 Billionen Euro annähernd verdoppelt. Ein dichtes Netz an Spezialisten, vergleichsweise niedrige Kosten und Steuervorteile bei Gewinnen sind Irlands Standortvorteile im internationalen Wettbewerb. Heute arbeiten fast 35 000 Menschen im Finanzdistrikt. Die traditionellen Banken sind nur noch ein Anhängsel der Boombranche.

Weil Irland im Zuge des umstrittenen Double-Irish-Modells international in die Kritik geraten ist, will man in Dublin möglichen internationalen Gesetzen zuvorkommen. Das Modell, mit dem internationale Konzerne ihre Steuerbelastung auf nahezu null drücken können, soll gestrichen werden. Damit sollen künftig alle Firmen, die in Irland ansässig sind, dort auch steuerpflichtig werden. Bereits auf der Insel tätige Firmen haben noch bis 2020 Zeit, die neuen Regeln einzuhalten. Irland hofft, dass dadurch keine Arbeitsplätze verloren gehen. Da diese Regeln internationale Konzerne Milliarden kosten dürfte, werden sie sich wohl nach Alternativen in der Welt der Steueroasen umsehen. Vielleicht fallen den Steuerexperten aber auch neue Rulings mit den irischen Steuerbehörden ein.

Doch die grüne Insel ist steuerlich nicht nur für international operierende Unternehmen und Fonds interessant. Gänzlich steuerbefreit sind auch Kulturschaffende wie Schriftsteller, Komponisten, Maler oder Bildhauer.

## KAMPF UMS ÜBERLEBEN – DIE STEUEROASEN AUF DEM EUROPÄISCHEN KONTINENT UND IM MITTELMEER

Die europäischen Steueroasen kamen während des Ersten Weltkriegs in Fahrt, als die im Krieg involvierten Länder ihre Steuern stark anhoben, um damit die Kriegskosten zu finanzieren. Vermögende machten sich auf die Suche nach Optionen, um ihren Reichtum der drastischen Besteuerung entziehen zu können. Parallel dazu veränderte sich in den Industrieländern die Vermögensstruktur. Der Trend ging immer mehr weg von immobilem Grundbesitz und hin zu mobilem Vermögen. Insbesondere in Form von Fonds und Wertpapieren, bei denen die Eigentümer anonym blieben. Eine weitere Entwicklung nach dem Ersten Weltkrieg war, dass sich die Angebote der Vermögensverwaltung nicht mehr ausschließlich an die Superreichen richteten.

Aufgrund ihrer Neutralität und ihres gut ausgebauten Bankennetzes war die Schweiz die erste Adresse für Steuerflüchtlinge. Ein nicht zu unterschätzender Vorteil war außerdem, dass die Schweiz keine Daten über die Kunden nach außen gab. Kunden, die mit immer mehr Geld immer zahlreicher in die Alpenrepublik drängten. Da der Schweizer Kapitalmarkt für das viele Geld nicht groß genug war, wurde es vorwiegend in ausländischen Wertpapieren angelegt. Steuerhinterzieher investierten größtenteils nicht in der Schweiz, sondern haben lediglich den Standort und das Bankgeheimnis genutzt, um Geld global anzulegen und es vor heimischen Steuerbehörden zu schützen.

Das berühmte Schweizer Bankgeheimnis, das die Weitergabe von Kundendaten erstmals unter Strafe stellte, trat 1934 in Kraft. Allerdings hatten Genfer Banken bereits seit dem 18. Jahrhundert die geheimen Vermögen der europäischen Eliten gehütet. Luxemburg spezialisierte sich seit 1929 auf bestimmte Offshore-Unternehmen und zählte bis zu den Lux Leaks vom November 2014 zu den größten Steueroasen.

Auch die Niederlande sind eine bedeutende europäische Steueroase. Hohe zweistellige Billionen Dollarbeträge fließen Jahr für Jahr durch niederländische Offshore-Gesellschaften. Damit sind die Niederlande eine der größten Transitsteueroasen weltweit. Österreich und Belgien waren bis zuletzt wichtige Bankgeheimnis-Oasen. Dazu kommen eine Reihe von Ministaaten, die in den letzten Jahrzehnten als Steueroasen aktiv waren und zum Teil immer noch sind: Andorra, Liechtenstein, Malta, Monaco und Zypern.

**Schweiz:** Was haben wir uns nicht alle aufgeregt, als die ersten Steuer-CDs aus der Schweiz in Deutschland auftauchten. 2006 kauften deutsche Steuerfahnder erstmals Daten von Steuersündern aus dem Nachbarland. Über Jahrzehnte lebten die Schweizer Banker gut von den Steuerflüchtlingen, hauptsächlich kamen sie aus Europa. Dann mussten sie dem internationalen Druck nachgeben. Zuerst gegenüber den USA, zuletzt auch gegenüber der EU. Weißgeldstrategie ist angesagt. Doch was ist in den zehn Jahren seit den ersten CD-Ankäufen passiert? Wenig, sagt eine aktuelle Studie der Boston Consulting Group:

Die Schweiz ist demnach noch immer mit Abstand die größte Steueroase der Welt – und sie wird es wohl auch in den nächsten Jahren bleiben –, in keinem anderen Land liegt mehr Offshore-Geld versteckt.

Die Finanzwelt ist dort zu mehr als 50 Prozent von den ausländischen Geldern abhängig. Höhere Werte haben nur noch die Channel Islands, die Steueroasen in der Karibik und Liechtenstein – mit allerdings viel geringeren Summen. Was in der Schweiz seit der Weißgeldstrategie für Europäer nicht mehr möglich ist, Schwarzgeld bei Banken zu parken, praktizieren dort heute vor allem Asiaten. Für Europas Steuersünder ist die Schweiz out. 2017 endet das Bankgeheimnis, dann beginnt der automatische Informationsaustausch über Bankdaten. Doch das große Geld ist längst in andere Steueroasen gezogen, wo die Schweizer Banken und Vermögensverwalter Tochtergesellschaften besitzen. Nach Singapur, auf die Channel Islands oder die Cayman Islands in der Karibik.

Attraktiv bleibt die Schweiz jedoch für Privatpersonen mit internationalem Vermögen und für solche, die sich dort niederlassen wollen. Sie lockt der Pauschalistenstatus. Für ausländische Investoren sind aus steuerlicher Sicht die Kantone St. Gallen, Thurgau, Schaffhausen, Glarus, Aargau, Freiburg, Zürich, Schwyz und Zug interessant. So erhebt Zug einen durchschnittlichen Steuersatz von 13 Prozent. Aus EU-Sicht ist der Kanton damit eine Steueroase.

Für einzelne Gesellschaftsformen gibt es zudem Steuerprivilegien. Etwa für »gemischte Gesellschaften« mit einer Gesamtsteuererbelastung von 10 bis 11 Prozent. Auch kann der Gewinn quellensteuerfrei ins Ausland transferiert werden. Auch Holding-,

Domizil- und Beteiligungs-Aktiengesellschaften sind steuerlich begünstigt. Seit Jahren schon fordert die EU die Schweiz auf, die Steuerprivilegien für die sogenannten »Spezialgesellschaften« abzuschaffen – ohne Erfolg.

Einen Vermögensschutz der besonderen Art bieten die Schweizer Zollfreilager. Nicht nur die Reichen finden hier für ihre Vermögenswerte Sicherheit, Zoll- und Steuerfreiheit. Auch Steuersünder aus der EU haben ihre Schwarzgeldkonten in den letzten Jahren im Zuge der Weißgeldstrategie bei Schweizer Banken abgeräumt. Stattdessen legten sie das Schwarzgeld in Kunst, Gold, Diamanten und anderen Vermögenswerten an, um diese dann in den Hightechlagern der Schweiz zu verstecken. Milliardenwerte sind hier gebunkert. Die Steuersünder müssen dann nur noch die Verjährungsfristen in ihren jeweiligen Heimatländern abwarten, um ursprünglich schwarze Kassen nach einigen Jahren gewaschen zu haben. Zollfreilager helfen bei Steueroptimierung und Geldwäsche. Zollfreilager sind steuerliches Niemandsland.

**Luxemburg:** Ende 2014 enthüllten die Lux Leaks die Praktiken der Finanzbehörden im Großherzogtum im Umgang mit ausländischen Konzernen. Diese vertraulichen Steuervereinbarungen, die sogenannten Advance Tax Rulings, boten 343 internationalen Konzernen aus 82 Ländern die Möglichkeit, auf Kosten anderer Länder »aggressive Steuervermeidungsmodelle« zu realisieren. Unter den Konzernen waren prominente Namen wie Apple, Amazon, Heinz, Pepsi, Ikea, Deutsche Bank, E.ON und Fresenius Medical Care. Ihre Steuern ließen sich so auf unter 1 Prozent drücken:

Die Deutsche Bank beispielsweise hatte in Luxemburg und anderen Steueroasen Fondsgesellschaften gegründet. Die Fonds wickelten europäische Immobiliengeschäfte ab und waren so konstruiert, dass bei ihnen keine Steuern anfielen.

Der Energiekonzern E.ON und der Gesundheitskonzern Fresenius Medical Care haben über Niederlassungen in Luxemburg firmeninterne Kredite vergeben, um so Gewinne und Steuerlast zu schmälern.

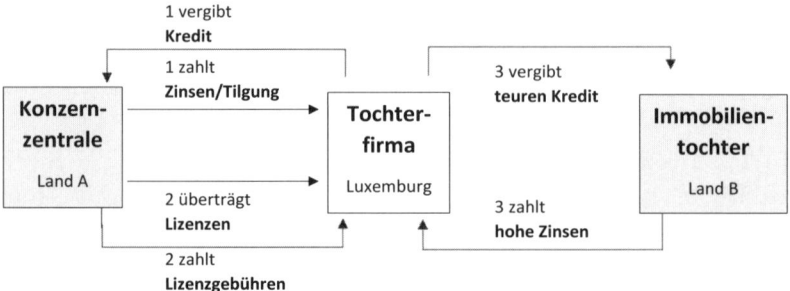

Abb. 20: Steuerspartrick Gewinnverschiebung. Ein Konzern verschiebt Gewinne zu einer Tochterfirma in einem Niedrigsteuerland, in diesem Fall nach Luxemburg. Ergebnis: Im Hochsteuerland muss nur ein kleiner Teil des Gewinns versteuert werden, im Niedrigsteuerland Luxemburg dafür viel. Die Gesamtsteuerlast sinkt beträchtlich.

Ikea musste aufgrund der Absprachen mit den Finanzbehörden für 2,5 Milliarden Euro Gewinn gerade mal 0,002 Prozent Steuern zahlen – 48 000 Euro. Unter normalen Umständen wären dafür mehr als 500 Millionen Euro fällig gewesen. Privatpersonen oder nicht ganz so mächtige Unternehmer hätten wohl mit Gefängnisstrafen rechnen müssen.

Mit den Tax Rulings wird Unternehmen zugesichert, dass in ihrem Fall eine steuerliche Ausnahme gilt. Eine Ausnahme, die in anderen Ländern zu erheblichen Steuereinnahmeverlusten führen kann.

Die EU-Kommission versuchte daraufhin, den Steuerwettbewerb zwischen den EU-Ländern zu begrenzen. 2015 wurde ein Gesetz zum Austausch der Steuervorbescheide verabschiedet. Die Mitgliedsländer müssen seitdem Informationen über Tax Rulings automatisch austauschen. Damit soll die Steuerflucht international operierender Unternehmen schwieriger gemacht werden. Aktuell prüft die EU-Kommission europaweit rund 1 000 solcher Rulings.

Bereits im Frühjahr 2014 hatte Luxemburg das Ende seines Bankgeheimnisses und den internationalen Austausch steuersensibler Daten verkündet. Seit Januar 2017 wird dieser umgesetzt. Der Offshore-Finanzplatz Luxemburg will damit die Rolle des »schwarzen Schafs« loswerden. Die 141 Banken im Großherzogtum werden das verkraften. Aktuell verwalten sie zwar rund 700 Milliarden an Privatvermögen, doch der Finanzplatz lebt zunehmend von der Fondsindustrie – nicht vom Bankgeheimnis. Die über 14 000 Fonds verwalten über 2,65 Billionen Euro.

Eine Spezialität der Finanzindustrie ist die Société de Gestion de Patrimoine Familial (SPF) für große und international diversifizierte Privatvermögen. Mit ihr ist eine Vermögens-, Güterstands- und Nachfolgeplanung unter Berücksichtigung der EU-Gesetzgebung möglich. Beim Einsatz einer SPF profitiert der Vermögensinhaber von den Vorteilen einer Kapitalgesellschaft, ohne Körperschaft- und Gewerbesteuer zahlen zu müssen. Die SPF ist in Luxemburg weitgehend steuerbefreit und genießt den Vorteil der beschränkten Haftung. Sie ist als Anlagegesellschaft konzipiert und richtet sich an natürliche Personen, die ihr Privatvermögen bestmöglich strukturieren wollen:

- Vererbt oder verschenkt werden nur Anteile an der SPF, nicht einzelne Vermögenswerte.
- Hinsichtlich der Vertragsgestaltung besteht innerhalb der SPF ein Höchstmaß an Flexibilität.
- Etwaige zum Vermögenserhalt gewünschte Beschränkungen innerhalb der Familie lassen sich im Sinne des Vermögensinhabers in den Gesellschaftsvertrag flexibel einbauen.

Geht es um die Strukturierung von Finanzbeteiligungen, Immobilien, Patenten, Markenrechten oder Lizenzen, bietet sich für Unternehmen die Gründung einer Société à participation financière (Soparfi-Beteiligungsgesellschaft) in der Rechtsform einer Kapitalgesellschaft an. Diese Gesellschaft ist zwar in Luxemburg steuerpflichtig, sie kann jedoch vom Doppelbesteuerungsabkommen und vom Schachtelprinzip profitieren. Dadurch bleiben Beteiligungsgewinne innerhalb der Holding in der Regel steuerfrei.

Wie Frankreich, Großbritannien, die Niederlande oder Zypern kennt auch Luxemburg das IP-Regime – Gesellschaften, in denen Rechte, Patente, Lizenzen, Urheberrechte, Marken, Muster etc. geparkt werden. Die Einkommen darauf werden effektiv mit niedrigen 5,76 Prozent besteuert.

**Luxemburg hat sich in den letzten beiden Jahren zwar vom Image eines »schwarzen Schafs« befreit, eine Steueroase ist das Großherzogtum aber geblieben.**

**Niederlande:** Die Niederlande sind ein Steuereldorado für ausländische Unternehmen. Diese gründeten hier in den letzten Jahren über 30 000 Offshore-Gesellschaften. An sie aus dem Ausland gezahlte Lizenzgebühren bleiben in den Niederlanden steuerfrei. Etliche der größten multinationalen Konzerne haben hier Niederlassungen. Mittels Holdingkonstruktionen sparen sie weltweit Steuerzahlungen in Milliardenhöhe. Dabei werden sie von den holländischen Finanzbehörden bevorzugt behandelt. Wie in Luxemburg gibt es auch hier die sogenannten Tax Rulings. Auch deutsche Konzerne nutzen das:

So etwa der weltgrößte Chemiekonzern BASF. Der steuert über seine Briefkastenfirma BASF Nederland BV rund um den Globus Dutzende Auslandstöchter. Mit Erfolg. In den vergangenen Jahren hat das Unternehmen Steuern in Höhe von nur 0,035 Prozent gezahlt, wie eine Analyse der Grünenfraktion im Europaparlament ergibt. Zwischen 2010 und 2014 hat der Konzern in fünf Jahren über 900 Millionen Euro Steuern gespart. *»Steuern sind ein Kostenfaktor«*, heißt es dazu vom Unternehmen. *»Im Interesse unserer Anteilseigner strebt BASF im Rahmen der geltenden Gesetze die Reduzierung dieses Kostenfaktors an.«* 2015 hat BASF Nederland BV 1,2 Milliarden Euro Gewinn gemacht. Nur 77 Millionen davon stammen aus dem Geschäft mit Chemieprodukten. Der Rest sind Erträge aus internationalen Finanzgeschäften – bis auf 0,035 Prozent steuerfrei. Die Erträge kommen von den 38 Konzerntöchtern. Diese schütten ihre Gewinne nicht an die deutsche Muttergesellschaft aus, sondern zahlen sie an die niederländische Tochter, von der sie steuergünstig verbucht werden. Selbst wenn solche Rulings durch die EU-Kommission künftig aufgedeckt werden sollten, heißt das nicht, dass die Niederlande diese Methodik abschaffen – es wird aus den großen Steuerkanzleien schon bald Alternativen geben.

Wie internationale Unternehmen benutzen auch zahlreiche deutsche Unternehmen Steuertricks, um über Steueroasen hohe Millionenbeträge am Fiskus vorbeizuschleusen. Wie die Tageszeitung *de Volkskrant* vor einiger Zeit enthüllte, hatten die 100 weltweit größten Unternehmen allein 2011 über 57 Milliarden Euro zu Steuersparzwecken durch das Polderland geschleust. Beispielsweise über das Steuersparkonstrukt Double Irish in Verbindung mit Irland.

**Während immer neue Leaks die Geschäftspraktiken anderer Steueroasen enthüllen, bleibt die Transitsteueroase Niederlande davon bislang verschont.**

**Belgien:** Das einstige Bankgeheimnis im Königreich hatte für Ausländer kaum Bedeutung. Da ist unser direkter Nachbar für ausländische Unternehmen schon interessanter. Coordination Center heißt für sie das Zauberwort. Eine Offshore-Gesellschaft mit reinem Holdingcharakter. Sie eignet sich vor allem für konzerninterne Finanzierungsgeschäfte. Mit dem Ziel, steuerpflichtige Gewinne von der in einem Hochsteuerland ansässigen Konzernmutter abzuziehen und diese in Belgien mit einem Steuersatz von fast null zu versteuern. Vor allem deutsche Konzerne nutzen das – siehe Beispiel Niederlande.

**Österreich:** Nachdem das Bankgeheimnis abgeschafft wurde, hat die Alpenrepublik als Fluchtziel für ausländisches Schwarzgeld und damit als Bankgeheimnis-Oase ausgedient. Das gilt vor allem für die Steuerexklaven Jungholz und Kleinwalsertal. Für Unternehmen war die Alpenrepublik aus steuerlicher Sicht nie ein Thema, außer bei der Gruppenbesteuerung oder dem Organträgermodell, das Gewinne nur einmal besteuert.

**Andorra:** Der Pyrenäenstaat ist ein riesiges zollfreies Einkaufsparadies, das jährlich über 10 Millionen Touristen anlockt. Für natürliche Personen gelten bei Einkommen, Kapitalerträgen und Erbschaften Nullsteuern. Für Unternehmen sind Nullsteuern auf Gewinne und Kapitalerträge attraktiv. Offshore-Gesellschaften sind nicht erwünscht.

**Solange der steuerliche Sonderstatus mit der Europäischen Union besteht, solange bleibt Andorra als Steuerschlupfloch vorrangig für Franzosen und Spanier interessant.**

**Gibraltar:** Der Felsen am Ende des spanischen Festlands ist eine legale Steueroase für Millionäre, Fonds, Briefkastenfirmen und einer mittlerweile großen Online-Casino-Industrie. Ähnlich wie in der Schweiz gibt es auch hier für vermögende Privatpersonen eine Pauschalbesteuerung. Die Straße von Gibraltar ist zudem ein steuersparender Umschlagplatz von Schiffsladungen und für das Betanken von Schiffen, da Schweröl im Vergleich etwa zu Rotterdam steuerlich begünstigt wird.

**Liechtenstein:** Politisch ist das Fürstentum ein Winzling, als Finanzplatz spielt es jedoch in der europäischen Oberliga mit. Europäisches Schwarzgeld hat Liechtenstein innerhalb von drei Jahrzehnten mit einem aktuellen BIP von 160 000 Dollar pro Kopf zu einem der reichsten Länder der Erde gemacht. Bis mit der Affäre Zumwinkel im Jahr 2008 das Ende der Steuerfluchtburg eingeläutet wurde. Das galt vor allem auch für das Steuerkonstrukt der Stiftung, das seitdem grundlegend überarbeitet wurde. Diente die Stiftung zuvor als Schwarzgeldversteck und zum Steuerbetrug, kommt sie heute vorrangig bei Vermögenssicherung und Vermögensschutz zum Einsatz:

Als Instrument des Vermögensschutzes ist die Stiftung in mehrfacher Hinsicht interessant. Zum einen können die niedrigen Publizitätsanforderungen genutzt werden. Die Stiftung wird demnach in keinem öffentlichen Register eingetragen. Gläubiger oder Erben erlangen somit nur schwer oder meistens keine Kenntnis von der Existenz der Stiftung. Darüber hinaus kann der Verlust der rechtlichen Verfügungs- und Einflussnahmemöglichkeit aufgrund der hohen Flexibilität des liechtensteinischen Rechts abgemildert werden. Denn trotz des verselbstständigten Vermögens einer Stiftung werden dem Stifter weitreichende Gestaltungsmöglichkeiten eingeräumt. Dem Stifter bleiben nach liechtensteinischem Recht Satzungsänderungen und ein freies Widerrufsrecht vorbehalten. Beim Einsatz einer Stiftung sind das Informationsaustauschabkommen in Steuersachen sowie das DBA mit Deutschland zu beachten.

Aktuell gibt es wieder über 19 000 Stiftungen im Ländle – in Spitzenzeiten vor der Zumwinkel-Affäre waren es über 50 000. Das ehemalige nicht steuerkonforme Massengeschäft ist für Liechtenstein vorbei. Entsprechend wurde seit 2007 von Ausländern auch viel Geld abgezogen. Aktuell verwalten die 16 Banken im Ländle wieder rund 210 Milliarden Schweizer Franken, mehr als 2007.

**Das Geschäftsmodell »Steueroase!« ist für Liechtenstein Geschichte. Künftig möchte das kleine Land am Rhein mit weißer Weste strahlen.**

**Monaco:** Vom Zentrum der Belle Epoque und einem der letzten exklusiven Rückzugsorte für Adel und »alten Reichtum« hat sich Monaco in den letzten Jahrzehnten zum Magnet für Millionäre entwickelt. Von den 36 000 Einwohnern gelten heute über 20 000 als Millionäre. Das Fürstentum an der Côte d'Azur ist ein Mekka für den internationalen Jetset. Wer einen Wohnsitz in Monaco hat und sich mindestens 180 Tage im Jahr dort aufhält, darf sich über Nullsteuern für Einkommen und Vermögen freuen. Französische Staatsbürger sind von diesem Privileg seit einer bilateralen Steuervereinbarung mit Frankreich im Jahr 1963 ausgeschlossen.

**Monaco legt größten Wert darauf, international nicht als Steueroase zu gelten. Tatsächlich betreffen die Steuervorteile auch nur natürliche Personen. Offshore-Gesellschaften sind im Fürstentum nicht erwünscht.**

## Steueroase Vatikan

Man kann die Kirche nicht nur mit Ave Marias führen – Geld gehört dazu. Viel Geld. Doch wo Geld zu finden ist, da herrscht auch Gier. Das war und ist auch im Vatikan so. Immer wieder wurde der Kirchenstaat in den letzten Jahrhunderten von Finanzskandalen durchgerüttelt, bei denen im Kirchenstaat durch skrupellose Gottesmänner viel Geld verloren ging. Kommen dann geringe Erträge in der Staatskasse, finanzielle Fehlentscheidungen und eine wirkungslose päpstliche Politik hinzu, kann das unweigerlich zu einer Krise der päpstlichen Finanzen führen. So wie 1831, als der Bankier Rothschild dem Vatikan zum Überleben ein Darlehen zu einem Zinssatz von 65 Prozent gewährte. Der Vatikan schrieb damals tiefrote Zahlen, es drohte der Bankrott. Als dann auch noch im September 1870 die Infanterietruppen des vereinigten Italien eine Bresche in die Aurelianische Mauer bei der Porta Pia schlugen und in die vom Papst beherrschte Ewige Stadt eindrangen, hörte der Kirchenstaat auf zu existieren.

Der Albtraum eines finanziellen Debakels war damit zwar abgewendet, es drohte jedoch neues Unheil. Pius IX. befürchtete die Beschlagnahme des Kirchenvermögens durch den italienischen Staat. Die Befürchtung war zwar unbegründet, der Alarm führte jedoch zu einer Flut von Spendengeldern, die die leeren Kassen des Papstes füllten. Die Einnahmen aus dem Peterspfennig wurden gewinnbringend bei einer Bank angelegt, um dem Papst ein Einkommen zu sichern. Hieraus entstand der Plan seines Nachfolgers Leo XII., die Kirchenfinanzen zu sanieren, eigene Vermögenswerte ertragreich anzulegen und eine Vatikanbank zu gründen. Mit anderen Worten: zu spekulieren.

Nach erneuten Finanzskandalen gründete Papst Leo XII. 1887 die Verwaltung für die Werke der Religion (Amministrazione per le Opere di Religione) und »Ad Pias Causas« (Für fromme Zwecke). Letztere war die Vorläuferin des Instituts für die Werke der Religion (I.O.R.), das dann aber erst 1942 ins Leben gerufen wurde. Ad Pias Causas legte die Spendengelder von Gläubigen aus der ganzen

Welt in festverzinslichen Wertpapieren an. Schenkungen in Form von Währungsgold oder Immobilien wurden in Aktien umgewandelt. Um ordentliche Renditen zu erzielen, engagierte sich der Heilige Stuhl auch an den Börsen in London, Paris und Berlin. Für umfassende Finanzaktivitäten fehlte jedoch eine richtige Bank. Die fand Papst Leo XII. in der Banco di Roma, die zu 50 Prozent vom Heiligen Stuhl kontrolliert wurde. Doch schon mit der Börsenkrise 1890 drohte sich das dort angelegte Vermögen in Luft aufzulösen – konnte dann aber doch gerettet werden.

Die enge Verbindung zur Banco di Roma und die Gründung der Verwaltung Ad Pias Causas markierten eine Revolution in der Beziehung des Vatikans zum Bankensektor, zu den Aktienmärkten und vor allem zu Finanzfachleuten, die von den Vermögenswerten und der Macht des Vatikans angezogen wurden. Keine Börsenkrise in den nachfolgenden Jahrzehnten konnte den Wunsch der Kirchenmänner zu spekulieren dämpfen. Dabei muten die schlichten Finanzoperationen, wie sie zu dieser Zeit getätigt wurden, heute wie eine romantische Reminiszenz an. Mit vielfältigen Investitionen aber wuchs der Umfang der kirchlichen Finanzen. Bernardino Nogara, Leiter der neu gegründeten Vermögensverwaltung des Heiligen Stuhls (APSA), hatte die Entschädigungen des italienischen Staates im Zuge des Lateranvertrages gewinnbringend investiert. An seinen Nachfolger konnte er Beteiligungen im Wert von über 2 Milliarden Dollar übertragen. Der Vatikan war zu einem wichtigen Akteur der globalen Finanzwelt geworden. Das führte schließlich zur Entstehung der Vatikanbank, dem Istituto per le Opere di Religione (I.O.R.), und damit zur Steueroase Vatikan.

Um das prekäre Verhältnis der Theokratie zum Geld zu schützen, betreibt der Vatikan seine Finanzgeschäfte mit absoluter Diskretion. Die Finanzaktivitäten des Heiligen Stuhls zählen zu den bestgehüteten Geheimnissen der Welt. Die Verschwiegenheit hat System, sie wird um jeden Preis gewahrt. Und obwohl das Schweigen die Gerüchteküche immer wieder brodeln lässt, ist das Schweigen der Bankiers in Soutanen eine goldene Regel. Sie sind noch viel diskreter als ihre weltlichen Kollegen.

Finanzaktivitäten und Mitarbeiter des I.O.R. waren durch die Immunität des Vatikanstaats geschützt. Die Bank genoss den Status der Autonomie, ihre Leitung unterlag bis Ende 2009 keiner Kontrolle. Die Bank konnte weder polizeilich durchsucht, noch konnten Telefonate abgehört oder Mitarbeiter vernommen werden. Bilaterale Abkommen gab es nicht, auch zählte der Vatikanstaat nicht zu den FATF-Mitgliedsländern. Eine Steueroase mitten in Rom auf exterritorialem Gebiet, in der fast ungehindert Missbrauch betrieben werden konnte.

Der Aufbau eines Offshore-Systems mit Scheingesellschaften und Scheinstiftungen war über Jahrzehnte die Folge. Mit Konten auf den Namen fiktiver oder häufig nicht existenter Stiftungen, bei denen kirchliche Würdenträger zeichnungsberechtigt waren, die tatsächlich aber Mafiabossen, Politikern und Unternehmern gehörten. Und es gab Konten, die auf kirchliche Würdenträger liefen, jedoch für Bestechung, Geldwäsche, Devisenvergehen und andere Zwecke missbraucht wurden. Dabei waren die Kontoinhaber bzw. deren Hintermänner mit ihrem Geld beim I.O.R. gegenüber ihren Finanzbehörden in der Heimat oder Kontrollen italienischer Behörden geschützt. So entwickelte sich eine Scheinbank innerhalb des I.O.R., über die in den folgenden Jahrzehnten riesige Bargeldmengen gewaschen und Schmiergelder geschleust wurden.

Ob beim Schmiergeldkomplott Enimont, bei der Parteienfinanzierung um den damaligen italienischen Ministerpräsidenten Giulio Andreotti durch die Mafia, den Finanzskandalen um die Banca Private Italiana und die Banco Ambrosiano, dem Tod des Bankers Roberto Calvi, der unter der Blackfriars Bridge in London erhängt aufgefunden wurde, dem Milliardenschwindel der Spellmann-Stiftung, den skrupellosen Finanzgeschäften des Michele Sindona oder anderen Betrugs- oder Erpressungsfällen – immer führten die Spuren hinter die Leoninische Mauer zum I.O.R. Das Statut der Bank und die Abkommen mit dem italienischen Staat machten die Vatikanbank zu einem Offshore-Finanzplatz, der sich jeglicher Kontrolle entzog. Die Vatikanbank garantierte ihrer Führung strengste Geheimhaltung, absolute Straffreiheit und freie Hand in allen Finanzaktivitäten – und ihren Kunden freies Geleit. Nur unter diesen Voraussetzungen konnte es vor allem in den 1970er-Jahren zu den vielen Finanzskandalen kommen.

Möglich machten das aber die Statuten des I.O.R. Danach konnten auch Ausländer (Italiener), die keine direkten Verbindungen zum Vatikan hatten, Kunden der Bank werden. Sofern sie bereit waren, einen Teil ihrer Einlagen für »gute Zwecke« zu spenden – das konnten zum Beispiel die Zinsen sein. Für Italiener war das allemal günstiger, als auf die Erträge bei der Vatikanbank in der Heimat Steuern zu zahlen oder gar Gefahr zu laufen, mit ihrem Schwarzgeld aufzufliegen. Wer also in Rom über eine ausländische Bank Geschäfte abwickeln und vor Kontrollen sicher sein wollte, eröffnete beim I.O.R. ein Konto.

Richtig Fahrt nahm das I.O.R. dann Anfang der 1970er-Jahre auf, als ein amerikanischer Priester, der im Jahr zuvor zum Erzbischof und 1971 zum Leiter der Vatikanbank berufen wurde: Paul Casimir Marcinkus. Der hatte zuvor mit Bravour die Päpstliche Kirchenakademie, die Kaderschmiede für Diplomaten des Heiligen Stuhls, durchlaufen. Ein Geistlicher mit imponierender Erscheinung, der in Roms Gesellschaftssalons verkehrte und den Golfplatz der Sakristei vorzog. Während in den USA bereits erste Verdächtigungen wegen Geldwäsche gegen den Finanzier Sindona die Runde machten, beauftragte Marcinkus ihn, die Unternehmensbeteiligungen des Vatikans ins Ausland zu transferieren und damit den größten Kapitalexport aller Zeiten zu inszenieren. Gleichzeitig wurden die Gelder des Vatikans in die Tresore der Swiss Bank in der Schweiz geschafft.

Es war der Beginn einer endlosen Folge von Finanzmanövern mit vatikanischen Vermögenswerten, die in immer neue Kanäle flossen, um diese so dem Zugriff italienischer Steuerbehörden zu entziehen. Und um dabei mit jeder Transaktion auch für Sindona und Marcinkus Gewinne abzuwerfen. Das war auch bei der Übernahme der amerikanischen Franklin National Bank so, die mit Bürgschaften des Vatikans in Milliardenhöhe abgesichert wurde. Im Vatikan kam es zu regelrechten Vermögensplünderungen. Man bediente sich dazu der Finanzgesellschaften, an denen der Vatikan beteiligt war, sowie der Konten des Heiligen Stuhls bei der Banca Privata Italiana, die Sindona gehörte. Und als ob das nicht schon reichen würde, wurden nebenbei auch noch Unmengen an Mafiageldern verschoben. Beim I.O.R. träumte man davon, eine Weltbank für die einzige Theokratie auf diesem Planeten zu schaffen.

Doch im Zuge der Wirtschaftskrise 1973 brachen die Banca Privata Italiana und die Franklin National Bank 1974 zusammen. Die Verluste beliefen sich auf insgesamt 2,3 Milliarden Dollar. Dazu kamen Verluste aus Devisentransaktionen in Höhe von 82 Millionen. Die Verluste des Vatikans betrugen bei diesen Deals rund 250 Millionen Dollar. Weitere Finanzskandale mit hohen Millionenforderungen an das I.O.R. sollten folgen, u.a. eine Vergleichszahlung von 242 Millionen Dollar beim Zusammenbruch der Ambrosiano-Bank.

Eine wahre Prozesslawine zwang den Vatikan, für Dritte teils über juristische Konstruktionen geführte Konten diskret zu überprüfen. Dabei wurde im I.O.R. viel verschwiegen, übergangen und erlogen. Nicht nur die Gewährung von Millionenkrediten ohne Sicherheiten, der Streit um Erbschaften, Geldwäsche für die Mafia und Schmiergelder für Politiker, sondern auch handfester Betrug geht in den 1970er- und 1980er-Jahren auf das Konto von Vertretern des Vatikans. Marcinkus stand unter zunehmendem Erklärungsdruck, als Präsident des I.O.R. nahm er schließlich seinen Hut. Vor dem Haftbefehl der Mailänder Staatsanwaltschaft rettete ihn nur der vatikanische Diplomatenpass.

Ungeachtet dessen entwickelte sich das Offshore-System des Vatikans in den 1990er-Jahren zur vollen Blüte. Doch mit dem Größenwahn kirchlicher Würdenträger häuften sich auch die Finanzskandale. Auf den Vatikan kamen vom Ausland immer höhere Millionen-Strafen und eine negative Berichterstattung zu. Hinter den Leoninischen Mauern mehrten sich die Stimmen, die beim I.O.R. endlich Klarheit schaffen wollten. Doch erst Papst Benedikt XVI. setzte 2009 dem kriminellen Treiben der Finanzakrobaten im I.O.R. ein Ende. Er verurteilte in seiner Sozialenzyklika »Caritas in Veritate« alle Finanzaktivitäten, die den Menschen schaden. Das Finanzgebaren des I.O.R. gehörte dazu.

Es folgte ein epochaler Wandel. Eine Kommission wurde eingesetzt, um in der Bank aufzuräumen. Dazu gehörten auch eine radikale Kontensäuberung und strenge Regeln im Kampf gegen Geldwäsche. Wer nicht aus dem Vatikan und dessen Institutionen kam, dessen Konten wurden aufgelöst. Die Leitung des I.O.R. wurde 2013 dem deutschen Bankier Ernst von Freyberg unterstellt, der in der Bank für mehr Transparenz sorgen sollte. Darüber hinaus schloss der Vatikanstaat mit der Europäischen Union eine Währungsvereinbarung. Danach verpflichtete sich der Vatikan, »*durch direkte Umsetzung oder gleichwertige Schritte alle zweckdienlichen Maßnahmen zu treffen, damit alle einschlägigen gemeinschaftlichen Rechtsvorschriften zur Verhinderung von Geldwäsche, Betrug und Fälschung von Bargeld oder bargeldlosen Zahlungsmitteln anwendbar werden.*« Weiterhin verpflichtete sich der Heilige Stuhl, »*alle einschlägigen gemeinschaftlichen Rechtsvorschriften im Banken- und Finanzsektor umzusetzen, wenn und insofern im Staat der Vatikanstadt ein Bankensektor geschaffen wird.*« Die Steueroase Vatikanstaat hatte aufgehört zu existieren.

2013 legte die Vatikanbank erstmals in ihrer Geschichte eine Bilanz vor, um sich transparenter zu zeigen. Ein großer Teil der Aufräumarbeiten liegt nun hinter dem Institut, aber der Weg zu mehr Transparenz ist ein langer. Dazu ordnete Papst Franziskus 2014 die Finanzverwaltung des Vatikans vollkommen neu, es wurde ein »Päpstlicher Rat für die Wirtschaft« geschaffen. Diese Institution hat künftig die Aufgabe, Haushaltspläne sowohl für den Vatikanstaat als auch für die päpstlichen Aufgaben in der Weltkirche aufzustellen und nach Ende des Haushaltsjahres die Bilanzen vorzulegen. Die bisherigen Vermögensverwalter der ASPA, die auch die Konten geführt hatten, wurden entmachtet.

**Malta:** Mit einem Steuersatz von 35 Prozent ist der Mittelmeerstaat auf den ersten Blick kein günstiger Standort für Unternehmen. Doch dank der Rückerstattung an die Aktionäre (Tax-Return-Verfahren) bleibt unter dem Strich eine Steuerbelastung von nur 5 Prozent. Die

Inselrepublik verfügt damit über den niedrigsten europarechtskonformen Ertragssteuersatz für Kapitalgesellschaften in der EU. Und Gesellschaften, in denen Rechte, Patente, Lizenzen etc. eingebracht werden (IP-Box), sind gänzlich steuerbefreit. Nullsteuern gelten auch für Offshore-Gesellschaften. Natürliche Personen können sich mit Wohnsitz und Pass auf der Insel einkaufen.

**Als Steueroase steht Malta wegen seines Holding-Modells unter internationalem Beschuss.**

**Zypern:** Wer im Casino der Götter 2017 nach Zeichen der noch vor wenigen Jahren existenzbedrohenden Krise sucht, stellt fest, dass diese gar nicht so leicht zu finden sind. Denn in Zypern war nicht der Staat marode, sondern das Bankwesen. Doch Zyperns Bankenkrise ist Anfang 2017 noch nicht überwunden. Wenn viele Russen und Ukrainer trotz Krise dennoch geblieben sind, so nicht zuletzt deshalb, weil der Steuersatz für Unternehmen im Zuge der Krise zwar von 10 auf 12,5 Prozent heraufgesetzt wurde. In der Eurozone ist er damit aber weiterhin fast konkurrenzlos niedrig. Und werden Rechte, Patente, Lizenzen etc. in eine IP-Box eingebracht, bleiben 80 Prozent der daraus erzielten Einnahmen steuerfrei. Gänzlich steuerbefreit sind Ausschüttungen aus Holdings ins Ausland.

Natürliche Personen können sich mit Wohnsitz und Pass einkaufen. Davon machen vor allem Russen Gebrauch, um sich innerhalb der EU freizügig bewegen zu können.

**Zypern – eine steuerfreundliche Schatzinsel mit Zukunft. Glaubt man den Experten, schlummert in Zyperns »exklusiver Wirtschaftszone« vor der Küste ein riesiger Gasschatz.**

# WENIG LICHT IM DUNKELN – AFRIKAS STEUEROASEN

Bevor es von Zypern weiter in den Nahen und Fernen Osten geht, werfen wir einen kurzen Blick auf den afrikanischen Kontinent. Eigentlich könnten Rohstoffe wie Öl, Gold oder Diamanten ein Segen für den schwarzen Kontinent sein – wenn die Regierungen der Länder damit verantwortungsvoll umgehen. Das ist aber nicht immer der Fall – beispielsweise in der Demokratischen Republik Kongo:

24 Billionen Dollar sollen die Rohstoffe wert sein, die hier in der roten Erde liegen. Und dennoch ist das afrikanische Land eines der ärmsten Länder der Welt. Kaputtregiert vom Diktator Mobutu, zerrüttet von einem Krieg. Bis heute ist nicht überall Frieden eingekehrt. Im Osten des Landes marodieren weiter Rebellengruppen durch die Wälder und finanzieren sich über Gold und andere Bodenschätze. Eine kluge Regierung hat es auch nach dem Sturz Mobutus nicht gegeben. Stattdessen finden sich in der Offshore-Welt immer wieder Hinweise darauf, dass die Staatsspitze Rohstofflizenzen deutlich unter Wert verscherbelt und dafür Schmiergeld kassiert. Meist spielen dabei Briefkastenfirmen eine Rolle. Die kaufen die Rohstofflizenzen zu Spottpreisen, bezahlen das Schmiergeld und verkaufen die Lizenzen mit hohem Gewinn an Bergbauunternehmen weiter.

In Kongo-Brazzaville, dem kleinen Nachbarn, werden täglich rund 300 000 Barrel Öl gefördert – und doch leben mehr als die Hälfte der Einwohner unter der Armutsgrenze. Das Geld aus den Verkäufen läuft – wie Dokumente aus der Offshore-Welt zeigen – zu großen Teilen von Pointe-Noire über Briefkastengesellschaften nach Panama und in die Schweiz und von dort weiter auf die British Virgin Islands. In Frankreich fragt man sich, woher das Geld stammt, mit dem die Präsidentenfamilie von Denis Sassou-Nguesso ihre diversen Luxusimmobilien in den letzten Jahren in Frankreich gekauft hat. Eine Clique um den Präsidenten lässt die Ölquellen vor allem für sich selbst sprudeln.

Auch Guinea könnte dank seiner Erzvorkommen ein reiches Land sein. Aber auch Guinea ist ein sehr armes Land. Auch hier wurden von einem Diktator Schürfrechte für einen Spottpreis an die Beny Steinmetz Group Resources (BSRG) verkauft, die von dieser später über Briefkastengesellschaften für 2,5 Milliarden Dollar weiterveräußert wurden. Die BSRG bekam 2008 das Recht, das wohl größte unerschlossene Eisenerzvorkommen der Welt abzubauen. Wohl ohne etwas dafür zu bezahlen. Das Unternehmen soll sich lediglich zu Investitionen in Millionenhöhe in das Eisenerz-feld und in den Bau einer Eisenbahnlinie bereit erklärt haben. In-sider vermuteten sofort, dass es bei dieser Vergabe wohl eher nicht mit rechten Dingen zugegangen sein dürfte.

Wer Lizenzen für die Ausbeutung der Bodenschätze vergibt, kann damit sehr viel Geld verdienen – auch Schmiergeld. Der Reichtum, der in Afrikas Erde schlummert, wird so zum Fluch. Nur zu oft fließen die Erträge daraus an der Bevölkerung dieser Länder vorbei. Stattdessen landen sie häufig auf Offshore-Gesell-schaften in Europa oder in der Karibik. So mancher Politiker bringt mithilfe dieser Briefkastenfirmen sein gestohlenes oder korruptes Geld in Sicherheit. In Afrika ist der Kampf gegen Steuerflucht und Korruption mittlerweile genauso wichtig wie Entwicklungshilfe.

Plünderung von Afrikas Ressourcen, Korruption und Staatsver-sagen – viel zitierte Phänomene, die durch die Veröffentlichung der Panama Papers konkreter Gestalt annehmen. Sie zeigen, wie einheimische Machteliten und ausländische Geschäftemacher die Erlöse aus Bodenschätzen über Offshore-Gesellschaften außer Landes schaffen, vorbei an den nationalen Steuerkassen, vorbei an der Mehrheit der jeweiligen Bevölkerung. Jedes Jahr fließen über 50 Milliarden Euro auf illegalen Wegen aus Afrika heraus. Man-chen Schätzungen zufolge könnte es auch mehr als das Doppelte sein. Deutlich mehr jedenfalls als die Summe all dessen, was im selben Zeitraum an Entwicklungshilfe gezahlt wird.

**Steuerfluchtwege schließen, Steuerbehörden aufbauen, Korruption bekämpfen – das müsste höchste Priorität haben für alle, die es ehr-lich mit einer Aufbauhilfe für Afrika meinen.**

Aus Offshore-Sicht zählt der afrikanische Kontinent selbst zu den unterentwickelten Regionen unseres Erdballs. Obwohl einst doch die Steueroase Tanger, Afrikas Tor zu Europa, Schmuggler, Aben-teurer, Geldwäscher, Millionäre und Sinnsucher magisch anzog.

**Steueroasen-Mythos Tanger:** Afrikas erste Steueroase war von 1923 bis 1956 die 380 km² große Internationale Zone Tanger. Mit dem Erreichen der Unabhängigkeit sicherte Marokko 1957 Tanger den Status als Freihandels- und Freiwährungsgebiet zu, um es für den wirtschaftlichen Aufbau des Landes zu nutzen. Für Bewohner und ansässige Unternehmen galten umfangreiche Steuerprivilegien – keine Einkommen-, Gewinn- und Vermögensteuer. Ende 1956 machten sich das über 80 Banken und rund 6 000 Offshore-Gesellschaften zunutze. Der Hafen war zollfrei, für Schmuggel und Geldwäsche daher eine interessante Anlaufstelle. Berüchtigt war Tanger wegen seiner Bordelle und einer Unmenge von Haschisch, das im 100 km entfernten Rif-Gebirge angebaut wurde. Danach war die Steueroase Tanger ein Auslaufmodell. Jetzt versucht Marokko im Zuge des »Plan Azur« den Offshore-Platz Tanger wiederzubeleben.

## Offshore-Zentrum Tanger – ein nordafrikanischer Wunschtraum

**Liberia:** 3 300 km südlich erreichen wir das westafrikanische Liberia, das sich als Steueroase in den letzten Jahrzehnten vor allem mit seiner Billigflagge für Schifffahrtsgesellschaften hervorgetan hat. An Bruttoregistertonnen gemessen fährt heute die zweitgrößte Flotte weltweit unter liberianischer Flagge – sie zählt zu den sichersten aller Billigflaggen. Offshore-Gesellschaften sind steuerbefreit. Die Intransparenz im Land und im Bankensektor schreckt ausländische Investoren zurück. Nach Einschätzung der OECD gilt das Land heute als Waschanlage für illegale Gelder aus Afrika.

**Trotz Billigflagge gehört Liberia derzeit nicht zum Kreis ernstzunehmender Offshore-Plätze.**

**Mauritius:** Etwa 1 130 km östlich von Madagaskar liegt die Steueroase Mauritius. Die kleine Insel in der Unendlichkeit des Indischen Ozeans beweist, dass Kulturen nicht unausweichlich zusammenprallen müssen. Ganz im Gegenteil: Um in dem dicht besiedelten Land überleben zu können, ist Toleranz pure Notwendigkeit. Nur die Kultur des Miteinanders hat die Erfolgsgeschichte der Insel ermöglicht.

Der Einfluss der City of London ist stark. Führende britische Banken wie Barclays und HSBC haben hier riesige Niederlassungen aufgebaut. Mauritius hat zudem viele Steuerabkommen mit Volkswirtschaften in Asien, Afrika und Europa ratifiziert. Wenn Investmentgesellschaften in London Projekte in einem afrikanischen oder asiatischen Land finanzieren wollen, wickeln sie diese Geschäfte über Mauritius ab. Die Steueroase Mauritius wird in Zukunft an Bedeutung gewinnen.

Westliche Unternehmen nutzen das politisch und wirtschaftlich stabile Mauritius heute als Eingangstor zum afrikanischen und indischen Kontinent. Zahlreiche Steuervergünstigungen fördern das. Für sie bietet Mauritius maßgeschneiderte Voraussetzungen für eine breite Palette von Offshore-Gesellschaften. Dabei versteht sich der Inselstaat als Offshore-Finanzzentrum mit einer guten Infrastruktur. Im Vergleich zu anderen Steueroasen gibt es seitens der Mauritius Business Authority in Port Louis strenge Prüfvorschriften für Offshore-Geschäfte. Ist die Hürde genommen, winken Nullsteuern.

Doch Mauritius kanalisiert nicht nur ausländische Investitionen, die in Länder wie Indien ein- und ausfließen, es bietet auch eine andere Offshore-Aktivität an – das sogenannte Round-tripping:

Ein vermögender indischer Geschäftsmann überweist zum Beispiel Geld nach Mauritius, um es in einer Offshore-Gesellschaft anzulegen, in Indien als ausländische Investition anzugeben und dann über diese zurück nach Indien zu transferieren. So kann er die indische Steuer auf lokale Gewinne umgehen und zudem die Offshore-Gesellschaft für illegale Aktivitäten missbrauchen. Er schafft beispielsweise ein lokales Marktmonopol, indem er verschleiert, dass verschiedene Marktteilnehmer, die scheinbar in keinem Bezug zueinanderstehen, von denselben Interessen finanziert und kontrolliert werden. In manchen Wirtschaftsbereichen sind auf dem indischen Kontinent geheime Monopole, die mithilfe von Offshore-Konstrukten errichtet werden, weitverbreitet.

**Als Steueroase hält Mauritius, was es Investoren und Unternehmen aus dem Ausland verspricht.**

**Seychellen:** Kenner sagen, hier müsse der Garten Eden gewesen sein. Eines ist sicher – die 1 750 km nördlich von Mauritius gelegenen paradiesischen Inseln zählen auch heute noch zu den schönsten Archipelen der Welt. Mit einem BIP von über 11 000 Dollar pro Kopf stehen die Seychellen an der Spitze der afrikanischen Länder.

Für natürliche Personen gelten Nullsteuern, für Offshore-Gesellschaften ebenfalls. Die Regelungen des Offshore-Sektors ähneln denen auf den British Virgin Islands. Die internationale Handelszone (ITZ) bietet Nullsteuern für alle Aktivitäten im Freihafen. Diese gelten auch für die in der Zone beschäftigten Ausländer. Je stärker sich der Handel zwischen Asien und Afrika entwickelt, desto attraktiver werden sich die Seychellen als Offshore-Zentrum entwickeln.

**Bei Nullsteuern lässt es sich im Steuerparadies der Seychellen gut leben.**

## Mit Nullsteuern in die Zukunft – Steueroasen-Zone Nahost

Viele der arabischen Länder und Emirate sind reich, unermesslich reich. Und weil das so ist, erheben viele Staaten keine Steuern. Beim Geldtransfer zu Offshore-Gesellschaften im Ausland kann vom Versuch der Elite dieser Länder, Steuern zu sparen, also keine Rede sein. Warum, muss man sich da fragen, tauchen in den Offshore-Lecks dennoch rund um den Globus immer wieder Briefkastenfirmen auf, die den Reichen und Herrscherfamilien dieser Länder zugeordnet werden können? Verschleiern sie ihr Vermögen etwa aus Angst vor dem eigenen Volk?

In den Ländern des Nahen Ostens verschwimmen häufig die Grenzen zwischen Politik und eigenen wirtschaftlichen Interessen. Das bietet viel Raum für Korruption. Offshore-Gesellschaften sorgen dafür, dass die nicht auffliegt. Der Arabische Frühling hat die Geld-Elite in diesen Ländern in den letzten Jahren zunehmend verunsichert. Für sie heißt es, Gelder und andere Vermögenswerte außer Landes zu schaffen, für den Fall, dass man das Land irgendwann nicht mehr kontrolliert. Vor allem Steueroasen in der Karibik und Offshore-Finanzzentren in Europa bieten sich da als sichere Häfen für Fluchtgelder an. Während vor allem Asiaten das Steuerparadies im Nahen Osten suchen, zieht es die Elite dieser Region vor, ihre Vermögen in der Karibik, in Zürich oder London zu parken. Die dabei eingesetzten Briefkastenfirmen dienen wohl nur selten einem legalen Zweck.

4 760 km Luftlinie nordwestlich der Seychellen liegt der Libanon, das Einfallstor in den Nahen Osten. Die Entwicklungen in der Region sind so unterschiedlich wie die politischen und wirtschaftlichen Strukturen der einzelnen Staaten. Während im Libanon wegen des andauernden Syrienkonflikts und der Tausenden Geflüchteten vor diesem Krieg sowie der Gefahr von Terroranschlägen außerhalb Beiruts Katerstimmung herrscht, betreiben die Länder der Arabischen Halbinsel vorbeugend oder zur akuten Konfliktbekämpfung seit 2011 eine expansive Haushaltspolitik. Die reichen Länder Katar, Kuwait und die Vereinigten Arabischen Emirate haben hier nahezu unbegrenzte Möglichkeiten. Saudi-Arabien sieht sich dagegen wegen des Ölpreisverfalls der letzten Jahre gezwungen, verstärkt seine Milliarden Devisenreserven anzugreifen. Das Land hat – wie andere OPEC-Staaten und Russland auch – seine Ölförderung in den letzten Jahren u.a. wegen des Frackings von Schieferöl und Teersand in Nordamerika hochgefahren. Wie Saudi-Arabien sind auch andere OPEC-Staaten auf höhere Ölpreise angewiesen, um ihre Ausgaben zu finanzieren.

**Libanon:** Steueroase Libanon – das war einmal. Auf der Hamra in Beirut, wo einst in Souks, Hotels und Nachtclubs das orientalisch bunte Leben tobte, steht heute spektakuläre Architektur westlicher Prägung mit Luxusboutiquen. Im Gegensatz zum Land versucht die Hauptstadt Beirut den Staub der Kriege abzuschütteln. Nirgendwo auf dem Globus liegen ausgelassenes Feiern und die Angst vor dem Morgen näher beieinander als hier. »Beirut is back« – heißt es auf unzähligen Plakaten an Bauzäunen. Man ist bemüht, Ausländern wieder steuerliche Anreize für Investitionen zu bieten. Nullsteuern für Holding- und Offshore-Gesellschaften gehören dazu.

Das Zeug, erneut zum Offshore-Zentrum im östlichen Mittelmeer zu werden, hat Beirut. Im Gegensatz zu vielen anderen Destinationen auf dem Globus eine kommende Oase zum Wohlfühlen. Das Nützliche mit dem Angenehmen zu verbinden, war schon immer die Stärke der Stadt. Gute Banken, eine gute Offshore-Infrastruktur, mondäne Wohnviertel, mediterranes Dolce Vita und eine Lässigkeit, die vor allem Vermögende aus der arabischen Welt in ihren Heimatländern vermissen. Noch gleicht das Land einem Pulverfass, bei dem ein Funke reicht, um es zur Explosion zu bringen. Investoren müssen daher die politische Entwicklung im Auge behalten.

**Sicherheit und Stabilität sind Voraussetzung dafür, dass der Libanon sich wieder zu einer ernstzunehmenden Steueroase vor allem für den arabischen Raum emporschwingt.**

## Die Staaten am Golf

**Bahrain:** Das Land hat sich zum Geheimtipp für ausländische Investoren entwickelt, attraktive Steueranreize bis hin zu Nullsteuern tragen dazu bei. Als erstes Land am Golf hat Bahrain die Vorschrift abgeschafft, dass ein Investor einen einheimischen Partner braucht. Das Fraser Institute bescheinigt dem Land, den liberalsten Arbeitsmarkt am Golf zu haben. Hoch sind dagegen die Kosten für eine Unternehmensgründung. Einschließlich der vorgeschriebenen Bankeinlage, die für die Dauer der Gesellschaft gebunden ist, kommt die Gründung einer BESC auf rund 100 000 Dollar. Eine BESC entspricht einer Limited Company.

**Bahrain hat das Privileg, teuerste Steueroase weltweit zu sein. Null Einkommen-, Körperschaft- und Ertragsteuern sind da nur ein schwacher Trost.**

**Katar:** Keine Volkswirtschaft wächst derzeit so schnell wie der kleine Staat am Golf. Anders als Dubai ist man darauf bedacht, beim Aufbau des Landes eine Mischung zu finden, die den Anschluss an die Moderne herstellt und zugleich die arabische Tradition bewahrt. Nullsteuern gehören dazu. Liberalität und Offenheit werden trotz strenger Auslegung des Islam großgeschrieben.

**Katar ist neu auf der weltweiten Offshore-Bühne – die Entwicklung bleibt abzuwarten.**

**Kuwait:** Das Land ist dank seiner Ölvorkommen so reich, dass niemand Steuern zahlen muss. Gemessen am Pro-Kopf-Einkommen (57 000 Dollar) gehört es zu den reichsten Staaten weltweit. Mit einem beispiellosen Sozialsystem und einem Wohlstand, der sich besonders in der modernen und imposanten Architektur widerspiegelt. Mit versierten Finanzexperten ist es innerhalb weniger Jahre gelungen, zu einem bedeutenden Finanzzentrum im Nahen Osten aufzusteigen.

**Als Offshore-Standort bietet sich der Wüstenstaat eigentlich an – wenn man als Investor nur eine Aufenthaltsgenehmigung bekäme.**

**Oman:** Hätte Scheherazade in der Tausendundzweiten Nacht ihrem König Scharyâr eine weitere Geschichte erzählt, hätte diese vom Sultanat Oman gehandelt. Von seinen weißen Stränden, seinen einsamen Wüsten, seinen schroffen Gebirgen, seiner kulturellen Vielfalt und seiner Toleranz. Atemberaubende Natur, eine spannende Geschichte und eine 5 000 Jahre alte Zivilisation. Ein Treffpunkt der Kulturen, ein ehemals internationaler Handelsdrehpunkt mit Souks und Moderne – arabisches Leben in allen Facetten.

Innerhalb von nur 30 Jahren hat sich das Land aus dem Mittelalter in die Neuzeit katapultiert, ohne dabei seine arabischen Wurzeln abzustreifen. Mit größtem Wohlstand und einer hervorragenden Infrastruktur. Der Industriehafen wird gerade um eine 4 000 Hektar große Freihandelszone erweitert. Er ist das Tor zur Arabischen Halbinsel, von wo die Emirate Dubai und Abu Dhabi rasch bedient werden können. Das Sultanat hat sich früh für ausländische Investments geöffnet. Natürliche Personen sind steuerbefreit. Niederlas-

sungen ausländischer Unternehmen unterliegen je nach Gewinnhöhe einer Besteuerung von 5 bis 30 Prozent. Spekulationsgewinne
und Niederlassungen von Firmen aus den GCC-Staaten sind steuerfrei. Auch für ausländische Reedereien gelten Nullsteuern.

**Vereinigte Arabische Emirate mit Abu Dhabi und Dubai:** Die VAE
bilden mit den Einzelemiraten Abu Dhabi, Dubai, Ajman, Sharjah,
Umm al Qaywayn, Ra's al-Khaymah und Al Fujayrah eine bizarre
Mischung aus archaischem Leben in Oase und Beduinendörfern
und modernen orientalisch-prunkvollen Metropolen. Mehr als zwei
Drittel des Staatsgebietes sind von Wüsten bedeckt, die in Golfnähe
in salzige Sandmarschen übergehen. Das Gros der knapp 10 Millionen Einwohner lebt in den fruchtbaren Gebieten im Norden.
Die Föderation der Emirate besteht seit 1971, die einzelnen Emirate handeln meist selbstständig. Den politisch und wirtschaftlich
größten Einfluss hat Abu Dhabi, das gleichzeitig das reichste dieser
Öl-Emirate ist. Fast 90 Prozent des BIP werden in Abu Dhabi, Dubai und Sharjah erwirtschaftet.

Das Investitionsklima in den VAE hat sich in den vergangenen
Jahren zunehmend für ausländische Beteiligungen (nicht im Öl-
sektor) und Immobilienprojekte geöffnet. Mit Ausnahme der steuerpflichtigen Erdölgesellschaften und Banken gibt es für natürliche Personen und Unternehmen keinerlei Steuern. Das gilt auch
für Ausländer, die in Dubai eine Immobilie kaufen. Sie bekommen das Aufenthaltsrecht im Emirat automatisch dazu. Insoweit
sind die Emirate ein Offshore-Platz. Dazu kommen Kapital- und
Zollfreiheit. Offshore-Gesellschaften können jeder Tätigkeit nachgehen – mit Ausnahme vom Bank-, Finanz- und Versicherungs-
wesen. Immobilienkauf durch Ausländer ist zunehmend möglich.
Die meisten Emirate der VAE haben aufgrund eigener Hoheits-
rechte Freihandelszonen errichtet. Gesonderte Gebiete innerhalb
der VAE, in denen die VAE- und Emiratsgesetze nur bedingt Anwendung finden. Dort angesiedelte Unternehmen sind von Steuern und Zöllen auf 15 bis 50 Jahre befreit. Die Freihandelszonen
in den nördlichen Emiraten der VAE stellen kostengünstige Alter-

nativen zum hochpreisigen Dubai dar. Das sind: Sharjah Airport International Free Zone, Hamriyah Free Zone, Ajman Free Zone, Fujairah Free Zone und Ra's al-Khaimah Free Zone.

**Die VAE – ein steuerfreundliches Offshore-Zentrum ohne Steueroasen-Flair.**

## Bahrain

### Investitionsmöglichkeiten

Aufgrund seiner politischen und wirtschaftlichen Stabilität, seiner Steuervorteile, der gut entwickelten Infrastruktur und Telekommunikation, seiner niedrigen Betriebs- und Energiekosten sowie seiner Nähe zu den bedeutenden regionalen Märkten wird Bahrain als attraktiver Wirtschaftsstandort eingeschätzt. Eine Vielzahl an Investitionsanreizen wie Steuerfreiheit, freiem Kapital- und Gewinntransfer, freiem Handel, geringem Importzoll, Koppelung des Bahrain-Dinar an den US-Dollar, moderner Infrastruktur, niedrigen Lohn- und Lohnnebenkosten, geringen Energiekosten, sorgen in Bahrain für ausländische Investoren für ein günstiges Investitionsklima. Seit 2001 besteht die Möglichkeit, Immobilien zu erwerben. Verglichen mit anderen Staaten der Region benötigen ausländische Investoren bei der Gründung einer Niederlassung nicht zwingend einen lokalen Partner. Erforderlich ist jedoch die Genehmigung des bahrainischen Handelsministeriums. Weitere Vergünstigungen: Bereitstellung von Bauland, subventionierte Energiekosten und Steuerfreiheit.

### Steuerrecht

Da Bahrain weder Einkommen-, Körperschaft- noch anderweitige Steuern auf im Inland erzielte Einkünfte erhebt, gilt es als Offshore-Platz. Aufgrund des im deutschen Recht geltenden Prinzips des Welteinkommens unterliegen Einkünfte deutscher Niederlassungen in Bahrain sowie Beteiligungen an bahrainischen Unternehmen der deutschen Körperschaftsteuer. Ein DBA zwischen Deutschland und Bahrain besteht derzeit nicht, sodass in Deutschland eine Besteuerung der in Bahrain erwirtschafteten Einkünfte vorgenommen wird.

## Katar

### Investitionsmöglichkeiten

Vor dem Hintergrund, dass Katar in vielen Bereichen auf Importe angewiesen ist, bieten sich gute Absatzchancen für Importgüter jeglicher Art. Investitionsanreize wie freier Handel, geringer Importzoll, Koppelung des katarischen Riyal an den US-Dollar, moderne Infrastruktur, niedrige Lohn- und Lohnnebenkosten, freier Kapital- und Gewinntransfer sowie geringe Energiekosten stellen eine günstige Ausgangsbasis dar. Grundsätzlich sind ausländische Beteiligungen in allen Bereichen nur bis zu einer Höhe von 49 Prozent möglich. Demzufolge benötigt der ausländische Investor bei der Gründung einer Niederlassung in Katar einen lokalen Partner, der – sofern es sich um die Gründung einer Gesellschaft mit beschränkter Haftung handelt – mindestens 51 Prozent des Gesellschaftskapitals halten muss. Bei Gründung einer Zweigniederlassung ist eine behördliche Handelslizenz erforderlich.

### Steuerrecht

Im Unterschied zu anderen Golfstaaten erhebt Katar auf Gewinne von juristischen und natürlichen ausländischen wirtschaftlich tätigen Personen Körperschaft- und Einkommensteuer. Handelt es sich um eine Niederlassung mit in- und ausländischer Kapitalbeteiligung, findet eine Besteuerung des Gewinns des ausländischen Gesellschafters statt. Die Steuersätze liegen je nach Gewinnhöhe zwischen 10 und 35 Prozent. Steuerbefreiungen sind auf Antrag bei Projekten, denen ein Vertragsverhältnis mit der katarischen Regierung zugrunde liegt, möglich. Da zwischen Deutschland und Katar kein DBA existiert, werden die in Katar erwirtschafteten Einkünfte eines deutschen Unternehmens auch in Deutschland besteuert. Dabei werden die in Katar bereits gezahlten Steuern angerechnet.

## Oman

### Investitionsmöglichkeiten

Für seine Wirtschaftspolitik, die ökonomische Öffnung nach außen und seine Privatisierungsmaßnahmen erhält Oman gute Noten von internationalen Wirtschaftsbeobachtern. Für ausländische Beteiligungen an omanischen Unternehmen gelten keine festen Regeln. Es kann 100-prozentige ausländische Beteiligungen geben, sofern die Investition von besonderer wirtschaftlicher Bedeutung für die Entwicklung des Landes ist. Ausländische Investoren erhalten überdies Einfuhr- und Steuererleichterungen.

### Steuerrecht

Grundsätzlich unterliegen die Einkünfte aller im Oman tätigen Unternehmen, unabhängig von ihrer gesellschaftlichen Form, der Körperschaftsteuer. Dies schließt Zweigniederlassungen, die wirtschaftlich im Oman aktiv sind, aber auch Unternehmen ein, die keine rechtliche Repräsentanz, jedoch Einkünfte im Oman aus beispielsweise Lizenzgebühren, Vermietung oder sonstigen Bezügen von einem im Oman ansässigen Unternehmen haben. Bei Gesellschaften findet eine umfassende Besteuerung statt. Die neue Körperschaftsteuer beträgt einheitlich 12 Prozent des Einkommens.

## Dubai

### Investitionsmöglichkeiten

Investitionsanreize bieten Steuerbefreiung, Niedrigzollpolitik, Freihandelszonen, Offshore-Gesetzgebung, unbeschränkten Kapital- und Gewinntransfer, Erwerb von Immobilien, Koppelung der Währung an den US-Dollar, ein modernes Gesundheits- und Schulwesen, weitgehende soziale und religiöse Toleranz sowie einen hohen Lebensstandard. Arbeitskräfte sind in ausreichender Anzahl und zu geringen Lohnkosten vorhanden.

### Steuerrecht

Dubai ist zwar grundsätzlich dem Bundesrecht der VAE unterworfen. Diese kennen aber kein bundeseinheitliches Steuerrecht, die Steuergesetzgebung ist den einzelnen Emiraten vorbehalten. Die Mehrheit der Emirate sieht die Erhebung von Steuern vor, in der Praxis werden die meisten dieser Vorschriften jedoch nicht angewandt. Einkommensteuer wird für natürliche inländische und ausländische Personen im Regelfall nicht erhoben. Die für juristische Personen vorgesehene Einkommen- bzw. Körperschaftsteuer wird bislang nur von Unternehmen, die in der Förderung und Verarbeitung von Öl, Gas und petrochemischen Produkten tätig sind, sowie von in- und ausländischen Banken erhoben.

In den diversen Freihandelszonen garantiert die jeweilige Emiratsregierung eine Steuerbefreiung von mindestens 15 bis 50 Jahren mit einer entsprechenden Verlängerungsoption.

Seit Juni 1996 gilt zwischen den VAE und der Bundesrepublik Deutschland ein bilaterales Abkommen zur Vermeidung der Doppelbesteuerung. Es eröffnet eine Vielzahl von Möglichkeiten zur Vermeidung von Besteuerung von Dividenden/Gewinnen, die in den VAE anfallen und sodann nach Deutschland transferiert werden sollen. Das DBA wurde Anfang 2010 verlängert.

Bahrain, Katar, Oman und die VAE/Abu Dhabi/Dubai setzen die OECD-Abkommen bei Auskunftsersuchen in Steuerangelegenheiten von Drittstaaten nicht um.

**Steuer- und Investitionsvergleich Bahrain, Katar, Oman, Dubai**

## KONTINENT IM AUFBRUCH – ASIENS SCHWERGEWICHTE IN DER OFFSHORE-WELT

Es sind vor allem einflussreiche Familien, Geschäftsleute und korrupte Politiker in Indien, Indonesien und China, die Kapital auf Offshore-Gesellschaften ins Ausland schaffen. Der Kampf gegen Schwarzgeld ist seit Jahren eines der beherrschenden Themen in diesen Ländern. In vielen Bereichen der Wirtschaft wird noch immer bar bezahlt. Rechtssicherheit gibt es in diesen Ländern in vielen Bereichen nicht, Vertrauen in die Regierung und in die Entwicklung auch nicht. Selbst staatstreue Unternehmen wie beispielsweise Alibaba in China haben ihren offiziellen Firmensitz in der Karibik. Für sie lassen sich mit Briefkastenfirmen häufig die Devisenkontrollen in ihren Ländern umgehen. Und übermäßige Kontrollen brauchen sie beim Verschieben von Vermögenswerten in Steueroasen auch nicht zu befürchten. Die Reichen und Korrupten aus diesen Volkswirtschaften sind es, die vor allem im letzten Jahrzehnt große Teile ihrer Geldvermögen in Steueroasen – auch in Asien – verschoben haben. Einzelnen Ländern gehen so teils hohe zwei- und dreistellige Milliardensummen an Steuereinnahmen verloren.

So setzen in Indien beispielsweise Experten den Umfang von 500 Milliarden Dollar für das illegale Paralleluniversum an. Um die Schattenwirtschaft dort einzudämmen, wurden Ende 2016 über Nacht alle großen Geldscheine abgeschafft. Indiens Steuerfahnder vermuten, dass nicht nur Hunderte Milliarden Dollar im Ausland versteckt liegen, sondern dass viele Inder große Beträge in bar bunkern, um Steuerflucht und Korruption zu verschleiern. Doch ob die jetzige Geldvernichtungsaktion von Erfolg gekrönt ist, bleibt abzuwarten. Denn solange die Mechanismen intakt bleiben, um auf dem Subkontinent Schwarzgeld anzuhäufen, solange ist auch Skepsis angesagt.

Ende 2016 geht auch China mit verschärften Devisenkontrollen gegen die Kapitalflucht vor. Nicht ohne Grund: Seit 2012 haben rund 1,6 Billionen Dollar die Volksrepublik verlassen. Es scheint, Chinas Mittelklasse vertraut dem Staat nicht mehr und parkt ihr Geld lieber in Steueroasen.

Die Weltwirtschaft verlagert ihren Schwerpunkt zunehmend nach Asien. 2020 wird der Kontinent an Dynamik kaum zu überbieten sein. Drei der fünftgrößten Volkswirtschaften sind dann asiatische: China, Japan und Indien. Etwa die Hälfte der Weltbevölkerung wird dann in Asien mehr als ein Drittel des globalen Bruttosozialprodukts erwirtschaften. Dabei reicht die Spannweite der asiatischen Volkswirtschaften von modern bis rückständig, von steinreich bis bettelarm. Länder wie Brunei Darussalam, Indien, Indonesien mit der Offshore-Insel Batam, Malaysia mit den Offshore-Zonen Iskandar und Labuan, die Malediven, Myanmar, die Philippinen, Sri Lanka, Südkorea oder Taiwan locken zwar mit niedrigen oder gar Nullsteuern ausländische Investoren vor allem aus dem Unternehmensbereich an, sie sind deshalb aber keine Steueroasen. Reinrassige Steueroasen gibt es in Asien aktuell nur drei: Hongkong, Macau und Singapur.

**Hongkong:** Rund 6 000 km Luftlinie entfernt liegt in östlicher Richtung Chinas Sonderverwaltungszone Hongkong. Die Wirtschaft zählt zu den am weitesten entwickelten und reichsten Volkswirtschaften weltweit (BIP pro Kopf: über 53 000 Dollar). Doch im internationalen Vergleich ist der Wohlstand in der Bevölkerung sehr ungleichmäßig verteilt.

Hongkong ist die freieste Marktwirtschaft der Welt. Mit niedrigen Steuern und einer guten Infrastruktur lockt es Unternehmen und Banken an. Für Offshore-Gesellschaften gelten Nullsteuern. In dieser Stadt werden Immobilien von Briefkastenfirmen gekauft, als sei das vollkommen normal. Aktiendeals werden über Offshore-Gesellschaften in der Karibik abgewickelt, damit ja niemand die Hintermänner kennt. Offshore, so hört man es ständig im Hongkonger Finanzviertel, sei sehr wichtig für den Finanzplatz. Ohne Offshore geht hier nichts. In Hongkong ist es völlig legal, als Regierungsmitglied heimlich Eigentümer eines obskuren Offshore-Unternehmens zu sein – solange jemand auf dem Papier dessen Geschäftsführung übernimmt. In der Offshore-Welt mit ihren bezahlten Scheindirektoren ist das kein Problem. Bislang müssen Regierungsmitglieder und -berater lediglich offenlegen, wenn sie eine exponierte Position innerhalb eines Unternehmens übernommen haben. Beteiligungen, Aktienpakete und der Besitz von Firmen müssen hingegen nicht angezeigt werden.

Für westliche Unternehmen dient die Stadt als Brückenkopf für Handels- oder Produktionsaktivitäten mit China. Für China hat sich die Stadt zum wichtigsten Finanzplatz für Engagements im Ausland entwickelt. Chinesische Unternehmen tätigen ihre weltweiten Direktinvestitionen in der Regel über Gesellschaften in Hongkong. Für Unternehmensaktivitäten gehört Hongkong damit zu den wichtigsten Offshore-Plätzen weltweit.

Das politische und wirtschaftliche Schicksal der Steueroase Hong-kong ist eng mit dem Geschehen in China verbunden. Solange die Stadt Drehscheibe für Chinas Finanz- und Handelstransaktionen mit dem Rest der Welt ist, bleibt ihre Offshore-Sonderstellung in Asien erhalten.

**Macau:** Nur 70 km von Hongkong entfernt liegt Macau, ein steuer-freies Spielerparadies der Extraklasse, das man am besten mit dem Schnellboot erreicht. Seit 40 Jahren wird hier das große Geschäft mit dem Glück und seinen Illusionen betrieben, seit 2006 als chi-nesische Sonderwirtschaftszone. Chinesen sind es auch, die hier hauptsächlich die Casinos besuchen. Die sind für sie reine Wasch-anlagen für ihre meist korrupten Schwarzgelder. Macau ist für ho-he Korruption, Geldwäsche und Steuerhinterziehung bekannt.

Offshore-Gesellschaften sind steuerbefreit. Sonstige Unter-nehmen sind von Quellensteuern auf Dividenden, Zinsen oder Veräußerungsgewinne befreit. Devisen-, Kapital- und Gewinn-transferbeschränkungen gibt es nicht. Um die Reichen aus den Nachbarländern anzulocken, können die für rund 250 000 Dollar ein Wohn- und Aufenthaltsrecht erwerben. Ihre im Ausland ver-dienten Gelder sind damit einkommensteuerfrei.

**Macau ist auf dem besten Wege, sich – mit Chinas Gnaden – zu ei-ner interessanten Steueroase im asiatischen Raum zu entwickeln.**

**Singapur:** 2 600 km südwestlich liegt kaum mehr als ein winzi-ger Fleck auf der Weltkarte der Stadtstaat Singapur. Wirtschaftlich ist Singapur jedoch ein unübersehbarer Gigant. Musterbeispiel ei-ner Wirtschaftsrevolution, die mit Kreativität, Engagement und ty-pisch asiatischer Disziplin aus den Resten einer einst britischen Kolonie das flächenkleinste Wirtschaftswunderland Asiens wer-den ließ. Der Stadtstaat zählt zu den am stärksten deregulierten Volkswirtschaften der Welt. Und der Lebensstandard der Singa-purer liegt nur hinter demjenigen von Katar und Luxemburg. Sin-gapur ist dabei, Tummelplatz für Asiens Reiche zu werden. Der

Stadtstaat treibt seine Wirtschaft weg vom Produktionsstandort hin zu Finanzdienstleistungen und Tourismus. Hier entstehen Yachthäfen und Casinos gleich neben eindrucksvollen Hochhäusern, in denen die Banken residieren. Das sichert den Zustrom wohlhabender Ausländer – und eine schnell wachsende Nachfrage nach Luxuswohnungen und repräsentativen Geschäftsräumen. Als Finanzplatz gehört dem Stadtstaat die Zukunft, er ist eine erstklassige Alternative zu Schweiz, Luxemburg & Co. – das gilt vor allem für große Vermögen. Zur Kontoeröffnung sollten mindestens 5 Millionen mitgebracht werden. Doch da auch Singapur künftig am internationalen Daten- und Informationsaustausch teilnimmt, ist das Bankgeheimnis ein Auslaufmodell.

Eine wichtige Rolle bei der Entwicklung spielen die attraktiven Steuerregelungen. Mit einem 10-prozentigen Standardsatz der Körperschaftsteuer für eine breite Palette von Offshore-Finanzservice-Angeboten eroberte Singapur innerhalb weniger Jahre einen Großteil des Asien-Dollarmarktes. Reedereien und produzierende Betriebe sind steuerbefreit, Kapitalgewinne sind steuerfrei. Der Schmelztiegel am südlichen Zipfel der malayischen Halbinsel eignet sich zum einen zur Ansiedlung kapitalintensiver und exportorientierter Industrieunternehmen, zum anderen für Offshore-Geschäfte von Banken und Finanzgesellschaften.

**Singapur – ein attraktiver Offshore-Finanzplatz für Großvermögen aus dem asiatischen Raum, für Banken und internationale Unternehmen.**

### Hongkong vs. Singapur

In internationalen Rankings rangieren die beiden asiatischen Metropolen ganz vorn. Zwischen der Republik Singapur und der Sonderverwaltungsregion (SVR) Hongkong hat sich eine Rivalität im Wettbewerb um den Standort entwickelt. Dabei liegen die beiden Stadtstaaten Tausende Kilometer voneinander entfernt. Nachteile Hongkongs:

schlechte Luft, horrende Mieten. Die Sonderverwaltungszone punktet durch die räumliche Nähe zum chinesischen Festland, einen der weltweit größten Containerhäfen, durch Rechtssicherheit und keinerlei Kapitalverkehrskontrollen. Mit der nahezu vollständigen Verlagerung der Industrie in das benachbarte Perlflussdelta hat sich Hongkong zu einem Dienstleistungsstandort gewandelt. Das produzierende Gewerbe trägt nur noch knapp 3 Prozent zum BIP bei.

Ganz anders Singapur. Der Stadtstaat positioniert sich als Handelsdrehscheibe für die ASEAN-Region, verfügt aber im Gegensatz zu Hongkong über eine eigene Industrie, die zu rund 28 Prozent am BIP beteiligt ist. Um einer Abwanderung der Industrie vorzubeugen, setzt Singapur auf Hightech und Export. Die Ausgaben für Forschung und Entwicklung liegen bei 3 Prozent des BIP, der Exportwirtschaft stehen 13 Freihandelsabkommen zur Verfügung. Singapurs Regierung versucht derweil, mehr Firmen der Handels-, Logistik- und Finanzsparte anzulocken. Die Infrastruktur ist besser als in Hongkong, der Umweltschutz erstklassig. Doch es herrscht Wohnungsknappheit. Wer in Hongkong investiert, ist am chinesischen, wer in Singapur investiert, am südostasiatischen Markt interessiert.

## OFFSHORE OZEANIEN – FASZINATION UND ERNÜCHTERUNG ZUGLEICH

Der Pazifik begeistert mit vielen Facetten: Oasen im Meer beeindrucken durch einzigartige Landschaft und üppige Flora. Kaum vorstellbar, dass brodelnde Vulkane der Ursprung dieser prachtvollen Natur sind. Wo früher heiße Lava floss, blühen heute Orchideen, Hibisken und Bougainvilleen. Bei Atollen wie Tahiti oder Bora Bora künden nur Krater und Riffe von der Existenz längst erloschener Vulkane. Genauso faszinierend ist die farbenfrohe Unterwasserwelt: Korallen, die tropischen Regenwälder unter Wasser. Einsam gelegene Inseln in der Weite des Pazifiks zum Träumen und Aussteigen. Oasen, die als Schlupfwinkel für steuerunwillige Besser-

verdiener, mafiöse Investoren, Geldwäsche und registrierfreund-
liche Destinationen für Offshore-Gesellschaften weltweit immer
wieder ins Gerede gekommen sind. Fehlende Offshore-Infrastruktur und mangelhafte Verkehrsanbindungen machen da jedoch so
manchen Nullsteuertraum schnell zunichte.

Gründe, weshalb sich die südpazifische Inselwelt aus Steueroa-
sen-Sicht nicht so entwickelt hat, wie man das angesichts des boomenden asiatischen Marktes zunächst erwartet hatte:

Die »Steueroase« Nauru ist pleite, die Staatsfinanzen in Papua-Neuguinea sind angeschlagen, auf den Salomonen herrschen
bürgerkriegsähnliche Zustände und die Fidschi-Inseln werden immer wieder von ethnischen Spannungen erschüttert. Mit Steuervorteilen und -befreiungen locken: Fidschi, Französisch-Polynesi-
en, die Marshall Islands, Mikronesien-Palau, die Pitcairn Islands,
Nauru, Samoa, Tonga und Nauru.

Doch was nutzen Nullsteuern, wenn vor Ort die Offshore-Infrastruktur mit Anwälten, Banken und Treuhändern fehlt. Ernsthafte Steueroasen vor allem für Vermögende und Unternehmen
aus dem asiatischen Raum sind die Cook Islands sowie Vanuatu/
Neue Hebriden. Und zur Registrierung von Offshore-Gesellschaften stellt Niue sein Firmenregister zur Verfügung.

Für Europäer ist allein die Anreise dorthin mit 20 Stunden Flug
schon ein Handicap. Selbst von Singapur aus sind es auf die Cook
Islands noch 14 Stunden. Ohne Internet gäbe es auf den steuerfreundlichen Inseln in der Südsee kaum Offshore-Gesellschaften.

**Cook Islands:** Knapp 11 000 km liegen zwischen Singapur und den
Cook Islands. Die 15 im Herzen der Südsee gelegenen Inseln verteilen sich auf eine Fläche von über 2 Millionen km², was in etwa
der Fläche Westeuropas entspricht. Die gesamte Landfläche zusam-
mengenommen erreicht aber gerade mal die Größe der Stadt Köln.
Unentdeckt in ihrer tropischen Schönheit bestechen die Inseln mit
ihrer Gastfreundschaft, hervorragender Hotellerie und Gastrono-
mie. Sie und die unberührte Landschaft machen die Cooks zu einem attraktiven Ziel – auch steuerlich. Kein Geheimtipp mehr ist

die Lagune der Insel Aitutaki, die zu den schönsten im gesamten Pazifik zählt.

Den Rahmen des Offshore-Business bildet ein ganzes Paket von Gesetzen, das Anfang der 1980er-Jahre in Kraft trat. Der Offshore-Sektor steht unter Aufsicht der Financial Supervisory Commission. Offshore-Gesellschaften – auch Offshore-Banken und -Versicherungen – sowie Trusts sind steuerbefreit. Allen Offshore-Gesellschaften wird Anonymität und Geheimhaltung zugesichert.

**Als Offshore-Zentrum zwischen Südostasien, Australien und Neuseeland sind die Cook Islands für vermögende Personen und Unternehmen aus dieser Region eine Überlegung wert.**

**Niue:** Gut 1 000 km nordwestlich liegt die isolierte Koralleninsel Niue, die erste »Wi-Fi Nation« der Welt. Den knapp 2 000 Internetusern stehen über 400 000 Domains gegenüber. Der Grund liegt in der Namenskennung ».nu«, das in skandinavischen Sprachen und im Niederländischen »jetzt« bedeutet und entsprechend gern verwendet wird. Niue ist mit 261,46 km² eines der größten gehobenen Atolle der Welt. Die Südseeinsel stellt die Spitze eines erloschenen Vulkans dar. Niue erhebt sich bis zu 4 000 Meter über den Meeresgrund. Die Insel zeigt an ihrem Rand ein bis zu 30 Meter steil aufragendes Riff aus Kalkstein. Die Küste ist stark zerklüftet, ein Hafen und Südseestrände existieren nicht.

Im Januar 2016 tauchte die Steueroase Niue erstmals auf der schwarzen Steueroasen-Liste der EU-Kommission auf. Im Zuge der Veröffentlichung der Panama Papers wird die Steueroase im Südpazifik als Drehscheibe für hochpreisige Kunstwerke über Zwischenhändler genannt. Sie hat ein einschlägiges Register für Offshore-Gesellschaften, die steuerbefreit sind. Diese werden in der Regel von auf das Offshore-Geschäft spezialisierten Anwaltskanzleien im Ausland über das Internet gegründet.

**Für Privatpersonen ist die Steueroase Niue uninteressant.**

**Vanuatu:** 2 500 km weiter nordwestlich liegt die Inselgruppe Vanuatu mit zwölf Haupt- und 70 Nebeninseln. Mit aktiven Vulkanen, primitiven Volksstämmen, modernen Hotelanlagen, Kopraplantagen und Rinderzucht. Von den 250 000 Einwohnern sind 98 Prozent melanesische Ureinwohner, die mit der modernen Zivilisation kaum in Berührung gekommen sind. Die britische New Economic Foundation zählt sie im weltweiten Vergleich zu den Glücklichsten.

Angelockt von Nullsteuern haben sich in den beiden letzten Jahrzehnten über 100 Banken in der Hauptstadt Port Vila niedergelassen, dazu kommen etliche Scheinbanken. Die Offshore-Infrastruktur ist gut, die örtlichen Treuhandgesellschaften bieten ein breit gefächertes Leistungsspektrum. Anwälte sind ausreichend vorhanden. Vanuatu konnte sich zwischenzeitlich als verheißungsvolle Nische unter den Billigflaggenstaaten der Welt etablieren. Seit 1981 gibt es ein entsprechendes Register. Und Ausländer können auf der Inselgruppe eine Aufenthaltserlaubnis kaufen: 200 000 Dollar für fünf Jahre, 1 Million für 15 Jahre. Die Staatsbürgerschaft kann nach zehn Jahren beantragt werden.

**Steueroase Vanuatu – wohl nur für Asiaten und zur Registrierung von Briefkastenfirmen interessant.**

## Vom Glanz und Fall einer Steueroase – Nauru

Knapp 1 700 km nördlich von Vanuatu liegt die Südseeinsel Nauru. Ein 21 km² großer Felsen mitten im Pazifischen Ozean. Eine Insel am Ende der Welt, die kleinste Republik der Erde. Jahrtausende war Nauru nur eine Zwischenstation für Zugvögel. Der Ruf des Landes beruht auf »bird shit« (Vogelkot). Der ist der Grund für die Phosphatvorkommen auf der Insel: Guano – eine Mischung aus Vogelkot und -skeletten, die sich mit Erde und Korallen der Insel vermengt haben.

Vogelkot, aus dem sich als Phosphat Schotter machen lässt. Das Klima auf Nauru ist unerträglich – 40 km südlich des Äquators gibt es keine Jahreszeiten und nur geringe Temperaturunterschiede: nachts 30 Grad, tagsüber 40.

Nauru ist nur eine Straße, die den sanften Rundungen des Küstenstreifens folgt. Für eine Runde braucht man keine halbe Stunde. Auf der rechten Seite stehen Wohnhäuser – archaische Bauten aus Blech und Sperrholz. Zur Linken eine Küste wie ein Filmdekor. Palmen, weißer Sand und türkisfarbenes Meer. Auf der Straße fahren nur alte und verrostete Pick-ups aus den 1990er-Jahren. Jeder Erwachsene auf Nauru fährt solch ein Auto. Am Wochenende ist auf der Straße die Hölle los. Vor 40 Jahren schwamm Nauru in Dollars – heute ist die Insel ruiniert und verkommen. Mit einer Bank, die keine mehr ist.

1907 beginnt der Phosphatabbau, die Felder in Australien und Neuseeland brauchen Dünger. Im Zweiten Weltkrieg wird Phosphat dann auch zur Herstellung von Sprengstoff genutzt. 1945 wird Nauru vom Völkerbund Australien unterstellt, der Phosphatabbau geht jetzt richtig los. Von allen Verkaufserlösen der British Phosphat Commission gehen 2 Prozent an Naurus Bevölkerung. Anfang der 1960er-Jahre liegt der Preis für eine Tonne Phosphat bei 40 australischen Dollar, die Produktion beträgt jährlich 1 Million Tonnen – Nauru wird zur Goldgrube.

1961 schlägt Australien der Inselbevölkerung vor, für sie ein neues Heimatland zu finden: Im Austausch gegen die 21 km² bietet es Fraser Island im Norden der australischen Provinz Queensland an – die Nauraner lehnen ab. Auch eine zweite Offerte mit Curtis Island im Austausch wird abgelehnt. Die Entschädigung der Bevölkerung für den Abbau wird daraufhin von 2 auf zunächst 10, dann 20 Prozent erhöht. Die Büchse der Pandora ist geöffnet – 1967 wird die Insel selbstständig, das große Geschäft mit dem Phosphat nimmt Fahrt auf. Die neue Regierung weiß, dass die Phosphatvorräte nach etwa 30 Jahren zur Neige gehen werden. Das Phosphat wird verstaatlicht. Ein Großteil der Gewinne landet von jetzt an in der Regierungskasse, ein Staatsfonds wird gegründet. Um Naurus Zukunft abzusichern, soll dieser einen Teil der Gewinneinnahmen im Ausland platzieren.

Die Nauruer haben ausgesorgt, sie müssen eigentlich nicht mehr arbeiten. Die Arbeit in der Mine übernehmen Chinesen. Sie betreiben dann auch zunehmend Restaurants und Geschäfte. Die Nauruer arbeiten für die Regierung, in Büros oder Ministerien. Alles gehört jetzt dem Staat, der Bevölkerung fehlt es an nichts, das Geld aus dem Phosphatabbau kommt allen zugute. Nauru entwickelt sich in den 1970er-Jahren zu einem der reichsten Länder der Welt. Mit einem BIP pro Kopf von 20 000 Dollar liegt es nur wenig hinter dem der Erdölstaaten der Arabischen Halbinsel. Der plötzliche Reichtum verändert die Lebensbedingungen der Nauruer. Der Staat macht, liefert und kommt für alles auf. Steuern sind da kein Bedarf. Für die Insulaner ist Nauru in den 1970er-Jahren ein Paradies. Sie leben vor allem für ihre Hobbys. Sie gehen fischen, machen auf der einzigen Straße Spazierfahrten und organisieren Feste. Jeder Tag ähnelt einem Besuch im Supermarkt – nur dass gleich eine Wohnungseinrichtung, ein Auto, eine Yacht gekauft wird. Sie kaufen alles, worauf sie Lust haben.

Über seinen Staatsfonds investiert Nauru in australische Immobilienprestigeobjekte, in mondäne Hotelanlagen auf Fidschi und Honolulu, wird Aktionär des Sheraton Hotels in Auckland, kauft Ländereien und Wälder in den USA und beteiligt sich auch dort an Immobilienprojekten. Hunderte Millionen Dollar werden auf diese Weise ausgegeben. Das viele Geld aus Nauru weckt Begehrlichkeiten auf große, leicht verdiente Gewinne. Den Beratern begegnet man ziemlich unbedarft. Das Land lebt über seine Verhältnisse. Es will seine »Macht« im Pazifik festigen, es sehnt sich nach Größe. Nauru soll trotz seiner Abgeschiedenheit ein mächtiger Staat werden.

Doch Ende der 1980er-Jahre kommen erste Warnsignale: Das Fördervolumen sinkt von Jahr zu Jahr, die Preise fallen, der Phosphatabbau geht zurück, die Infrastruktur der Mine ist veraltet. Während der Wachstumslevel auf der Insel beibehalten wird, versiegen die Reserven. Die Auslandsinvestitionen werfen keine Renditen ab, das Geld schwindet. Hinter der Fassade des wirtschaftlichen Erfolgs schrillen die Alarmglocken. Und dann wird der Inselstaat auch noch von cleveren »Finanzberatern« um 60 Millionen Dollar geprellt. Fehlinvestitionen im Ausland folgen, das Geld im Staatsfonds Anfang der 1990er-Jahre verschleudert. Zu Beginn des neuen Jahrtausends ähnelt Nauru einem Ruinenfeld. Mit verrotteten Häusern, Autos und Yachten.

Zu jener Zeit residiert in einem kleinen cremefarbenen Haus auf Nauru die Nauru Agency Corporation. Das kleine Gebäude wenige 100 Meter vom Strand entfernt wirkt immer verlassen. Dabei hat es der internationalen Gemeinschaft reichlich Kummer gemacht. Die Nauru Agency Corporation ist nur eine Postadresse. Doch ihretwegen darf sich Nauru zu jener Zeit als eine der größten Steueroasen der Welt bezeichnen. Die Nauru Agency Corporation ist keine Bank, aber Institutionen wie die OECD oder das amerikanische Financial Crimes Enforcement Network kennen sie sehr gut – sie kämpfen gegen Geldwäsche. Schließlich beherbergte die Nauru Agency Corporation Ende der 1990er-Jahre nicht weniger als 400 shell banks, also Banken, die physisch gar nicht existieren, sondern auf Nauru in dem cremefarbenen kleinen Haus nur eine Adresse und einen Briefkasten unterhalten.

In den 1990er-Jahren war es leicht, auf Nauru eine Bank zu gründen und zu unterhalten. Man musste sich lediglich bei der Nauru Agency Corporation registrieren lassen und für 25 000 Dollar eine Banklizenz kaufen. Für 1 000 Dollar jährlich konnte die Lizenz dann verlängert werden. Die Gründung dauerte nur Minuten. Das Geschäft war legal. Das schmutzige Geld der russischen Mafia, das über Konten dieser Banken seinerzeit gewaschen wurde, weniger. Das ging über Jahre gut, bis schließlich einige westliche Länder keinen Zahlungsverkehr mehr mit Nauru akzeptierten.

Ob auf den Cayman Islands, den Bahamas, in Liechtenstein, in Hongkong oder auf Nauru, Schwarzgeld floss zu jener Zeit auf allen Kontinenten häufig über »shell banks«:

Das Geld wird dabei transferiert, verschwindet und gelangt nach einigen Wochen im legalen Geldkreislauf wieder zum Vorschein – gewaschen.

In den 1990er-Jahren wurden täglich Tausende solcher Geldwäschegeschäfte über Steueroasen abgewickelt.

1998 meldet die russische Zentralbank, die Mafia ihres Landes habe Geld über die Nauru Agency Corporation auf Nauru geschleust und damit innerhalb weniger Jahre 70 Milliarden Dollar gewaschen. Sie nennt die Namen Dutzender Banken, die in diese Geschäfte verwickelt sind. Leere Hüllen ohne Personal. Der Skandal schadet auch dem Ruf der USA. Die Bank of New York wird beschuldigt, 7 Milliarden Dollar über Nauru gewaschen zu haben. Das »Offshore-Finanzzentrum« Nauru kommt daraufhin auf die schwarze Steueroasenliste der FATF.

Wenige Jahre später fliegt Nauru mit dem Handel von Pässen und Aufenthaltsgenehmigungen auf. Die werden zum Preis zwischen 15 000 und 35 000 Dollar verkauft. Der Handel wird von der Transpacific Development Company mit Sitz in Washington/USA organisiert. Die Zahlungen verlieren sich in einem dichten Netz von Briefkastenfirmen.

Anfang 2000 ist der Inselstaat Nauru tief gesunken. Versuche, die Insel zu einem Offshore-Zentrum im Pazifik auszubauen, scheitern. Die Bank of Nauru, das einzige legale Bankinstitut der Insel, muss mangels Barmittel schließen. Hunderte Nauruer verlieren an einem einzigen Tag ihre gesamten Ersparnisse – auf einigen Konten liegen Millionen. Der Zusammenbruch läutet den Niedergang Naurus ein. Heute ist die Bank nur eine leere Hülle, die nur noch einmal im Monat die Schalter öffnet, um die Staatsangestellten zu bezahlen. Die in aller Welt angelegten Milliarden sind verschwunden. Als das Land noch auf einem Haufen Dollar saß, hatte niemand auf die Staatsfinanzen geachtet – Kontrolle war auf der Insel ein Fremdwort. 2003 wird dann auch die Phosphatmine geschlossen. Aus ihr ist eine Abfalldeponie geworden.

Es dauert einige Jahre, bis Nauru sich an sein Lebenselixier erinnert: Phosphat. Denn anders als angenommen sind die Reserven der ersten Phosphatschicht noch gar nicht erschöpft. Einige Stellen auf der Insel sind noch nicht abgetragen. Da liegen noch einige 1000 Tonnen, mit denen der Förderprozess wieder in Gang gebracht wird. »Secondary mining« ist das Ziel. Unterhalb des damaligen Tagebaus. Nauru hat wieder eine Zukunftsperspektive. Mittelfristig sollen wieder 500 000 Tonnen Phosphat jährlich exportiert werden. Mit dieser Zielsetzung kann Nauru wieder zu einem angemessenen Lebensstandard zurückkehren. Doch auch die Lebenserwartung des secondary mining wird auf höchstens 40 Jahre geschätzt. Die Höhe der Insel wird sich in diesem Zeitraum um fünf bis sechs Meter absenken. Nauru wird das Herz seiner Insel angreifen.

Und wie steht es mit künftigen Investitionen im Ausland? Wie steht es mit der Steueroase im Pazifik? Irgendwo wird man das neue Geld ja anlegen müssen ... Die Bank of Nauru hat ihre Arbeit wieder aufgenommen, neue Laster transportieren wieder Phosphat zum Hafen und im cremefarbenen Haus am Strand wartet man auf die Registrierung neuer Briefkastenfirmen.

**Der Traum von einer Steueroase für die Reichen aus Asien ist auf Nauru also noch nicht ausgeträumt. Der Traum, wieder eines der reichsten Länder der Welt zu sein, auch nicht.**

## Wann Steueroasen legitimiert werden

Dass Steueroasen aber nicht nur bei Steuerflucht, Geldwäsche oder Korruption, sondern auch bei finanziellen Transaktionen großer Organisatoren wie der Weltbank oder Institutionen wie die Europäische Investitionsbank (EIB) oder die deutsche Staatsbank KfW zum Einsatz kommen, zeigt ein Beispiel der Weltbank:

Sie nutzt Steueroasen und dort registrierte Gesellschaften über ihren Zweig International Financial Corporation (IFC) im Rahmen von Entwicklungshilfeprojekten in Entwicklungs- und Schwellenländern. Allein 2015 wurden dort rund 420 Millionen Dollar mithilfe von Offshore-Gesellschaften auf den Cayman Islands platziert.

Schon seit über 20 Jahren wickelt das IFC Finanztransaktionen über die Cayman Islands, die British Virgin Islands, Bermuda und Mauritius ab. Häufig sind auch die Co-Investoren oder die Empfänger von IFC-Krediten selbst Gesellschaften mit Sitz in Steueroasen.

Die Weltbank rechtfertigt ihre Praxis damit, dass Steueroasen Rechtssicherheit gewähren und die Zusammenarbeit von Investoren aus unterschiedlichen Ländern und Rechtsgebieten erleichtern.

Die Organisation sieht legitime Gründe für die Nutzung von Steueroasen. Offshore-Finanzgesellschaften seien gerechtfertigt, wenn die Gesetze in den Empfängerländern der Investition eine entsprechende Gesellschaftsform nicht vorsehen. Schwerer wiegen Argumente der Weltbank, dass in einigen Zielländern das geeignete rechtliche Umfeld fehlt, das eine Durchsetzung von Verträgen und Eigentümerrechten ermöglicht.

Im Zuge der Panama Papers kritisiert die Hilfsaktion Oxfam dieses Vorgehen. Dabei hatte die Weltbank selbst schon vor einigen Jahren diese Investitionspraxis überprüft und die Richtlinien dafür deutlich verschärft. Vor jeder Investition steht eine Prüfung, um sicherzustellen, dass das für das jeweilige Projekt genutzte Investitionsvehikel aus legitimen Gründen seinen Sitz in einer Steueroase hat und nicht zum Zwecke der Steuerhinterziehung. Anonyme Briefkastenfirmen scheiden daher für das IFC als Geschäftspartner aus. Das IFC findet es legitim, Ländern mit einer kleptokratischen Führung Steuern vorzuenthalten.

## WARUM OFFSHORE-INSTRUMENTE BEI DER VERMÖGENSSICHERUNG ZUM EINSATZ KOMMEN

Vermögende, die heute den Schritt ins Ausland planen, machen das in der Regel nicht aus steuerlichen Gründen – bei ihnen stehen die Sicherung und der Schutz ihrer Vermögenswerte im Vordergrund. Dabei kann der Einsatz von Offshore-Instrumenten sinnvoll sein:

- Häufig kommen diese Instrumente beim Halten von Yachten oder Flugzeugen zum Einsatz.
- Bei Immobilien stehen oft Haftungsgründe im Vordergrund.
- Beim Kauf und beim Halten von Kunst und ganzen Kunstsammlungen dienen Offshore-Gesellschaften meist zur Anonymisierung der Besitzverhältnisse.

In angelsächsischen Ländern werden Vermögen seit Jahrhunderten über Trusts gehalten, um diese leichter auf nächste Generationen übertragen zu können. Trusts haben sich in diesen Ländern vor allem als Instrument zur Asset Protection etabliert. Dabei überträgt der Errichter (Settlor) mittels Urkunde (Trust Deed) bestimmte Vermögenswerte (Trust Assets) auf eine oder mehrere Personen (Trustees), die das Vermögen zugunsten eines oder mehrere Begünstigter (Beneficiaries) verwenden müssen. Letztere genießen unter gewissen Voraussetzungen Anonymität. Auch lassen sich mit Hilfe des Trusts Vermögenswerte dem Zugriff des Fiskus' oder der Gläubiger entziehen.

Hierzulande kann ein Trust aufgrund des deutschen Rechtssystems nur sehr eingeschränkt eingesetzt werden. Er kommt nur dann in Betracht, solange kein in Deutschland belegenes Vermögen erfasst wird. Das Instrument des Trusts ist mit dem deutschen Sachenrecht nicht vereinbar. Folge: In Deutschland belegene Vermögenswerte lassen sich durch Einbringung in einen Trust nicht schützen. Für deutsche Steuerpflichtige macht der Einsatz eines Trusts nur Sinn, wenn in diesen ausländische Vermögenswerte eingebracht werden.

Kommen Trusts zum Einsatz, dienen häufig Offshore-Instrumente dabei, Vermögen besser untereinander und auch von sonstigen Vermögen des Vermögensinhabers zu trennen. Dazu kommen häufig persönliche Motive:

Menschen wollen ihre Privatsphäre schützen. Viele Vermögende – etwa in Südamerika – haben Angst vor Entführung und Erpressung. Alles legitime und nachvollziehbare Gründe, Offshore-Gesellschaften einzusetzen.

In Mitteleuropa ist das Konstrukt der liechtensteinischen Stiftung populär. War die zunächst wegen ihres verstärkten Einsatzes bei Steuerhinterziehung und Steuerbetrug in Verruf geraten, kommt sie heute nach der Umgestaltung des liechtensteinischen Stiftungsrechts im Zuge des Vermögensschutzes wieder verstärkt zum Einsatz. In ihrer Funktion und ihrer Ausgestaltung ist sie mit einer deutschen Stiftung bürgerlichen Rechts vergleichbar. Doch hinsichtlich ihrer Gestaltungsmöglichkeiten weicht sie zentral von denen des deutschen Rechts ab. Als Instrument zum Vermögensschutz ist die liechtensteinische Stiftung in mehrfacher Hinsicht interessant:

- Zum einen können die niedrigen Publizitätsanforderungen, die an die Stiftungserrichtung gestellt werden, genutzt werden. Die Stiftung wird in keinem öffentlichen Register eingetragen. Gläubiger erlangen somit nur schwer oder häufig keine Kenntnis von der Existenz der Stiftung. Bereits das erschwert bzw. verhindert einen möglichen Zugriff auf das an die Stiftung übertragene Vermögen. Das hat zusätzlich den Vorteil, dass die Frist für etwaige Anfechtungen nach deutschem Recht ohne Kenntnis der Stiftung ins Leere läuft und endet.
- Ein deutscher Gläubiger steht zudem vor dem faktisch unüberwindbaren Hindernis, dass ein deutsches Urteil mangels Vollstreckungsabkommen zwischen Deutschland und Liechtenstein im Fürstentum nicht vollstreckbar ist.

Darüber hinaus kann der Verlust der rechtlichen Verfügungs- und Einflussnahmemöglichkeit aufgrund der hohen Flexibilität des liechtensteinischen Rechts abgemildert werden. Denn trotz des verselbstständigten Vermögens der Stiftung werden dem Stifter weitreichende Gestaltungsmöglichkeiten eingeräumt. Ihm bleiben – im Gegensatz zum deutschen Stiftungsrecht – Satzungsänderungen und ein Widerrufsrecht vorbehalten. Nach liechtensteinischem Recht ist sogar eine Stiftung für den Stifter zulässig. Dagegen sind in Deutschland Stiftungen, die ausschließlich der Versorgung des Stifters dienen, unzulässig. Ähnliche Vorteile bietet eine Stiftung nach panamaischem Recht.

Kommt eine liechtensteinische Stiftung zum Einsatz, muss steuerlich das deutsche Außensteuerrecht (AStG) beachtet werden. Nach § 15 AStG werden nämlich die Einkünfte einer ausländischen Stiftung bei der Ermittlung des Einkommens des Stifters bzw. des Begünstigten, sofern diese Personen in Deutschland unbeschränkt steuerpflichtig sind, hinzugerechnet. Sie führen also zu einer Steuerbelastung in Deutschland. Diese Hinzurechnung greift auch dann, wenn keine Erträge aus der Stiftung ausgeschüttet werden. Damit durchbricht der § 15 AStG die Abschirmwirkung der ausländischen Stiftung.

**Die Gründung einer liechtensteinischen Stiftung ist im Bereich des Vermögensschutzes immer eine Überlegung wert.**

Ob ausländische Stiftungen oder Trusts – wie alle sonstigen Instrumente im Vermögensschutz – funktionieren diese nur im Rahmen einer vorsorgenden Vermögensplanung. Errichtungen in der Krise – also beispielsweise in oder kurz vor einer Insolvenz – laufen ins Leere. Vermögensübertragungen ins Ausland können dann immer angefochten werden.

# V.

## DIE FOLGEN DES
## INTERNATIONALEN
## STEUERWETTBEWERBS

Steuersysteme – etwa mit niedrigen Steuersätzen – sind ein Wettbewerbselement. Dabei ist der Steuerwettbewerb zwischen Staaten nicht vergleichbar mit dem Wettbewerb, der für ein optimales ökonomisches Verhalten von Wirtschaftssubjekten sorgt. Steuerwettbewerb kann vielmehr zu einer Politik führen, die alles andere als optimal ist.

So führt beispielsweise das Verhalten von Steueroasen oder Offshore-Finanzplätzen, die mit niedrigen oder gar keinen Steuern Kapital und Investitionen anzulocken versuchen, zu Einnahmeverlusten in anderen Staaten.

Da diese aber auf die Einnahmen angewiesen sind, um in den Entwicklungs- und Schwellenländern etwa die Armut zu bekämpfen oder in Industrieländern Infrastruktur, Sozialversorgung und neuerdings auch den Schuldenabbau sicherzustellen, kann ein Steuerwettbewerb, der eben das verhindert, aus wirtschaftlicher Sicht nicht sinnvoll sein. Ganz abgesehen von den Möglichkeiten, die sich über Steueroasen oder Offshore-Finanzzentren zur strafbehafteten Steuerhinterziehung anbieten.

Doch um internationales Kapital und Unternehmen ins Land zu holen, konkurrieren die Länder rund um den Globus unter anderem mit: niedrigen Unternehmensteuersätzen, Steuerfreijahren, höheren Abschreibungsmöglichkeiten, Subventionen, Deregulierung und dem Fortfall der Quellensteuer.

Dieser Wettbewerb zwischen den Ländern stellt eine wesentliche Größe bei der Lenkung von Investitionszuflüssen dar. Bei Unternehmensverlagerungen geht es also weniger um die Höhe der Lohnkosten, den Grad der Qualifikation der Menschen oder die Nähe zu Beschaffungs- oder Absatzmärkten. Untersuchungen zeigen, dass reine Finanzinvestitionen, die Einrichtung von Holdings oder der Ort, an dem Unternehmen ihre Gewinne ausweisen können, stark von den Steuersätzen eines Landes abhängen. Dabei schränkt der Steuerwettbewerb die staatliche Kontrolle über die Steuerpolitik ein. Durch den Druck, Steuersätze zu senken, reduziert ein Steuerwettbewerb zudem die Fähigkeit eines Staates, öffentliche Dienstleistungen zu finanzieren. Auch kann Steuerwettbewerb da, wo es um Investitionen geht – etwa in Sonderwirtschaftszonen –, einen verzerrenden Einfluss auf Investitionszuflüsse haben.

Um Steuern zu sparen, werden dann schnell auch mal Ressourcen in Gegenden gelenkt, wo sie nicht sinnvoll verwertet werden können. Die Ineffizienz von Standorten, die beispielsweise weitab von Transportwegen, benötigten Rohstoffvorkommen oder Absatzmärkten liegen, wird nur durch steuerliche Anreize wettgemacht. Profiteure solcher Steuerkonstrukte sind dann Unternehmen, die durch ihre Mobilität Länder gegeneinander ausspielen können, um sich Steuervorteile und im Einzelfall auch Subventionen zu sichern. Steuern sind Kosten. Um diese zu senken, haben große Unternehmen ihre Spezialisten für die »steuerliche Optimierung der Wertschöpfungsketten.«

Gleichzeitig treten immer häufiger indirekte Steuern, das heißt Umsatz- und Verbrauchsteuern an die Stelle von direkten Steuern, insbesondere Unternehmens- und Kapitalertragsteuern. Weltbank, Internationaler Währungsfonds und Organisationen wie die EU setzen sich für Umsatzsteuern ein, da sie diese für eine kosteneffiziente Methode des Steuereinzugs halten. Eine völlige Vermeidung ist relativ schwierig, vor allem bei einem pauschalen Steuersatz. Umsatzsteuern benachteiligen jedoch Haushalte im unteren Einkommenssegment, weil diese auf die Ausgaben aller Verbraucher erhoben werden. Doch Haushalte mit einem geringeren Einkommen geben einen relativ höheren Anteil davon für den Verbrauch aus – und folglich auch für Umsatzsteuern.

**Der Trend zu regressiven Steuern erklärt zumindest teilweise, warum die Ungleichheit hinsichtlich Einkommen und Vermögen in vielen Ländern und Regionen in den letzten Jahrzehnten immer größer geworden ist. Das trifft vor allem für Entwicklungs- und Schwellenländer zu. Dort führt der internationale Steuerwettbewerb zu einer direkten finanziellen Belastung.**

## Was Steuerflucht, Steuerhinterziehung, Steuervermeidung und Korruption kosten

Aktuell liegen von Privatpersonen nach Berechnungen der Boston Consulting Group rund 8,5 Billionen Dollar in Steueroasen und Offshore-Finanzzentren. Geht man davon aus, dass 50 bis 80 Prozent davon nicht versteuert sind, entspricht das einem unversteuerten Privatvermögen von 4,2–6,8 Billionen Dollar. Hinzu kommen die steuerfrei im Ausland geparkten Gewinne großer internationaler US-Konzerne von aktuell rund 2,2 Billionen Dollar. Hinzu kommen auch die von international operierenden Unternehmen durch Steuermodelle wie Double Irish oder durch das Transfer Pricing unversteuerten Gewinne. Mit anderen Worten:

Den Hochsteuerländern entgehen über den Umweg Steueroasen und den Einsatz von Steuersparkonstrukten wie Briefkastenfirmen Jahr für Jahr hohe dreistellige Milliardenbeträge an Steuereinnahmen. Milliarden, die in diesen Ländern für Infrastruktur-, Bildungs-, Gesundheits- und Sozialmaßnahmen sowie zum Abbau der Schuldenberge fehlen.

Gleichzeitig entgehen den Entwicklungsländern durch die fehlende Besteuerung ausländischer Unternehmen nach Berechnungen von Oxfam jährlich mindestens 200 Milliarden Dollar. Damit gehen gravierende soziale, wirtschaftliche und politische Folgen einher. Auch haben diese Länder weniger Mittel für Sozialausgaben oder zur Schaffung eines guten Investitionsklimas für ausländische Unternehmen. Sie geraten dadurch zunehmend in finanzielle Abhängigkeit von externen Zuwendungen, wie beispielsweise Entwicklungshilfe. Der Verlust an Steuereinnahmen erschwert es diesen Ländern, sich nachhaltig zu entwickeln und eine stabile Wirtschaft aufzubauen.

Um Unternehmertum in den Entwicklungsländern zu fördern und Arbeitsplätze zu schaffen, braucht es Infrastruktur und Elektrizität, Bildung und Ausbildung, Forschung und Entwicklung sowie funktionierende Institutionen wie Gerichte oder Katasterämter. Fehlen Steuereinnahmen, können Staaten diese »Zutaten« nicht bereitstellen. Unternehmen in Entwicklungsländern sehen sich damit gravierenden Wettbewerbsnachteilen konfrontiert. Durch fehlendes Unternehmertum mangelt es in den Ländern dann auch an zusätzlichen Steuereinnahmen. Eine weitere Verschuldung und weitere erforderliche Entwicklungsgelder sind die Folge. Afrika beispielsweise bleibt so trotz all seiner Bodenschätze bis auf Weiteres ein Nettogläubiger für den Rest der Welt, namentlich der Steueroasen. Während die ausgelagerten Vermögenswerte einer kleinen politischen Elite und multinationalen Konzernen gehören, müssen die Schulden von der Gesamtbevölkerung getragen werden. Und während nationale Unternehmen Steuern zahlen müssen, können multinationale Unternehmen die in diesen Ländern erzielten Gewinne steuerfrei außer Landes schaffen.

Schwellenländer haben es dagegen vor allem mit Korruption und Steuerflucht zu tun. Hier wurden in den vergangenen Jahren Billionenwerte unversteuert außer Landes geschafft – in die Steueroasen der Karibik, nach Singapur, Hongkong, London und Zürich. Während Länder wie Indien und China heute gegen diese Steuerflucht vorzugehen versuchen, haben Entwicklungsländer keine Macht, um entscheidende Veränderungen durchzusetzen. Ihnen gelingt es nicht, aus dem Teufelskreis aus geringen Steuereinnahmen, ausbleibender Entwicklung, der damit einhergehenden Abhängigkeit von externer Finanzierung und dem damit zusammenhängenden geringen Einfluss im internationalen System auszubrechen.

**Verschärft wird das Problem durch einen ruinösen Wettbewerb vieler Staaten um die niedrigsten Steuersätze.**

Das gilt nicht nur für die Staaten der Karibik, wie der *Global Competitiveness Report* des World Economic Forum für 2015 zeigt. Danach gibt es spätestens seit Mitte der 1990er-Jahre einen Trend zu fallenden Steuersätzen für Unternehmen. Entsprechend reduzierten sich die Steuersätze. Den Gesamtsteuersatz berechnen die Ökonomen auf Basis von Gewinnsteuern, Sozialabgaben und anderen Steuern. Für ausgewählte Ländern ergibt sich aktuell folgendes Bild in Prozent:

- Deutschland     48,8
- USA     43,8
- Schweiz, variiert in den einzelnen Kantonen, durchschnittlich     29,0
- Hongkong, seit den 1960er-Jahren     22,8
- Kanada, in der Provinz Manitoba müssen kleinere Unternehmen gar keine Steuern zahlen     21,0
- Saudi-Arabien     14,5
- Kuwait     12,8
- Katar     11,3
- Singapur     10,4
- Mazedonien     7,4

# VI.

## SCHATTENWIRT-
## SCHAFT BESEITIGEN

Im November 2016 stellte der US-Ökonom und Nobelpreisträger Joseph E. Stiglitz dem Panama-Papers-Untersuchungsausschuss des Europaparlaments seinen Anti-Schattenwirtschaftsreport vor, den er gemeinsam mit dem Schweizer Antikorruptionsexperten Mark Pieth verfasst hat. Ein Aufruf zum weltweiten Kampf gegen Steueroasen. Würden die Empfehlungen der beiden Autoren umgesetzt, müsste die internationale Finanzindustrie von heute auf morgen umgekrempelt werden – es wäre das Ende der Steueroasen-Welt.

Aus Sicht der Autoren sind Steueroasen eine dunkle Seite der Globalisierung. Eine Seuche, die es zu stoppen gilt. Steuerhinterziehung, Verbrechen um ein »unakzeptables Maß an globaler Ungleichheit«. All das wird durch undurchsichtige Firmenkonstrukte in den Steueroasen der Karibik, in Europa, Asien und anderswo begünstigt. Damit müsse jetzt Schluss sein. Intransparenz müsse weltweit bekämpft werden.

Die Leaks-Veröffentlichungen und andere Enthüllungen der letzten Jahre haben gezeigt, wer sich in der intransparenten Offshore-Welt alles tummelt: Superreiche, Großkonzerne, Drogenhändler, Waffendealer, Autokraten und andere dubiose Gestalten.

Deren Aktivitäten finden in der Regel unter dem Mantel der Verschwiegenheit statt. Im Kampf gegen die Offshore-Welt sehen die Autoren nicht nur einzelne, sondern alle Länder weltweit in der Pflicht. Sie fordern:

- Die Schaffung sogenannter Ultimate-Beneficial-Owner-Register, also Datenbanken, welche die tatsächlichen Eigentümer von Briefkastenfirmen preisgeben.
- Niemand soll mehr seine Bankkonten, Immobilien, Yachten und Beteiligungen hinter anonymen Briefkastenfirmen verstecken dürfen.
- Die Register der Offshore-Gesellschaften müssen für Ämter und die Öffentlichkeit einsehbar sein.

Das wäre in der Tat das Ende des lukrativen Geschäfts mit den Briefkastenfirmen, denn das basiert auf Geheimhaltung. Die Autoren fordern darüber hinaus auch mehr Transparenz im Immobilienbereich. Denn hier lässt sich leicht und problemlos Geld waschen. Zentrale Immobilienregister gehören dazu.

Die Leaks der letzten Jahre haben gezeigt, dass Steueroasen und Offshore-Finanzzentren für die schmutzigsten Aktivitäten benutzt werden – von Steuerhinterziehung über Geldwäsche bis Korruption. Anwälte, Banker und Vermögensverwalter spielen dabei eine wichtige Rolle. Sie sind die Anlaufstellen, um Briefkastenfirmen zu gründen und zu verwalten. Hier muss man aus Sicht der Autoren ansetzen:

- Jeder Anwalt, jeder Banker, jeder Vermögensverwalter, der wissentlich eine Offshore-Gesellschaft, eine Stiftung oder einen Trust registriert, dessen Ziel darin besteht, Steuern zu hinterziehen, zu minimieren oder Geld zu waschen, müsse im Wiederholungsfall seine Lizenz verlieren.
- Die Zahl der Firmen müsse begrenzt werden, denen eine einzelne Person vorstehen darf. Eine solche Obergrenze verhindere, dass Scheindirektoren im Einzelfall Tausende Firmen zumindest auf dem Papier leiten.

Der Anti-Schattenwirtschaftsreport warnt vor einem ungesunden Wettlauf unter den Ländern, der dazu führt, dass Konzerne wie Apple nur einen effektiven Steuersatz von 0,005 Prozent haben. Aus globaler Sicht ist dieser Wettbewerb zerstörerisch. Die Alternative heißt radikale Transparenz:

Sämtliche Steuerdeals, die in der Regel geheim sind, sollten veröffentlicht und überwacht werden. Für Länder wie Irland, Belgien, Luxemburg oder die Niederlande wäre das ein Albtraum. Und was den Austausch von Finanz- und Steuerdaten zwischen Ländern betrifft, könne man die aggressive Steuervermeidung, durch die allein in den OECD-Staaten jährlich 100 bis 240 Milliarden Dollar entgehen, vermeiden, wenn er weltumspannend ist.

Steueroasen, fordern die Autoren, müssten isoliert werden. Wenn ein Land die Transparenzvorschriften nicht selbst durchsetzt, muss die internationale Gemeinschaft die Lücke schließen:

• Dabei müssten uneinsichtige Länder vom globalen Finanz- und Wirtschaftssystem abgeschnitten werden.
• Darüber hinaus müsste das Halten von Konten, Firmen, Stiftungen und Trusts mit Sitz in Steueroasen für grundsätzlich illegal erklärt werden.

Eine besondere Rolle falle dabei den Vereinigten Staaten und Europa zu. Als Wirtschaftsmächte hätten sie die Verpflichtung, andere Länder – Steueroasen – zu zwingen, die globalen Transparenzstandards einzuhalten. Im Kampf gegen den Terrorismus hätten sie bewiesen, dass sie zu solchen Maßnahmen in der Lage seien.

Edle Vorschläge im Kampf gegen die Schattenwirtschaft. Doch wie will man beispielsweise die USA zwingen, diesen Forderungen nachzukommen? Oder Großbritannien zwingen, die dunklen Geschäfte innerhalb seiner Offshore-Einflusszone zu unterbinden?

**Dass das alles bislang im Kampf gegen Steuerumgehung, Korruption, Geldwäsche und Steuerhinterziehung nicht umgesetzt werden**

konnte, zeigt, wie mächtig die Offshore-Industrie und ihre Profi-teure in unserer globalen Wirtschaftswelt tatsächlich sind.

Um das aggressive Treiben internationaler Konzerne einzudämmen, schlagen die Ökonomen vom *Zentrum für Europäische Wirtschaftsforschung ZEW* eine Quellensteuer auf Zinszahlungen und Lizenzgebühren vor. Diese Maßnahme würde aus Sicht der Experten »die derzeit genutzten Strukturen der Steuergestaltung angreifen, aber nicht Investitionsentscheidungen verzerren, solange die einbehaltene Steuer im Sitzland gutgeschrieben wird.«

Nach dem Vorschlag der Wissenschaftler behielte beispielsweise der deutsche Fiskus die Steuern auf Zins- und Lizenzzzahlungen an eine ausländische Tochtergesellschaft des Konzerns ein. Für eine Million Euro wären dann rund 300 000 Euro Steuern fällig. Die Finanzbehörde im Empfängerland der Zahlung würde die gezahlte Steuer berücksichtigen, wenn sie die Abgabenlast des Unternehmens ermittelt. Wenn dort dann der Steuersatz höher oder gleich hoch ist, betrüge die Steuergutschrift wieder 300 000 Euro. Sind die Steuern im Empfängerland dagegen niedriger, würde ein Konzern auf einem Teil der Last sitzen bleiben.

**Eine internationale Umsetzung dieses Vorschlags ist jedoch nicht einfach. Dazu müssten das europäische Recht geändert und Doppelbesteuerungsabkommen angepasst werden.**

Solange all die Vorschläge nicht umgesetzt werden, sprudeln die Gewinne der Unternehmen weiter und die Steuern sinken. Weltweit sind die Unternehmensteuersätze in den vergangenen zehn Jahren von 27,5 auf 23,6 Prozent gefallen. Und manche Länder, auch europäische, heizen den Wettlauf um die niedrigsten Steuern weiter an. Länder wie Bermuda, die Cayman Islands, die Niederlande und die Schweiz, Irland, Luxemburg, Zypern, die Channel Islands und die zu den Niederlanden gehörende Karibikinsel Curacao ermöglichen Unternehmen heute die extremsten Formen der Steuervermeidungen.

# NACHWORT:
# KAMPF GEGEN STEUER-
# FLUCHT UND SCHATTEN-
# WIRTSCHAFT

Durch die Veröffentlichungen der vergangenen Jahre ist der Druck auf die Steueroasen gestiegen. Auf G20-Ebene hatten zuletzt auch die USA den Kampf gegen Steuerhinterziehung und Geldwäsche unterstützt, wiewohl US-Bundesstaaten wie Delaware und Wyoming selbst als Steueroasen gelten. Längst liegen konkrete Konzepte vor, um Offshore-Geschäfte, Briefkastenfirmen und Steueroasen zu bekämpfen. Und nach jeder Enthüllung wird der Ruf nach schwarzen Listen, nach mehr Transparenz und strengeren Gesetzen laut:

- Die Gruppe der G20-Länder will härter gegen Steuerbetrug und Geldwäsche vorgehen.
- Die Europäische Kommission plant verschärfte Gesetze gegen Steuerhinterziehung, will Briefkastenfirmen strenger regulieren und Steueroasen auf eine schwarze Liste setzen, die aus ihrer Sicht gegen die Grundsätze eines transparenten und fairen Steuerwettbewerbs verstoßen.
- In Deutschland liegt ein Gesetzentwurf des Bundesfinanzministeriums vor, auf dessen Grundlage Banken jede Briefkastenfirma ihrer Kunden den Finanzbehörden offenlegen müssen.

• Gleichzeitig wird potenziellen Steuersündern gedroht, wenn sie den Finanzbehörden verheimlichen, dass sie Steuergestaltungs-modelle – auch Briefkastenfirmen – nutzen.

Und dann sollen künftig auch Anwaltskanzleien als Entwickler der steuerminimierenden Konstruktionen dem Fiskus ihre Modelle melden – so wie das bereits für Irland, Kanada, die USA und Groß-britannien gilt. Dabei vergisst Finanzminister Schäuble, dass sol-che Steuersparkonstrukte nicht von deutschen Steuer- und Wirt-schaftskanzleien ausgetüftelt werden. Denen fehlt in der Regel das entsprechende Offshore-Know-how. Vielmehr werden sie von in-ternationalen Steuerexperten im Ausland geplant. Und die wer-den sich auch künftig nicht verpflichtet sehen, Finanzbehörden in Hochsteuerländern Auskünfte über ihre Steuerspezialitäten zu ge-ben. Zwingen kann man sie dazu derzeit nicht.

So bleibt aktuell alles bei Überlegungen und Androhungen der Finanzbehörden. Konkret umgesetzt wurde davon bisher nichts. Und wer von der Bundesregierung zum G20-Gipfel 2017 in Ham-burg einen konkreten Aufschlag für mehr Steuergerechtigkeit, gegen Dumping oder für mehr Transparenz erwartet hat, wird enttäuscht. Auf ganzen acht Zeilen fasst die Bundesregierung in ihrem zehnseitigen G20-Schwerpunktpapier zur Vorbereitung des Gipfels frühere Absichtserklärungen der internationalen Gemein-de zusammen: Man wolle »*weiter daran arbeiten, Transparenz, Fair-ness und Verlässlichkeit der nationalen Steuersysteme weltweit zu er-höhen, Steuerehrlichkeit fördern und die internationale G20-Agenda fortführen.*« Schließlich soll darüber geredet werden, »*welche Aus-wirkungen die digitale Wirtschaft auf die Besteuerung hat.*«

Die simple Wiederholung der früheren Absichtserklärungen ist der kleinste gemeinsame Nenner, den die Bundesregierung im Kreise der G20 für konsensfähig hält – und selbst der dürfte nach Stand der Dinge für US-Präsident Trump noch bei Weitem zu groß sein.

Auch der 2017 anlaufende internationale Daten- und Informa-tionsaustausch zwischen 101 Ländern weltweit (Stand Ende 2016) muss seinen Praxistest erst noch bestehen. Es wird darunter sicherlich auch das ein oder andere Land geben, das mit dem Einsatz neu konstruierter Offshore-Instrumente Daten tatsächlich nicht austauschen wird. Dank des Abkommens präsentiert man sich zwar transparent und kooperativ, in der Praxis wird aber an der Geheimhaltung festgehalten. Um so der Klientel auch künftig eine raffinierte Form der Geheimhaltung anbieten zu können. Briefkastenfirmen gehören dazu. Die werden weiterhin auf der Angebotspalette von Kanzleien und Banken im Ausland – vorrangig in Steueroasen – stehen.

Es wird also auch 2017 und darüber hinaus für Vermögende, Unternehmen, korrupte politische Eliten und Kriminelle viele Möglichkeiten geben, über Steueroasen und Briefkastenfirmen Steuern zu reduzieren, Gewinne zu verschieben oder Gelder zu waschen. Und solange Unternehmen davon ausgehen, dass es legal ist, mit komplexen Offshore-Konstruktionen Steuern zu sparen, und sie sich gegenüber ihren Aktionären verpflichtet fühlen, die Steuerbelastung als Kostenfaktor zu minimieren, solange also Profitmaximierung das Unternehmensziel bleibt, wird jede neue Regelung dazu führen, dass Steuerexperten auch künftig sofort nach Wegen suchen, diese über Steueroasen zu umgehen.

In der Offshore-Welt gibt es offenkundig Interessenskonflikte, weil zu den größten Profiteuren der Offshore-Geldströme Finanzzentren wie London, Zürich, New York, Hongkong und Singapur gehören. Dort wird das legale oder illegale Geld aus den Steueroasen angelegt und verwaltet – auch wenn die dabei involvierten Briefkastenfirmen auf den British Virgin Islands, in Panama, Mauritius oder anderen Steueroasen registriert sind. Und Jahr für Jahr kommen in den Steueroasen Hunderttausende neue Briefkastenfirmen hinzu. Kann die Staatengemeinschaft im Kampf gegen Steuerflucht und Schattenwirtschaft also wirklich erfolgreich sein?

Nach den Ankündigungen zu teils drastischen Steuersenkungen aus den USA (15 Prozent), Großbritannien (15 Prozent) und zuletzt Ungarn (9 Prozent) ist das eher unwahrscheinlich geworden. Im Gegenteil – es scheint, als nähme der internationale Steuerwettbewerb gerade richtig Fahrt auf, als sei der internationale Wettbewerb um Niedrigststeuern eröffnet und als ob das Katz-und-Maus-Spiel zwischen den Steuerexperten vermögender Privatpersonen und Unternehmen mit den Mitarbeitern der Finanzbehörden weiterginge. In allen Steueroasen ist es gang und gäbe, Steuersubventionen als innovations- und wachstumsfördernde Maßnahme zu verteidigen. In Wirklichkeit geht es jedoch um Steuerflucht, die Steuermindereinnahmen in anderen Ländern zur Folge hat.

Der Rückzug ins Nationale in den USA, Großbritannien und Ungarn wirkt über Landesgrenzen hinweg. Dabei muss man berücksichtigen, dass die Ausgangslage in den Ländern sehr unterschiedlich ist. Unternehmen siedeln sich in manchen wenig entwickelten Ländern nur an, wenn die Steuern niedrig sind. Staaten locken Unternehmen schon immer mit Steuersubventionen. Man kann natürlich über Mindeststeuersätze nachdenken. Aber wir sind nicht alleine auf der Welt, es wird immer Steueroasen wie die Cayman Islands oder Delaware geben.

Verschärft sich der Steuerwettbewerb, haben Enthüllungen wie Lux-Leaks, Panama Papers oder Bahamas-Leaks zwar eine Welle der Entrüstung ausgelöst, geändert hat die Aufregung wie das G20-Gipfel-Beispiel zeigt aber nichts. Selbst die bislang von den Finanzbehörden in den betroffenen Ländern im Nachgang zu den Panama Papers erzielten zusätzlichen Steuereinnahmen von 110 Millionen Euro (Stand Dezember 2016) sind verschwindend gering. Jeder direkte Steuer-CD-Ankauf bringt ein besseres Ergebnis.

Der Kampf um die niedrigsten Steuern ist eröffnet. Während sich Hochsteuerländer wie Deutschland auf diese Situation erst noch einstellen müssen, kennen sich Steueroasen mit diesem Wettbewerb bestens aus. Der Weg zu mehr Steuergerechtigkeit in der Welt wird wohl bis auf Weiteres schwierig bleiben.

Zwar wird es nach den Leaks-Veröffentlichungen der vergangenen Jahre wohl weitere Enthüllungen aus der Offshore-Welt wie zuletzt Ende 2016 die Football Leaks geben. Ein Ende der Steueroasen ist deshalb aber nicht in Sicht. Im Gegenteil – der Druck auf internationaler Ebene scheint zu schwinden. Die Welt der Steueroasen wird sich in den kommenden Jahren zwar verändern, von der wirtschaftlichen Weltkarte verschwinden wird sie aber nicht. Die Hot Spots in der Offshore-Welt haben sich mit ihrer Infrastruktur, ihrem Produkt- und Serviceangebot längst auf die veränderten Rahmenbedingungen eingestellt.

In der Offshore-Welt kann sich grundlegend nur etwas ändern, wenn die internationale Staatengemeinschaft den Druck auf Steueroasen und Schattenfinanzzentren gemeinsam erhöht. Diese Geschlossenheit ist zurzeit nicht in Sicht. Selbst innerhalb der EU nicht, wo das Einstimmigkeitsprinzip gilt. Dort kann selbst der kleinste Mitgliedsstaat ein gemeinschaftliches Vorgehen in Steuerangelegenheiten torpedieren. Auch nützen nationale Alleingänge wenig. So können Steueroasen weiterhin mit großen Geldströmen von Reichen, Unternehmen, korrupten politischen Eliten und Kriminellen aus den Hochsteuer-, Entwicklungs- und Schwellenländern rechnen. Wohl wissend, dass für sie künftig auch in den Steueroasen und beim Einsatz von Briefkastenfirmen nichts mehr sicher ist.

In Steuerwüsten müssen Bürger und Unternehmen nun mal Steuern zahlen. Beim Versuch, die Steuerlast über den Umweg Ausland zu minimieren, bieten sich weltweit rund 50 Steueroasen und Offshore-Finanzplätze an. Länder, die sich durch niedrige oder gar keine Steuern, wenig Regulierung und ein hohes Maß an Verschwiegenheit auszeichnen.

**Die Reise ins schwarze Loch der Weltwirtschaft wird weitergehen.**

# QUELLEN

Auswärtiges Amt, Panama: Reise- und Sicherheitshinweise, Berlin 21.10.2016

Bauer, Karin, So funktioniert die British Virgin Islands, SRF 06.09.2013

Bayer, Tobias, Auch der Vatikan tauscht Steuerdaten, Neue Zürcher Zeitung 03.04.2015

Becker, Markus, Dreister als Panama, managermagazin 08.04.2016

Beise, Marc, Rettet die Steuermoral, SZ 16/17.04.2016

Boldt, Klaus/Ter Haseborg, Volker, Windige Geschäfte, BILANZ 5/2016

Bolzen, Stephanie/Smirnova, Julia, Schmutzige Geschäfte, Die Welt 06.05.2016

BOSTON CONSULTING GROUP, A Snapshot of the Industry, London 2015

Brinkmann, Bastian, Den Milliarden auf der Spur, SZ, 23.07.2014

Brinkmann, Bastian/Wormer, Vanessa, Der Dreck vor der Haustür, SZ 07.04.2016

Brinkmann, B./Obermaier, F./Obermaier, B., Leticia und die Briefkasten-Oma, SZ 19.04.2016

Brinkmann, B./Mühlauer, A./Wittle, W., Leider reich, SZ 01.09.2016

Brinkmann, B./Gammelin, C./Schreiber, M./Obermeier, F., Weg mit den Briefkastenfirmen, SZ 04.11.2016

Brössler, D./Fitzigbon, W./Diaz-Struck, E./Obermaier, F., Die Folgen einer Affäre, SZ 02.12.2016

Budras, Corinna, Sind Steuern gerecht, Herr Mellinghoff? FAZaS 27.11.2016

Budras, Corinna/Hank, Rainer, Das Apple-Paradox, FAZaS 04.09.2016

Cooper, Graeme, Verzwickt versteuern verboten, München Februar 2013

Dahlkamp, Jürgen/Schmitt, Jörg, Im Unterholz, SPIEGEL 15/2016

Dams, Jan/Seibel, Karsten, Der Kampf gegen Steueroasen gerät ins Stocken, WELT 25.07.2016

Deloitte, Schweiz bleibt weltweit die Nr. 1 in der Vermögensverwaltung, Zürich 01.02.2015

Doggart, Caroline/Schönwitz, Daniel, Steuerparadiese und wie man sie nutzt, Stuttgart 2007

finews.ch, Megatresor in Liechtenstein, Zürich 22.10.2012

Folliet, Luc, Nauru – Die verwüstete Insel, Berlin, 2011

Frühauf, Markus/Petersdorff, Winand von, Amerika ist die größte Steueroase, FAZ 11.05.2016

Gammelin, Cerstin/Mühlauer, Alexander, Schäubles ferne Ziele, SZ 12.04.2016

GoMoPa, Schweiz hebt anonyme Gold- und Silberlagerung in Zolllagern auf, Zürich 10.12.2015

Hank, Rainer, Ran an die Steuern, FAZaS 05.06.2016

Hanke, Thomas/Kratz, Wilfried, Außer Kontrolle, Die Zeit 19.07.1991

Hansen, Axel, Die Biotope für Steueroptimierer werden kleiner, Die Zeit 12.12.2014

Ders., Die wahre Steueroase liegt an der Nordsee, Die Zeit 11.11.2014

Hecking, Claus/Widmann, Marc/Segnini, Giannina, Fahnenflucht auf hoher See, Die Zeit 18.08.2016

Henley & Partners, Quality of Nationality Index, The Global Residence and Citizenship Review 3/2016

Herrmann, Boris, Immer auf die Kleinen, SZ 09/10.04.2016

Institut für Maritime Logistik, Gründe für das Ausflaggen von Seeschiffen, Hamburg 21.01.2003

Kälin, Christian H., Global Residence and Citizenship Handbook, Zürich 2016

Käufer, Tobias, Oh, wie schön ist die Steueroase Panama!, n24 04.05.2014

Klemm, Thomas, Panama für Alle? FAZaS 17.04.2016

Konrad, Kai A./Elsayyad, May, Warum der Kampf gegen Steueroasen so schwierig ist, München April 2013

Koschnitzke, Lukas, Keine Steuer ohne Flucht, Die Zeit 06.04.2016

Küßner, Steffen, Reichtum auf Kosten der Armen, EINS/2016

Kulke, Ulli, Die Erfindung der Geldwäsche, WamS 24.04.2016

Langhans, K./Leyendecker, H./Munzinger, H./Obermaier, F./Obermaier, B./Wormer, V., Das Leak, SZ 04.04.2016

Leyendecker, Hans, Von den Reichen sparen lernen, SZ 07.04.2016

Macho, Andreas, Schwarzgeld – Die Doppelmoral der USA, Wirtschaftswoche 02.11.2015

Meier, Jürg, Das Schattenreich von EU und USA, Handelszeitung 03.03.2010

Merten, H.-Lothar/Schuhmann, Markus, Vermögen richtig schützen, München 2016

Much, M./ Obermaier, F./ Oberemaier, B./ Wormer, V., Bahamas-Leaks – Die geheimen Briefkastenfirmen von Politikern und Superreichen

Mühlauer, Alexander, Schwarze Liste für Oasen, SZ 09.11.2016

n-tv, Lukrative Offshore-Geschäfte – Deutsche Bank in der Kritik, 05.04.2013

Nuzzi, Gianluigi, Vatikan AG, Salzburg 2010

Obermaier, F./Obermaier, B./Wiegand, R., Der Deutsche, SZ 04.04.2016

Oswald, Günther, Flat Tax kommt aus der Mode, Der Standard 28.03.2012

Ott, Klaus/Schreiber, Meike/Wetzel, Katharina, Was nach Panama kommt, SZ 22.07.2016

Perras, Arne, Sie werfen das Geld auf den Müll, SZ 15.11.2016

Petersdorff, Winand von, Auch die Weltbank setzt im großen Stil auf Steueroasen, FAZ 14.04.2016

Piketty, Kapital im 21. Jahrhundert, München 2016

Reuters, Super rich hold $ 32 trillion in offshore havens, London 22.07.2016

Ritzer, Uwe, Das Modell Steueroase ist nicht zukunftsfähig, Interview mit dem Liechtensteiner Regierungschef Adrian Hasler, SZ 15.11.2016

Schanz, Deborah, Beeinflussen Steuern die Standortwahl?, München 02/2013

Schechner, Sam, Wie das Steuermodell von Apple funktioniert, The Wall Street Journal 30.09.2014

Schieritz, Mark/Storn, Arne, Endlich Panama!, Die Zeit 07.04.2016

Schneider, Friedrich, Apple provoziert mehr Schwarzarbeit, FAZaS 25.09.2016

Schubert, Christian/Theurer, Marcus, Hier liegen die Offshore-Gelder auf der Welt, FAZ 08.04.2016

Schultz, Stefan, So rechnet Apple seine Steuerlast klein, SPIEGEL 21.05.2013

Ders., Unter fremder Flagge, SPIEGEL 07.04.2016

Schwörer, Andreas, Die grenzüberschreitende Beweisnutzung im Abgabeverfahren und Steuerstrafverfahren bei hinzutretendem Wechsel der Verfahrensart, Heidelberg 2009

Shaxson, Nicholas, Schatzinseln – Wie Steueroasen die Demokratie untergraben, Zürich 2011

SPIEGEL-Autorenteam, Football Leaks – die dunkle Seite des Fußballs, SPIEGEL, 03.12.2016

Szent-Ivanyi, Timot, Lizenz zum Steuersparen, Frankfurter Rundschau 29.07.2014

Szigetvari, Andras, USA werden keine Steuerdaten ans Ausland liefern, Interview mit Matt Gardener, Institut on Taxation and Economic Policy, Der Standard 17.04.2016

Tax Research UK, Britain and the U.S. may be the dirtiest tax havens, 27.03.2009

Theurer, Marcus, Die Steueroasen Ihrer Majestät, FAZ 05.04.2016

Trunk, Helmut, weltweit steuerfrei, Zürich 2007

Uken, Marlies, Billig, billiger, Billigflagge, Die Zeit 01.07.2014

Unbehaun, Christoph, Eine kriminologische Abhandlung zum Thema Steueroasen und Offshore-Finanzplätze, Frankfurt 2013

Volkery, Carsten, Briten verteidigen ihr Steueroasen-Empire, SPIEGEL 13.04.2013

Weik, Matthias/Friedrich, Marc, Steueroasen – oder warum Steuern etwas für Arme sind, TELEPOLIS, 03.09.2016

Werner, Kathrin, Das Paradies ist nebenan, Capital 20.10.2016

Dies., Das neue Gold, SZ 22.11.2016

Zick, Tobias/Tilouine, Joan, Unter Kleptokraten, SZ 14.04.2016

Zucman, Gabriel, Steueroasen – Wo der Wohlstand der Nationen versteckt wird, Berlin 2014

## Sonstige Quellen:

Abgabenordnung AO – Auswärtiges Amt – Belgische Nationalbank – Berliner Zeitung – BILANZ – BIZ – Boston Consulting Group – Bradley Hackford – British Institute of International and Comparative Law – Bundesamt für Seeschifffahrt und Hydrographie – Bundesbank – Bundesfinanzhof

(BFH) – Bundesfinanzministerium – CapGemini/Boston Consulting Group – Capital – Charlie-Prince-Show – Deloitte – Der Standard – Deutsche Steuer-Gewerkschaft – Deutscher Bundestag/Wissenschaftliche Dienste – de Volkskrant – ECONOMIST – EU-Kommission – Europäische Zentralbank EZB – FAZ – FAZaS – Financial Stability Forum – Finanzen100 – FOCUS – Frankfurter Rundschau – Fraser Institute – Fuchs-Briefe – Gabler Wirtschaftslexikon – Global Financial Integrity – Global Wealth Report 2016 – Grünenfraktion im Europaparlament – Grundgesetz GG – Handelsblatt – Handelszeitung – Henley & Partners – Heritage Foundation – ifo-Institut – Informationszentrale für steuerliche Auslandsbeziehungen (IZA) – Institut für angewandte Wirtschaftsforschung – Johannes-Kepler-Universität Linz – managermagazin – Marine Archiv – Max-Planck-Institut für Steuerrecht und Öffentliche Finanzen – MONEY – Neue Zürcher Zeitung – New Economic Foundation – NRW-Finanzministerium – OECD – oekom research – ORF – Oxfam – Peking University – Roosevelt Institute – Schlüter, Graf & Partner – Schweizerische Nationalbank – SmartInvestor – SonntagsZeitung – SPIEGEL – SPIEGELonline – Steuer und Wirtschaft – Süddeutsche Zeitung – Tax Justice Network – The Cayman Islands Journal – The German Industry & Commerce Office Dubai – THE WALL STREET JOURNAL – Unabhängige Kommission für die Reform der internationalen Unternehmensbesteuerung – US Corporation Services Inc. – Welt am Sonntag – Weltbank – Welthandelsorganisation WTO – WIRTSCHAFT – Wirtschaftswoche – www.finews.ch – www.internetkanzlei.to – www.steuerrat24.de – www.wirtschaftslexikon24.com – zebralogs – ZEIT – ZEITonline – Zentrum für Kriminologie & Polizeiforschung – Zollverwaltungsgesetz ZollVG – Z/Yen

# Über den Autor

Hans-Lothar Merten ist gelernter Bank-
kaufmann und studierter Betriebswirt.
Er arbeitet als freier Publizist mit den
Schwerpunkten Finanzen, Offshore sowie Steuern und ist seit mehr als 20
Jahren erfolgreicher Fachautor. Im FinanzBuch Verlag ist von ihm bereits
»Vermögen richtig schützen« erschie-
nen.

# Vermögen richtig schützen

### Hans-Lothar Merten | Dr. Markus Schuhmann

»Das neue Standardwerk zum Vermögensschutz!«

Wenn Sie Ihr Vermögen wirklich umfassend schützen wollen, müssen Sie gewohnte Fahrwasser verlassen. Die profilierten Experten Hans-Lothar Merten und Dr. Markus Schuhmann zeigen Ihnen, welche Instrumente es zum Vermögensschutz national und international gibt und wie sich diese bei gleichzeitiger Risikominimierung einsetzen lassen. Dabei werden die aktuellen Entwicklungen auf den Finanz- und Kapitalmärkten ebenso berücksichtigt wie die Veränderungen im politisch-wirtschaftlichen Umfeld und die rechtlichen Voraussetzungen im In- und Ausland. Sie lernen nicht nur, wie Sie Gefahren für Ihr Vermögen erkennen, sondern bekommen auch alle wichtigen Instrumente an die Hand, um Ihre Vermögenswerte gegen Risiken, Forderungen und Verluste zu schützen.

304 Seiten | Hardcover | 24,99 € (D) | ISBN 978-3-89879-988-1